한국교회
이단논쟁 그 실체를 밝힌다

-이단시비 대상자들을 중심으로-

"이 책을 읽지 않고서는
이단문제에 대하여 논하지 말라"

CCK 사단법인 **한국기독교총연합**
The Christian Council of Korea

추천의 글

예영수 박사
(A.D., Ph.D, Th.D.)

　우리 기독교는 살리는 종교이다. 이단도 회개하고 돌아오면 그리스도의 사랑으로 받아주어야 하는 것이다. 그리고 성경에 그릇 행하는 사람들이 있다면 성경으로 바로 일깨워 주어서 건강한 그리스도인이 되도록 해 주어야 한다. 그러나 오늘 날 한국교회는 그렇지 않다. 특히 대교단들이나 교계 연합단체들이 자행하고 있는 이단 사이비에 대한 정죄와 대책은 한 두 명의 소위 '이단감별사'라고 별명 지워진 자칭 이단 연구가들의 주관적인 잣대에 의해 이루어졌으며 그들의 의견이 교단 총회에 그대로 반영되어 온 것은 불행한 일이 아닐 수 없다.

　때로는 신학적 지식 기반이 거의 없는 소영웅주의적인 이단 감별사에 의해 이단연구가 이루어졌다. 중세 가톨릭의 마녀 사냥식 재판도 형식적이고 일방적인 정죄이긴 하지만 상대방에게 변증의 기회는 주어졌는데, 한국의 이단 정죄는 비판당하는 상대방에게 단 한번의 변증의 기회도 주어지지 않은 채 일방적인 정죄만으로 이단 사이비로 매도해 버리곤 했다.

　이런 식의 무책임한 이단정죄의 결정판이 기총연이 출판한 『이단 사이비 종합자료 2004』이다. 이 책은 아무런 신학적이고 성경적인 기준도 없이 한 두사람의 편협한 주관적 잣대로 편집되었다. 기총연에서 이단으로 정죄한 곳은 M교회 한 곳 뿐이다. 그런데도 기총연은 각 교단에서 규정한 자료들을 모아 '기총연 이단사이비문제상담소(소장 최삼경)' 이름으로 펴냄으로 인해 마치 기총연이 규정한 자료집 처럼 보이도록 하는 편집기법을 썼다.

이 자료집에서는 신실한 하나님의 사람들과 단체들이 영적으로 살해되고 무자비하게 인격적인 살해(character assassination)를 당하였다.

한국교회에 제대로 된 이단 연구서가 턱없이 부족한 터에 사단법인 한국기독교총연합(한기총) 이단사이비대책위원회가 펴낸 '한국교회 이단논쟁 그 실체를 밝힌다' 는 책은 한국교회의 이단논쟁에 대한 문제점들을 신랄하게 분석, 비판함으로서 통쾌감까지 들게 하고 있다.

이 책의 출판은 한국교계에 큰 의미를 부여하고 있다. 왜냐하면 본서의 집필 방향이 이단 감별사, 즉 서구에서 말하는 "이단사냥꾼(heresy hunter)"의 관점에서 자신만의 편협한 잣대로 무차별 돌을 던지는 것이 아니라, "변증자(apologist)"의 입장에서 교리의 문제점과 논쟁점을 제시하고 있기 때문이다.

저자는 어떤 교리가 잘못될(이단적일) 가능성이 있다고 문제 제기를 하지만, 만일 논쟁의 대상이 된 사람의 교리나 신학 사상이 영원한 구원에 필수적인 문제가 아니라면, 독자들로 하여금 그 사람이 논란된 문제에 대해 새로운 통찰력을 갖도록 노력할 뿐 아니라 서로 다른 주장도 있음을 인식하도록 노력하고 있다. 저자는 논쟁의 대상이 된 자가 비록 신앙 문제에 결점이 있다고 하더라도 그가 먼저 회개하고 잘못된 신학(성경해석)을 수정할 기회를 갖도록 노력함으로써 변증자로서의 기독교적인 살리는 정신을 표출하고 있다.

본서의 집필 위원장인 이흥선 교수(한국종교문제연구소장, 종교평론가, 대신대학원대학교 교수)는 예리한 통찰력과 식견으로 교권에 굴하지 않는 소신있는 주장과 연구로서 이 책의 신뢰성과 객관성을 더해 주고 있다.

이 책은 앞으로 이단 사이비 연구에 반드시 읽어야 할 좋은 자료가 될 것이며, 이 책으로 인해 한국 교계의 이단 사이비 문제 연구와, 특별히 이단 사이비에 관한 송사와 정죄에 새로운 분위기가 형성되어 과거와는 보다 다른 건전하고 긍정적인 방향으로의 연구가 이루어지는 계기가 될 것을 믿어 의심치 않으며 이 책을 감수하고 추천하는 바이다.

아무쪼록 이 책이 독자들로 하여금 이단 사이비 문제에 대한 이해와 식견을 넓혀주는데 있어 매우 유익하리라 믿어 의심치 않으며, 끝까지 정독해 주시기를 바라마지 않으며 추천의 글로 대신합니다.

한국외국어대학교 사범대학장 역임
한신대학교 대학원장 역임
한국기독교이단사이비대책협의회 신학위원장
예장(통합)소속 목사

서언

李 興 善 교수
(집필위원장)

본서의 서언을 필자의 신앙고백으로 대신하고자 합니다.

필자는 개혁교회(개혁주의)와 보수신학의 근간인 웨스트민스터 신앙고백서(대,소요리문답)를 전적으로 신뢰하고 있습니다. 그러나 필자는 보수신학을 견지하지만 칼빈주의(Calvinism)와 일부 다른 입장을 표방하고 있는 감리교나 성결교, 오순절 교회 등에서 견지하고 있는 알미니안주의(Arminianism. 또는 웨슬리안 알미니안)를 비성경적인 교리로 보지 않고 있습니다. 다만 칼빈주의가 다른 신학사상보다 더 성경에 가깝다고 믿을 뿐입니다. 만일 장로교의 칼빈주의를 절대화시킨다면 장로교회가 아닌 다른 모든 교회들은 이단으로 취급될 수 밖에 없습니다.

따라서 본회와 필자의 신앙관은, 개혁주의의 중심사상이기도 한 하나님 제일주일 사상이며, 개혁주의의 가장 기본적인 강조점이기도 한 '오직 그리고 전적으로 성경'(sola tota sciptura)입니다. 왜냐하면 성경은 그리스도의 신앙 뿐만 아니라 모든 생활의 규범이며 곧 하나님의 말씀이기 때문입니다.

따라서 독자들께 이해의 말씀을 구하는 것은, 필자의 입장은 이단연구가요 종교평론가로써, 본서에서 거론되고 있는 일부 신학적 또는 이단시비 대상자들에 대한 문제점과 논쟁에 대한 접근 방식은 성경적으로 비추어 볼 때, 이단(이단성)으로 잘 못 판단된 대상이 많음을 전제로 기술되고 있습니다.

그러나 이단시비 대상자들의 주장과 필자의 견해와는 꼭 일치하는 것이 아님을 참고하시기 바랍니다. 필자는 전통있는 장로교에 소속된 목사로써 개혁주의 신앙관을 바르게 가지고 있음을 분명히 밝혀 둡니다. 아무쪼록 다소 미흡한 부분이 있더라도 본서를 끝까지 정독해 주시기를 정중히 요청드립니다. 그리고 조언을 부탁드립니다.

종교평론가
한국종교(교회)문제연구소장
한국기독언론협회 총무
주간 기독교평론신문 발행인
사단법인 한국기독교총연합 이단사이비대책위원장
인천광역시기독교총연합회 이단사이비대책위원회 부위원장
한국교회이단사이비대책협의회 대표회장
대한신학대학원대학교 교수

차례

추천의 글 ··· 3
서 언 ·· 6

제1부 이단의 역사

제1장 성경속에 나타난 이단 논쟁 ····························· 13
1. 최초의 이단 논쟁 ·· 13

제2장 초대 교회사에 나타난 이단 사상들 ··············· 13
1. 영지주의 ·· 13
2. 마니교 ··· 16
3. 에비온주의 ·· 17
4. 기타 이단으로 정죄된 사상들 ······························ 17
참고(사도신경의 기원) ··· 18

제3장 고대 범종교회의와 이단 논쟁 ························· 19
1. 니케아 회의 ··· 19
2. 콘스탄티노플 회의 ··· 20
3. 에베소 회의 ··· 21
4. 칼케돈 회의 ··· 22
5. 제2차 콘스탄티노플 회의 ···································· 22
6. 제3차 콘스탄티노플 회의 ···································· 22
7. 공교회의 결의 절대적인가? ································· 23

제4장 로마 가톨릭과 종교개혁 ································· 25
1. 가톨릭 교회의 기원 ·· 25
2. 종교개혁과 프로테스탄트 기원 ···························· 26

제2부 한국교회의 이단 논쟁

제1장 한국교회내 이단 논쟁 ···································· 28
1. 1910-1940년대의 이단 논쟁 ································ 28
   일제시 발생한 이단 문제와 오늘의 과제
2. 1950-1960년대의 이단 논쟁 ································ 35
3. 1970년대 이후 최근까지의 이단 논쟁 ··················· 37

제3부 한국교회내 이단 논쟁 무엇이 문제인가?

제1장 이단 연구가들의 문제들 ··· 38
1.소위 이단 연구가들의 문제점 ·· 38
  (1)탁명환 ·· 38
  (2)최삼경 ·· 48
  (3)원세호 ·· 51
  (4)기타 연구가들 ·· 57
2.소위 이단 연구가들의 자질 문제 ···································· 60
  (1)연구가들의 자질 문제 ·· 60
  (2)심리치료가 절실한 사람들 ······································· 63
  (3)이단 사냥꾼들의 심리적인 성향과 전략 ······················ 64
  (4)갈등이론과 삼단계 전략론 ······································· 65

제2장 한국교회 이단 규정 어떻게 이루어지는가? ················ 68
1.이단 연구 누가 해야하나? ·· 68
2.교권 남용의 폐해와 무분별한 이단 규정 ·························· 70
3.이중 잣대의 불법성 ·· 73
4.이단 규정 어떻게 이루어지는가? ··································· 79
  (1)이단 규정 절차의 문제점 ·· 81
  (2)이단 연구 대상은 적절한가? ···································· 85

제4부 이단 규정 어떻게 해야하나?

제1장 이단 판단 기준의 문제점 ······································· 89
1.이단 판단 기준(잣대) 왜 절대적인가? ····························· 90
2.교파간 신학 및 신앙 관행상의 차이들 ···························· 96

제2장 성경적 이단 판단 기준은 무엇인가? ························ 99
1.교리,교의란 무엇인가? ·· 99
2.성경적 이단 판단 기준 ··· 100

제5부 정통과 이단의 정의

제1장 정통의 정의 ·· 107
1.정통의 개념과 모순점 ·· 107
2.정통의 역사 ·· 112

제2장 이단의 정의 ·· 114
1.이단이란 단어의 의미 ·· 114
2.성경적인 이단의 정의 ·· 117
3.사이비의 정의 ··· 117
4.국내,외 신학자 및 소위 '이단 연구가'들의 견해 ····················· 118

제6부 한국교회내 신학적 시비 대상자들 왜 시비의 대상의 되었나?

1.기독교복음침례회 ·· 122
2.김기동목사(서울성락교회) ·· 131
3.김풍일목사(새빛중앙교회) ·· 148
4.김계화원장(할렐루야기도원) ··· 150
5.기쁜소식선교회(박옥수목사) ··· 154
6.나운봉목사(용문산기도원) ·· 166
7.대한예수교침례회(이요한목사) ·· 168
8.대복기도원/소원의 항구 ··· 172
9.뜨레스디아스 ··· 172
10.류광수목사 ·· 175
11.말씀보존학회(이송오목사) ··· 181
12.박무수목사 ·· 183
13.박철수목사 ·· 185
14.박윤식목사(평강제일교회) ··· 186
15.빈야드운동 ·· 194
16.서달석목사(서울중앙교회) ··· 196
17.예수전도협회(이유빈장로) ··· 199
18.이재록목사(만민중앙교회) ··· 201
19.이명범목사(레마선교회) ·· 204
20.이초석목사(예수중심교회) ··· 206
21.지방교회 ··· 207
22.제칠일안식일예수재림교 ·· 213
23.참예수교회 ·· 227
24.최삼경씨 ··· 229
25.원세호목사 ·· 230
26.기타 시비 논란 대상자들 ·· 230

제7부 우리나라 이단 현황

1. 기독교복음선교회(정명석) ··· 232
2. 기독교대한 개혁장로회 ··· 235
3. 대한기독교장막성전 ··· 235
4. 다미선교회(시한부종말론) ··· 236
5. 몰몬교 ··· 237
6. 박태선(한국천부교,전도관) ······································· 240
7. 세계일가공회(양도천) ·· 244
8. 여호와의 증인 ··· 245
9. 안상홍증인회(하나님의 교회) ···································· 246
10. 이만희(대한예수교신천지교회) ································ 249
11. 엘리야복음선교회(박명호) ······································· 253
12. 영생교 승리제단 ··· 254
13. 아가동산/주현교회 ·· 257
14. 여호와새일교(이유성) ·· 258
15. 통일교 ··· 258
16. 프리메이슨 ·· 264
17. 한국기독교에덴성회 ·· 264
18. 가톨릭교회(천주교) ·· 265
19. 기타 소규모 이단들 ·· 273

제8부 부록

한국기독교 100년사에 나타난 이단 사이비 논쟁 ········· 274
1. 한국 기독교 이단 운동의 역사와 그 방향 ················ 274
2. 이단 사이비 논쟁에서의 문제점 ································ 278
이단 및 시비 대상자들에 대한 기관,교단의 결의 목록 ········· 286
참고 문헌 ··· 291

제1부 이단의 역사(歷史)

제1장 성경속에 나타난 이단 논쟁

1. 최초의 이단 논쟁

이단 논쟁과 관련한 소송사건이 사도행전에서 나타난다. 그리고 그리스도교의 처음 순교자인 스데반이 유대교 지도자들의 거짓된 송사로 돌에 맞아 죽었으며(사도행전 7장), 곧이어 사도 바울이 같은 위치에 놓이게 된다. 원고(原告)인 유대교 지도자들이 로마 총독에게 제기한 고소 내용이다.

"우리가 보니 이 사람은 염병이라. 천하에 퍼진 유대인을 다 소요케 하는 자요, 나사렛 이단의 괴수라. 저가 또 성전을 더럽게 하려 하므로 잡았사오니 당신이 친히 그를 심문하시면 우리가 송사하는 이 모든 일을 아실 수 있나이다" (행 24:5-9)

이때 바울이 기소된 죄목은 "이단"(異端) 이었다. 당시 유대교 지도자들은 자신들이 고소해 온 인간적인 전통을 거부하고 그들과 다르게 믿고 가르치는 나사렛 예수와 그를 따르는 그리스도인들을 "나사렛 이단"으로 정죄하고 고소한 것이다.

이렇게 막을 연 정통과 이단의 시비(是非)는 역사가 흐르면서 더욱 깊어지고 넓어져서 교회 역사에 지울 수 없는 오점들을 남겼다.

제2장 초대 교회사에 나타난 이단사상들

1. 영지주의

영지주의(Gnosticism)는 초대 교회사에 가장 많이 활동하였던 이단사상이다. 영지주의는 신비하고 비밀적인 지식을, 또는 '영지'(gnosis)를 통해 구원이 이뤄진다는 종교적 철학적 이원론을 철저하게 표방하는 운동이다. 즉 영지를 소유한 자들, 다시말하면 신비한 지식을 소유한 자들이 그 영지를 통해 극상의 존재하신 하나님, 최고로 거룩하시고 존귀하신 하나님과 연합할 수 있다고 보는데 이것을 구원으로 보는 사상이다. 이 운동은 영지주의자 발렌티우스(Valentinus,c.105-c.165)에 의해 설립된 로마학파와 알렉산드리아 학파들이 2-3세기의 그레코-로만(Greco-Roman)세계에 그 번영을 나타내면서부터 알려지게 되었고, 그 이후 이 운동은 기독교에 큰 충격을 준 신비적 종교운동이었다.

니골라당

니골라당은 흔히들 사도행전에 나오는 시몬이라는 자부터 시작되었다고 생각한다. 그러나 보다 거슬러 올라가면 요한계시록 2:6, 15-17에 나오는 '니골라당'에서 유래했다고 보는 것이 유력하다. 니골라당은 사도들에 의해 집사를 처음으로 받은 자인 니콜라스를 추종하는 자들이었다. 무절제적인 방종한 삶을 살았던 영지주의자이다.

시몬 마구스

사도행전 8:5-25에 나타나는 시몬을 얘기하며, 시몬 마구스는 로마제국 황제 클라우스 시대(41-54)에 스스로 인간 형태를 가진 신이라고 억지 주장을 했다. 신으로서 유대인의 메시야라고 자칭했으며, 자신이 죽은 후 3일 만에 부활할 것을 호언장담하기도 했다. 성경에 나오는 해변가 도시인 두로에 가서 '헬렌'이라는 매춘녀를 만나 즐기면서 그녀를 길 잃은 양과 비유하면서 그녀를 구출할 것이라고 했다. 자신을 인류의 구원자로 자칭했다.

케린투스

1세기 말에 살았던 인물로 변증가 이레니우스에 의하면 그는 최상의 존재가 세상 일에 관심을 가지고 있었고, 최상의 하나님에 대해 무시하려는 능력이 세상을 창조했다고 했다. 그리고 그 능력이, 즉 7명의 천사들이 세상을 창조했다고 했다. 마지막으로 창조된 인간은 신의 형상을 가졌다고 했다. 최상의 하나님으로부터 나오는 능력은, 즉 덕은 세례 시에 요셉과 마리아의 아들인 예수님에게 부어졌다고 했다. 이들은 결혼과 자녀들을 낳는 것은 사탄의 일이고 사악한 일이라고 믿었다.

사투르니누스

사투르니누스(117-138)는 245년 로마감독 파비안의 파송을 받아 프랑스에서 복음을 전하다 그 지역 최초 감독이 된 순교자 사투르누스와는 다른 사람이다. 이단 사투르니누스는 시리아의 안디옥 출신으로 그의 주장은 모든 사람들에게 알려지지 않은 한 아버지가 천사들, 본질들, 또는 능력들을 창조했다. 그리고 7명의 천사들에 의해 세상과 사람이 창조되었다. 천사들에 의해 두종류의 인간이 창조되었는데 하나는 선한 영적 인류이고, 다른 하나는 악한 지상적인 인간이다.

그는 또 하나님께서 태어나지 않고, 형상을 가지지 않은 구세주를 사람인 것처럼 하여 보내셨다고 하면서 가현설을 주장했다.

바실리데스

영지주의 창시자이며 최초의 영지주의 조직신학자인 바실리데스(140년 사망)는 알렉산드리아 출신이다. 그의 사상의 핵심은 모든 것이 순수한 무의상태 또는 '무존재'라는 것이다. 그는 태어나지 않은 아버지로부터 '이성'(nous)이 처음 나오고, '이성'으로부터 '로고스'가, 로고스로부터 '신중'(phronesis)이, 이 신중으로부터 '지혜'와 '힘'이, 지혜와 힘으로부터 능력들, 본질들, 그리고 천사들이 나왔다고 주장했다.

카르포크라테스

그는 세상과 세상에 있는 모든 것은 태어나지 않은 아버지보다 못한 천사들에 의해 만들어졌고, 예수님은 요셉의 아들로서 다른 사람들과 동일하다고 했다. 강하고 순수한 영을 가지고 있었기에 다른 사람들보다 우수하게 보인다고 했다.

바실리데스와 사투르니누스는 영지주의자들의 아버지라 불려지기도 한다.

마르키온(Marcion)

2세기에 다른 어떤 이단보다 기독교에 가장 위협을 주었던 마르키온(160년 사망)과 그의 추종자들이다. 그는 성경을 제한적으로 인정하는 자로 명성이 나 있었다. 즉 구약성경을 인정하지 않았다. 그는 감독의 아들이었고 자신도 감독이었다. 135-140년에 로마를 방문해 그 곳에 있는 교회에 20만 세스테르세스(sesterces)를 헌납한다. 그는 자신의 신학을 발전시키면서 영지주의 교사 케르도의 사상을 구체화시켰다.

그의 사상은 영지주의에 속한다고 볼 수 있는데, 첫째는 구약성경 자체를 포기했다. 둘째는 이 세상을 창조한 조물주는 하나님이지만 높으신 하나님과는 구별되며 그리스도 안에서 계시된 것 이외에는 그 높으신 하나님에 대해 전혀 알 수 없다. 조물주는 공의의 하나님이지만 매우 엄격하고 힘들게 하는 신이라 했다. 이에 반해 그리스도 안에 계시된 하나님은 사랑의 하나님이시다. 그 하나님은 새로운 왕국을 선포하셨다.

마르키온은 약 160년 경에 죽었지만 그를 추종하는 자들은 3세기까지 지속됐으며 4세기에 이르러서는 마니교에 연합되었다. 어거스틴도 한때는 마니교에 심취된 적이 있었다.

발렌티누스

영지주의 신학자들 가운데 가장 유명한 자는 이집트 델타에서 태어난 발렌티누스(Valentinus, 약 100-175)이다. 그는 이집트 종교 철학가이며, 영지주의 로마 학파와 알렉산드리아 학파의 창시자이고, '영지' 또는 '신비한 지식'으로 구원받는 교리를 가진 종교적 이원론의 체제를 만든 자이다.

2. 마니교

고대 페르시아의 조로아스터교[拜火敎]에서 파생되고, 그리스도교와 불교 및 바빌로니아의 원시신앙 등의 여러 요소를 가미한 종교로서, 교조(敎祖) 마니(216.4.14~274 ?)의 이름을 따서 마니교라고 불렀다.

마니에 관한 사실(史實)은 불확실한 점이 많으나, 일찍이 조르아스터교에 귀의하여 신의 계시를 받고, 30세 때 예언자로서의 자각을 한 후, 페르시아를 중심으로 깨달은 바를 전파, 조르아스터교로부터 분파하였다. 마니는 파르티아왕국이 페르시아에 의해 멸망한 뒤 등극한 사산왕조의 샤푸르 1세(재위 242~273) 형제를 개종시키고, 그들의 비호로 마니교가 널리 퍼졌다. 그러나 바흐람 1세(재위 274~276) 때에 조로

아스터 교도의 미움을 사 화형을 당하였다. 그가 남긴 유서, 즉 〈생명의 책〉,〈샤브라칸〉,〈신비의 책〉〈마니서한(書翰)〉〈교훈집〉〈거인(巨人)의 책〉 등이 마니교의 성전(聖典)이 되었는데, 14세기 마니교 소멸 후에 없어져 그 내용을 알 수 없었으나, 20세기에 와서 유럽 학자가 그 사본을 발견함으로써 학계에 널리 알려졌다.

마니교에는 간명한 교의(敎義)와 예배 양식, 엄격한 도덕계율이 있었다. 그 교의는 광명, 선과 암흑, 악의 이원론(二元論)을 근본으로 하고 있다. 현실세계는 명암이 혼돈되어 있으나 멀지 않아 광명의 세계가 예정되어 있고, 그 예언자이며 지상의 구제자로서 마니가 파견되었다고 말한다. 마니교도에게는 각자 속에 내재하는 광명의 소인(素因)을 기르기 위한 엄한 계율이 요구되었다. 육식과 음주를 엄금하고, 악행을 삼가며, 정욕을 멀리하여야만 했다.

3.에비온주의(Ebionism)

에비온주의는 기독교로 전향한 유대인들이 주로 주창한 이단 사상으로 예수가 범인들과 구별되는 특별한 신적 은사를 하나님께 부여받은 사실은 인정하지만, 예수도 하나님의 순전한 피조물로써 동정녀 탄생을 부정하며 율법준수를 강조함으로, 기독론과 구원론에서 이단 사상이 발견되는 이단이다.

4. 기타 이단으로 정죄된 사상들

사벨리우스주의

사벨리우스주의(Sabellianism)가 주창한 사상으로 '삼위일체의 세 위격들을 한 하나님의 다른 역사적 현현들'로 보는 입장이다. 사벨리우스주의는 '처음에는 창조주 하나님으로, 다음에는 구원자이신 아들로, 마지막에는 성령으로 나타나신다'는 것으로 본다. 이를 다른 용어로 '양태론'이라고도 한다.

성부수난설

성부수난설(Patripassinism)은 신론에서 문제가 된 것으로 이는 사벨리우스주의에서 파생된 것으로 3세기 후반 노에투스, 프락세아스, 사벨리우스와 같은 사상가들과 결부된 신학적 이단설의 한 형태이다. 이는 아버지가 십자가에서 아들로써 고난을 당하셨다는 믿음에 초점이 맞추어져 있다. 달리 말하면, 성부가 아들로써 십자가상에서의 고난을 받으셨다는 것이다. 이는 양태론에 기초를 두고 있다.

(참고:사도신경의 기원)

'사도신경'이 만들어지게 된 이유는 크게 두 가지로 볼 수 있다. 하나는 이단들에 반대하기 위함이고, 다른 하나는 세례시에 신앙고백을 하기 위함이었다.

'사도신경'이 만들어진 정확한 일자는 알 수 없다. 다만 4세기 말 전에는 '사도신경'이 사용되지 않았다. 그 이유는 325년 니케아 범종교회의에서 지금의 '사도신경'을 따라 신조를 작성하지 않은 것을 보아 알 수 있다. 이 용어가 처음 사용된 것은 기록상으로 볼 때, 약 380년경에 밀라노 감독 암브로스(339-397)가 로마감독 시리키우스에게 보내는 서신이었다. '사제들의 가르침을 접하기 어렵다면… 로마교회가 항상 보존하고 있는 사도신경을 접할 수 있을 것이라고' 그는 말했다. 암브로스는 어거스틴의 스승이었다.

약 15년 후, 그러니까 거의 4세기 말에 이르러 루피누스(410년 사망)라는 사람은 '사도신경'을 해설하면서 '사도신경'이 오순절 이후 사도들에게 기인한 것이라고 언급했다. 하지만 종교개혁이 일어나기 전 15세기 말에 활약했던 박식한 저자 로렌티우스 발라(1406-1457)는 사도신경이 사도들의 작품이 아니라고 로마 가톨릭을 향하여 공격하기도 하였다.

'사도신경'의 기원이 불명확하다고 해서 그 내용마저 사도적이지 않다거나 신약성경에 일치하지 않는 다는 것은 결코 아니다. 사도신경은 12명의 사도들이 직접 쓴 것은 아니지만 성경적 교리를 정확하게 요약하고 있기 때문에 성경의 기본 교리 요약으로 그 내용을 전적으로 신뢰해야만 한다. 그러나 예배시간에 사도신경을 순서에 포함하여 고백하지 않아도 문제가 되지 않는다. 유명한 모 이단연구가는 이단 판별 기준중 '신앙고백을 하지 않으면 이단이다' 라는 이상한 주장을 하기도 하였다.

제3장 고대 범종교회의와 이단논쟁

당시 있었던 범종교회의를 고대 에큐메니칼 회의라고도 불리워진다. 325년 범종교회의가 있기 전까지는 지역 감독들의 모임, 즉 종교회의가 있었다. 약 190년 부활절 일자를 정하는 일에 있어 종교회의가 있었고, 약 250년 카르타고 감독 키프리안에 의해 정기적으로 감독들의 종교회의가 열렸다. 당시 종교회의를 통해 정통 신앙들을 점검하였다. 그런데 '범종교회의'는 범지역적이라 할 수 있다. 동시에 황제가 소집했다. 지역 종교회의와는 비교할 수 없을 정도로 범지역적이고 대규모였다. 이런 형태의 회의를 가리켜 범종교회의라고 부른다.

참고로 1-4차까지의 종교회의, 즉 니케아, 콘스탄티노플, 에베소, 칼케돈 회의까지를 프로테스탄트(신교)에서는 범종교회의로 인정하고 있다. 1-7차까지는 동방정교회에서 인정하고, 로마 가톨릭은 1-21차를 범종교회의라고 억지 인정하고 있다.

참고로 1차 범종교회의가 열리기 전에는 기독교는 로마법에 의해 '불법적 종교'였다. 왜냐하면 기독교는 유대교의 '이단'이었고, 황제숭배를 반대했기 때문이다. 250여년의 긴 박해시대가 끝난 후 313년 콘스탄티누스 황제에 의해 '합법적 종교'가 되었고, 다시 392년에 데오도시우스 황제에 의해 로마제국의 국교가 되어 황제의 종교가 되었다.

1. 니케아 회의

니케아회의(A.D. 325)는 기독론 문제로 열렸다. 예수 그리스도를 성부 하나님과 '동일본질'로 볼 것이냐 아니면 '유사본질'로 볼 것이냐는 문제였다. 알렉산드리아 장로인 아리우스(Arius)는 예수 그리스도를 성부 하나님과 '동일본질'이 아닌 '유사본질'로 보았다.

다시 말해서 예수 그리스도는 피조된 신 또는 성부 하나님께 종속된 제2의 신으로 본다. 이를 군주신론적인 유일신관에 입각한 '종속주의적 기독론'이라 규정할 수 있다. 결국 이 회의에서는 '성자는 성부와 본질이 동일하다'는 신앙고백이 확정되었다.

니케아 회의에서는 예수 그리스도의 양성 중에서 신성을 부정하고 성자와 성부를 '동일본질'로 보지 않고 '유사본질'로 보는 아리우스의 종속주의적 기독론이 이단사상으로 정죄된 회의였다.

그러나 교회사 학자들에 따르면 아리우스가 그리스도의 인성만 인정하고 신성을 부정한 것으로 생각하지만, 그러나 그는 신성(神性)을 인정하고 있다. 아리우스는 예수 그리스도를 신적(神的)인 존재라고 말한다. 심지어〈그리스도의 선재설〉까지도 받아들인다. 하지만 아버지와 똑같은 존재는 아니라는 것이 바로 그 결정적 차이다. 그러한 주장의 배경에는 오히려 아리우스에게는 더욱 철저한〈유일신 사상〉이 있었다. 그가 보기에 예수도 아버지와 똑같다고 할 경우, 신(神)이 둘이 된다고 보았던 것이다.

아리우스는 알렉산더와 그 동조자들을 '사벨리아누스주의'라고 비난했다. 사벨리아누스주의는 하나님과 예수가 나누어지지 않는 동일한 실체의 단순히 서로 다른 측면들(혹은 이름들)이라고 주장한 이단이었다.

이후 321년 혹은 322년에 있었던 캐사리아 회의 역시 아리우스에게 정통성을 부여하는 등 서로간의 이단 시비가 치열하였다.

2. 콘스탄티노플 회의

제1차 콘스탄티노플 회의(A.D.381)는 예수 그리스도의 신성 확보를 재확인하는 회의였고 아울러 예수 그리스도의 인성에 대한 문제가 제기되었다. 즉, 예수 그리스도가 참 하나님이요 참 사람이라면 예수 그리스도의 신성과 인성이 어떻게 관계하느냐에 대한 문제가 대두되었다.

이 회의에서는 예수 그리스도의 인성을 약화시킨 라오디게아 감독 아폴리나리우스(Apollinarius)가 정죄되었다. 그는 인간을 몸, 혼, 영이라는 삼분설을 근거로 "예수 그리스도"는 로고스, 혼, 몸으로 구성되었다고 보고, 바로 이 영의 자리에 로고스가 들어갔기 때문에 죄를 지을 수 없다고 주장함으로 예수 그리스도의 신성을 강조하려고 한 것이다. 이렇게 되면 결국 예수 그리스도는 육체적으로는 인간이지만 영적으로는 인간이 아닌 것으로 귀결된다.

또한 그는 예수 그리스도는 인간의 몸을 가졌으나 인간의 영혼을 가지지는 않았으며, 그의 영혼은 신적이라고 말함으로 예수 그리스도를 참사람으로 보지 않는 결과를 초래했다. 이 회의에서는 예수 그리스도의 인간적인 정신과 혼을 부인함으로써 그의 인성을 약화시킨 아폴리나리우스를 이단으로 정죄했다.

3. 에베소 회의

에베소 회의(A.D.431)는 예수 그리스도의 인성과 신성에 관한 문제에 대하여 논의되었다. 특히 인성의 약화문제가 대두되었다. 다시 말하면 예수 그리스도의 신성과 인성이 어떻게 한 육체 안에서 존재하는가에 대한 문제였다. 회의의 주제는 알렉산드리아 학파인 아다나시우스가 마리아를 '하나님의 어머니'라고 부른데 대해 안디옥 학파의 반발과, 안디옥 학파의 그리스도의 두 인격(두 격체)에 대한 알렉산드리아 학파의 비난을 조정하는 것이었다.

알렉산드리아 학파의 대표는 알렉산드리아 대감독 키릴이었고, 안디옥 학파의 대표는 콘스탄티노플의 대감독 네스토리우스(Nestorius)였다. 네스토리우스는 마리아를 '하나님의 어머니'라고 주장하는 자들을 토벌하기 시작했고, 알렉산드리아 학파는 네스토리우스의 그리스도의 두 인격론을 이단설로 비판했다.

네스토리우스는 "예수 그리스도의 신성과 인성은 서로 혼돈이나 혼합되어 있지 않고 다만 연결되어 있다"고 보았다. 신성과 인성은 각각 독자성과 고유한 기능을 유지하면서 공존한다는 것이다. 결국 이러한 주장은 예수 그리스도의 '한 인격' 안에 '신성과 인성'이 연합되어 것이 아니라, 신성과 인성이 따로 독립적으로 존재한다고 함으로 '두 인격'을 주장하는 것이 되었다.

이에 황제 데오도시우스 2세가 에베소에서 종교회의를 소집, 이 두세력간 논쟁을 조정코자 했으나, 알렉산드리아의 키릴 파는 안디옥파가 에베소에 도착하기 전 회의를 열고 네스토리우스를 이단으로 정죄, 출교하기로 결의해 버렸다. 안디옥 파가 도착해 보니 이미 회의가 파행 상태라 자기들끼리 다시 모여 키릴을 이단으로 정죄하는 전형적 교권싸움이 시작되었다.

다시 말하면 네스토리우스는 그리스도의 단성론(單性論)에 맞서 양성론(兩性論)을 주장하며 마리아를 '하나님의 어머니'(theotokos)라고 부를 수 없다고 주장하다 이단으로 몰려 파면당한 것이다. 당시 네스토리우스를 따르던 네스토리안 동교회들은 나중에 중국 몽골에 까지 진출하였다. 이것이 중국어로 대진교(大秦敎) 또는 경교(景敎), 몽골어로는 야리가온(也里可溫:유앙겔리온)이라고 불리운 네스토리안 기독교가 그것이다. 중국 당나라 수도였던 장안에 선교사를 파송해 '대진경교유행중국비'가 세워져 지금도 그 비가 건재하고 있다.

4. 칼케돈 회의

칼케돈 회의(A.D.451)는 예수 그리스도의 인성이 신성에 흡수되어서 '제3의 어떤 것'을 만들어 낸다고 주장한 유티케스(Eutyche)의 사상이 이단으로 정죄된다. 그는 주장하기를 "예수 그리스도의 신성은 그의 인성에 비해서 우월한 능력을 가지고 있기 때문에 인성은 필연적으로 신성에 흡수될 수 밖에 없다"고 한다. 흔히 이를 신학적 용어로 '단성론'이라 한다.

결국 칼케돈 회의에서는 예수 그리스도의 양성교리를 확정하고, 네스토리우스의 '두 인격' 교리와 유티케스의 '단성론'을 이단사상으로 정죄하였다. 그리고 예수 그리스도의 '한 인격 두 본성'을 결의했다.

5. 제2차 콘스탄티노플 회의

콘스탄티노플 회의(A.D. 553)는 칼케돈 회의에서 결의된 사항에 대하여 반발을 했던 세명의 신학자, 몹수에스타의 데오도어, 싸이러스의 데오도렛, 에뎃사의 이바의 주장이 이단사상으로 정죄되었다. 이들은 예수 그리스도의 신성과 인성이 '본질적으로 연합'이 되어 있지 않고, '독립적 인격'(혹은 두 본성)으로 주장함으로서 이단으로 정죄되었다.

6. 제3차 콘스탄티노플 회의

제3차 콘스탄티노플 회의(A.D.680~681)는 예수 그리스도의 의지가 하나이냐 아니면 두 개이냐 하는 문제가 대두되었다. 로마감독 호노스(Honorius)와 콘스탄티노플 감독 세르기우스(Sergius)는 '예수 그리스도는 신성과 인성이 있으나, 인성의 의지가 신성의 의지에 흡수되어 하나의 의지만이 있다'고 주장했다. 이를 '단의론'이라고 한다. 결국 단의론은 정죄되고 대신 예수 그리스도는 신성의 의지와 인성의 의지가 결합되었다는 양의론이 정통적 견해로 채택되었다.

7. 공교회의 결의 절대적인가?

오늘 날 우리가 고대교회의 에큐메니칼 신조(creed)라는 이름으로 부르는 교리들은 이같은 고대 범종교회의(세계종교회의)를 통해 결정된 것들이다. 325년 니케아 회의는 삼위일체 논쟁, 431년의 에베소 공의회는 예수님의 양성론을 주장하며 성모 마리아에 대해 '하나님이 어머니'(theotokos)호칭을 반대하던 네스토리우스파가 이단으로 정죄돼 쫓겨나는 파문이 일어났으나, 오늘 날 복음교회들은 마리아를 '하나님의 어머니'라고 부르는 호칭을 거부하고 있다. 451년의 칼케돈 공의회는 양성론을 정통이라고 확정하자, 이를 반대하던 단성론(일성론)파인 에집트의 콥트교회와 소아시아의 야곱교회, 또 알미니안교회 등이 독립교파로 떨어져 나갔는데 오늘 날까지 화해하지 못하고 있다. 787년 제7차 니케아 공의회는 성자들의 성상과 성해(聖骸)에 대하여 "숭배와 존경을 돌려야 된다"고 결정했으나 오늘 날 개혁교회들은 이를 부정한다.

이처럼 당시 신학적 논쟁들은 범종교회의를 통해 판단되고 결정되었다. 그러나 때로는 왕이나 감독들의 정치적인 영향력에 의해 판단되어지는 경우들도 많이 있었으며 다수의 횡포로 결정되는 일도 있었다. 그러기 때문에 역사적 기독교가 보편적 공의회를 통해 결정된 결정들(교리들)이라 할지라도 100% 절대적이라고는 할 수 없다.

이같은 사례들은 한국교회내에서도 발견되고 있다. 일예로 본서에서도 다루고 있지만 1937년 제28회 장로교 총회에서 신사참배를 결의하여 한국교회가 일본의 태양신인 '아마테라스 오미카미(天照大神)'를 숭배하게 했는데, 이같은 총회결의에 불복한 주기철 목사를, 총회가 목사 면직한 사건은 돌이킬 수 없는 범죄였음은 주지의 사실이다.

그래서 세계개혁교회는 웨스트민스터에서 채택한 신도게요에서 "노회나 총회의 회의에서 결정된 사항이라 할지라도 오류를 범할 가능성이 있었고, 또 많은 회의들이 오류를 범하였다. 그러므로 신앙과 본분의 규칙으로 삼을 수 없고 이 둘에 도움으로 사용된 것 뿐이다."라고 기술하고 있다.

현재 한국교회는 일부 이단 감별사들이 흔히 '예장OO총회'가 결의했다는 논리로 신앙적 하자가 없는 인사들까지도 '이단'으로 매도하는데 요긴하게 사용하기도 한다. 마치 중세(845년경)의 "위조된 이시도레의 교령집"처럼 자신들이 퍼뜨린 거짓 왜곡 자료를 중심으로 만들어진 보고서에 지나지 않는데도 말이다.

참고로 고대 세계기독교가 A.D 325년으로부터 680년까지 삼위일체 논쟁을 계속하며 서로의 주장과 이론을 이단시 하는 동안 로마 세계에 이웃한 아라비아에서는 A.D 610년 모하멧이 이슬람을 일으켰다. 이슬람은 "알라외에는 신이 없다"는 강력한 유일신(唯一神) 사상을 가지고 나타났다.

처음에 기독교는 이슬람 발흥을 유대교의 이단 정도로 취급하고 별다른 대응을 하지 않았다. 그러나 이슬람은 아라비아 전역을 점령하고 현재 터키 등 중동 전체와 세계 곳곳에 급속도로 퍼져 가더니 이제는 세계적 종교로 발전해 버렸다.

기독교 내부에서 삼위일체 논쟁이 끝나기도 전에 이슬람은 기독교를 공격하고, 드디어 초대 기독교 공동체가 살아 있던 동로마 지역의 비잔틴 제국은 오스만 투르크에 의해 무너지고 말았다. 기독교가 교리 논쟁을 하며 서로를 이단으로 정죄하며 싸우는 사이 기독교는 이슬람에 의해 무너져 간 것이다.

가톨릭교회와 그리스정교회, 프로테스탄트 교회들이 서로 이단시하며 싸우는 동안 오늘 날 우리 기독교의 생명과도 같은 교리 신조들을 확립하였던 소아시아 지역의 교회들은 모두 없어져 버린 것이다. 현재 한국교회도 예외가 아니다. 교회사를 되돌아보며 중요한 교훈으로 삼아야 할 것이다.

제4장 로마 가톨릭과 종교개혁

가톨릭은 1700여년의 오랜 역사를 가진 전통적 교회이다. 그러나 전통이 오래되었다고 해서 정통교회로 인정받는 것은 아니다.

1. 가톨릭교회의 기원

초대 교회는 특별한 교파형성 없이 예수의 사도들을 통해 교회가 형성되기 시작했다. 로마의 수많은 박해 속에서도 기독교회는 A.D. 300년까지는 어떤 형태의 교파도 없이 성장해 갔다. 이때는 참된 그리스도인들이 주님의 가르침을 따라 살고, 일하고, 기도하고, 죽는 성도들이었다. 이때까지 그리스도인들은 숱한 박해와 순교를 당하기도 하였다. 그런 와중에서 갑작스런 일이 발생했다. 로마의 콘스탄틴 황제가 4세기에 기독교의 수호자를 자처하고 나선 것이다. 그의 개종은 로마 세계에 커다란 영향을 미쳤다. 그의 개종으로 인해 로마의 많은 사람들이 기독교로 개종하였으나 개종 이전에 섬기던 이교도의 사상과 의식을 버리지 못한 채 기독교로 유입되었다.

그러다가 378년에 로마의 주교 다마수스(Damasus)가 이교도의 최고 제사장직인 Fontifex Maximus(최고 고위사제, 최고 승원장) 자리를 겸직하게 됨으로 기독교는 공식적으로 이교도와 혼합하게 되었고, 드디어 590년 초대 교황인 그레고리 1세가 즉위함으로 '천주교(Roman Catholic Church)'라고 하는 종교가 탄생하게 된 것이다.

313년 콘스탄틴 황제의 밀라노 칙령부터 590년 그레고리 1세의 등장까지를 '니케아 시대'라고 하는데, 이 시기에 기독교가 이교도와 혼합되기 시작했으며 로마 제국화한 시기이다. 그리고 590년 그레고리 1세 교황의 등장부터 1517년 마틴 루터의 종교개혁까지를 '중세시대'라 하는데 천주교측에서는 가장 번성기에 해당되지만, 신앙적으로나 교리적으로는 가장 타락했던 시기이기 때문에 세계 역사에서는 이 시대를 '중세암흑시대'라고 부른다.

이 때문에 1517년 마틴 루터가 종교개혁을 시도했던 것이다. 가톨릭교회는 A.D. 451년 레오 1세와 A.D. 590년에 교황이 탄생하면서 로마 가톨릭교회가 유럽에서는 가장 힘있는 교회로 정착하게 되었다. 이 로마 가톨릭교회는 A.D. 1054년에 동방정통교회(비잔틴 기독교)와 분리를 선언하였고, 종교개혁이라는 혹독한 시련기를 맞이하면서도 큰 변화 없이 오늘에 까지 이르고 있다.

참고 (마녀사냥의 기원)

마녀사냥은 원래 원시종교(민간전승)에서 비롯된 것으로 '마녀'란 악마를 예배하는 종파의 신자이며, 밤에 모이고, 입문식을 거행하며, 악마와 성적 관계를 가지며 희생양을 바친다는 대륙의 관념으로, 분리파 교회들의 신도들, 이교도들, 그리고 마녀로 간주되었던 자들을 처형하는 재판을 일컫는다.

중세시대때 가톨릭은 가톨릭 교리에 반대하는 사람들을 마녀로 취급하여 무참히 살해하였다. 그런가하면 종교개혁 이후에도 영국에서 칼빈파 청교도들에 의해 16, 17세기의 대규모 마녀사냥에 의해 영국에서만 약 3만명이 무참히 살해되었다는 주장이 있기도 하다. 스코틀랜드에서는 1661~2년 사이에 대규모 인간사냥이 이루어졌고, '유럽의 마녀사냥'의 저자 브라이언 레벡(Brian P.Levack)에 의하면 칼빈사상이 지배하였던 스위스에서는 8천8백명 이상의 사람들이 마녀로 재판을 받고 이중 5천명 이상이 처형되었다고 전한다.

돌트회의(칼빈주의 신앙의 주요 신앙고백들, 즉 웨스터민스터 신앙고백과 칼빈주의 5대 교리에 대하여 확인한 회의)에서는 알미니안주의자들(지금의 감리교, 성결교, 오순절계 등이 따르는 신학)을 다른 방에 감금하고 회의 석상에 못나오도록 한 뒤 자신들만의 회의로 끝나고, 이에 항의하는 알미니안주의자들 중 지도자인 휴고 그로티우스를 종신토록 투옥하였고, 반 휄트(Barnfeldt)를 목 졸라 죽이는 참수의 만행을 저질렀다는 주장이 제기되었다. 그러나 이러한 주장들에 대하여 사실이 아닐 것이라는 장로교 신학자들의 견해도 있다.

2. 종교개혁과 프로테스탄트 기원

16세기 종교개혁은 당시 상황적으로 종교개혁을 할 수 밖에 없는 사건들이 일어났다. 가령, 교황청의 부패, 수도원의 금욕생활과 스콜라 철학의 쇠퇴, 신비주의의 대두, 인쇄술의 발명, 신대륙의 발견, 희랍어 신약성경 출판, 자유사상 대두 등이 종교개혁의 배경이 되었고, 천주교가 종교개혁이 일어나기 전 제2니케아회의에서 화상숭배를 승인하였고, 제4라테란(Lateran)회의가 성찬교리에 대하여 화체설을 교리화시켰다. 또 신부 앞에서 죄를 고백하는 것이 절대 필요하다는 교리를 제정하였고, 당시 소위 이단자들(개혁교회 신자들)을 죽이는 것을 합당하게 여겼던 것이다.

그리고 플로렌스(Florence)회의는 교황권 지상주의와 연옥설을 교리화 하였고, 고해 의식에 속하는 면죄부(indulgence) 제도에 대한 강한 저항심이 루터로 하여금 종교개혁을 일으키는 결정적인 동기가 되었다. 루터는 이런 내용을 지적한 95개조 항을 1517년 10월 31일 정오경에 비텐베르크 교회당 문에 게시하면서 촉발되었다.

종교개혁 당시 알메리커스(Almericus)와 그의 제자들은 화체설을 부인하고 유물숭배를 우상숭배라고 주장했다가 화형이 선고되기도 했다. 종교개혁 이후 열린 트렌트회의에서는 모든 교리를 종전대로 지키기로 했는데 화체설, 연옥설, 성자숭배, 화상과 유물숭배 등이다.

가톨릭교회에서는 루터의 견해를 배격하여 그 사람과 '항의한 모든 사람들'을 강제 추방했다. 결과적으로 추방당한 그들은 별도의 모임을 갖게 되었다. 그들은 성경을 연구하며 해석하고 이해대로 그 교회를 떠났다. 이것이 '항의자'(프로테스탄트)라 일컫게 될 그리스도교의 새로운 지류의 시작이었다. 이 용어는 가톨릭교회가 반-가톨릭파 신자들을 '항의자'로 부르면서 쓰여지게 되었다.

제2부 한국교회의 이단 논쟁

제1장 한국교회내 이단 논쟁

1. 1910-1940년대의 이단 논쟁

우리나라의 기독교 역사는 1884년 9월 20일 알렌(H.G.Allen) 의료선교사를 시작으로 1885년 언더우드 선교사의 입국으로 복음이 들어왔다. 1907년 9월 17일 평양 장대현교회에서 역사적인 "대한예수교장로회 독로회"가 조직되었다.

처음 우리나라 기독교에서 가장 중요한 문제는 우상타파, 술, 담배, 아편금지, 축첩(蓄妾)반대 등 도덕적이고 윤리적인 문제가 주를 이루었다.

(1) 1915~1920년대의 문제 제기

1915년 대한예수교장로회 독로회(현 장로교의 전신) 제4회 총회회의록에 의하면 경기, 충청노회에서 안식일교회(당시 회의록에는 '예수강림제7일안식회'로 명칭)에 대한 질의가 있었고, 제5회 총회에서는 '울릉도의 40명 교인이 안식회로 갔사오며'라고만 되어 있어 다소 문제가 있음을 인식하여 오다, 80년이 지난 1995년 예장통합측이 제80회 총회에서 이단으로 재확인하는 결의를 했다.

1918년 황해도 봉산에서 김장호 목사가 장로교 선교사 중 자유주의 신학자 공위량(W.C.Kerr)의 신학적 영향을 받아 이스라엘 백성의 홍해 도하(渡河)를 바닷물의 간조(干潮)현상으로 해석하는 자유주의 해석으로 황해노회로부터 정직처분을 받자 '조선기독교회'를 창설하고 장로교회와 결별하였다.

또 제5회 총회에서는 '로마교인과 결혼할 수 있느냐'는 질의가 들어와 가톨릭교회가 이단이냐 아니냐는 논란이 되어 왔으나, 1968년 1월에 신구교가 함께 성경을 번역하여 1977년 공동번역성서를 '대한성서공회' 이름으로 발행함으로서 가까와지는 계기가 되었고, 현재도 한국교회는 가톨릭(천주교)을 이단으로 보지 않고 상호 교류하고 있으나,

교리적 측면에서 보면 한국교회내 이단시비를 받고 있는 그 어떤 대상보다도 가장 많은 이단적 교리를 갖고 있다.(본서 제7부 우리나라 이단 현황 참조)

(2) 1930년대의 신비주의

한국교회 이단논쟁은 장로교 총회회의록(1933년)에 '이단방지'라는 말에서 본격적인 이단논쟁이 시작되었다. 신비주의자로 구분된 이용도는 감리교 목사로 협성신학교를 졸업했다. 1928년 12월 24일 새벽 홍천교회에서 기도 중 환상으로 악마를 추방하는 성령체험을 하고, 그 후에도 유사한 체험 이후 부흥사로써 이름을 날렸으나 당시 신비주의로 분류돼 감리교 경성지방회서 문제를 삼았다. 이용도가 이에 불복하자 장로교 황해노회에 의해 1931년 8월 12일 금족령을 받았으며, 마침내 1933년 9월 장로교 제22회 총회에서 이단으로 정죄됐다. 그러나 현재는 이용도에 대한 재조명 작업이 이루어지고 있으며, 이미 감리교에서는 1999년 3월 9일에 서울 정동감리교회에서 열린 제19차 서울연회는 일제 시대에 성령운동을 벌이다가 이단으로 정죄되어 목사직이 파면됐던 그의 복권을 선언했다. 사후 66년 만에 이루어진 일이다.

1922년 입신 계시 사건에 문제가 된 김성도와 1933년 '영계'라는 잡지를 발행하며 목가름(자기의 목이 떨어지고 예수의 목이 붙었다는 주장) 등의 주장 등 신비주의가 극성을 부리기도 하였다. 또 김백문(1916~1990)은 '성신신학' '기독교 근본원리' '신앙인격론' 등을 저서하며 이스라엘 총회라는 것을 만들어 포교하다 1945~1946년에 문선명(통일교 교주), 박태선(천부교 일명 전도관 교주), 이유성(새일교 교주)을 사사하여 결국 한국의 대표적인 이단을 만들어 내기도 하였다.

1927년경 원산의 감리교회에서 유명화라는 여자가 예수가 친림(親臨)했다고 주장하는 접신극(接神劇)을 자행했으며, 이 외에도 백남주, 한준명, 이호빈 등이 접신극에 관련되어 물의를 빚었다.

1920년대 말부터 시작된 일제하에서는 신사참배가 강제로 실시되었고, 일부 노회 등에서 신사참배 반대 결의안이 통과되기도 했으나, 결국

제27회 장로교 총회에서 신사참배를 결의하였다.

(3) 보수·진보의 신학적 문제와 교단 분열

1934년 장로교 제24회 총회회의록에 보면 남대문교회 김영주 목사가 창세기의 모세 저작을 부인했다는 문제와, 김춘배 목사의 성경해석 문제, 김재준 교수 등으로 출발되는 자유주의 신학문제가 대두되면서 본격적인 신학논쟁과 함께 장로교회가 갈라지는 아픔을 겪게 된다. 다음은 국민일보 2006년 3월 15일자 미션면 기획기사를 인용함으로 설명을 대신한다.

「한국 장로교단 분열 근본원인은」 축자영감설 견해차이로 교파 갈려

한국 장로교단의 신학을 어떻게 구분할 수 있을까? 교회에 오랫동안 출석했더라도 이에 대해 정확한 개념을 갖고 있는 사람은 많지 않다.

웨스트민스터 신앙고백 위에 세워진 한국 장로교단은 축자영감설을 어떻게 보느냐에 따라 극명하게 나뉜다. 웨스트민스터 신앙고백은 성공회의 개혁을 위해 1643~47년 웨스트민스터 대성당에서 열린 교회회의에서 장로주의(長老主義)에 입각하여 제정된 것이다. 여기서 파생된 축자영감설은 기계영감설로도 불리는데 하나님께서 기록자에게 글자를 하나씩 불러 주셨다는 이론이다. 성경에 전혀 오류가 있을 수 없다는 성경무오설은 축자영감설의 연장선에서 이해될 수 있다.

축자영감설은 초대교회 교부들과 종교개혁자, 17세기 루터파와 개혁파 정통주의자들의 지지를 받고 있다. 축자영감설 반대자는 성서는 사람의 손으로 쓴 것이므로 오류가 있을 수 있다고 주장한다.

현재 대한예수교장로회 합동, 대한예수교장로회 고신, 대한예수교장로회 합신은 성경무오설과 축자영감설을 받아들이는 반면 대한예수교장로회 통합은 성경무오설은 인정하되 축자영감설은 거부한다. 한국기독교장로회는 성경무오설과 축자영감설 자체를 거부하고 성경비평학을 따르고 있다.

한국 장로교단은 성경무오설과 축자영감설에 따라 분열됐다. 예수교대한장로회와 한국기독교장로회의 분리는 조선신학교 김재준 교수의 '성경유오설'이 발단이 됐다. 1947년 조선신학교 학생 51명이 김 교수의 가르침이 조선장로교가 고백하는 장로교 신조(12신조와 웨스트민스터 신앙고백)에 어긋난다

는 이유로 제33회 총회에 호소문을 제출했다. 총회는 같은 해 8월 심사위원회를 조직했다. 이 위원회 앞에서 김 교수는 성경의 절대무오를 받아들인다고 고백했다. 하지만 절대무오를 신앙과 행위에만 국한시켰다. 자연·역사·과학 영역까지는 포함시키지 않았다.

이에 박형룡 박사는 1947년 조선신학교의 진정서에 대한 답변으로 쓴 김 교수의 진술서를 분석하고 김 교수를 자유주의신학 옹호자라고 비난했다. 이에 대해 김 교수는 "한국의 보수정통주의 핵심인 성경의 축자영감설을 극복하지 못하면 한국 교회가 살아 있는 하나님의 말씀을 전할 수 없다"고 응수했다. 1950년 '성서비판의 의의와 그 결과' '축자영감설과 성서무오설' 이라는 논문을 발표, 성경무오설과 축자영감설을 기독교적인 것이 아니라고 주장했다. 이로써 박형룡 박윤선으로 대표되는 근본주의적 보수신학과 윤치호 김재준으로 대표되는 진보주의적 참여 신학이 형성되게 됐다.

박형룡은 장로교 칼뱅주의와 청교도적 경건주의가 서구 계몽정신의 격류를 헤쳐 나오는 동안 형성된 보수 정통신학을 대변했다. 비판적 성경연구 태도나 역사주의 및 진화론으로 대표되는 자연과학의 연구 결과를 받아들이면 기독교 진리는 뿌리까지 붕괴될 것이라고 경고했다. 반면 김재준은 복음의 자유정신, 신앙양심의 자유 존중, 우상타파, 사회윤리적 책임의식, 성서의 비판적 연구 수용 등을 주도했다. 이는 1970~80년대 한국 기독교의 예언자적 저항 운동의 기반이 됐다. 이 토양 위에 안병무•서남동•;박형규, 서광선 등은 민중신학, 문익환•문동환•박순경 등은 통일신학을 꽃피웠다.

1959년 예수교대한장로회가 다시 분열됐다. 표면적인 이유는 세계교회협의회(WCC) 가입 문제. 하지만 실제적인 이유는 성경에 대한 역사비판학과 성경무오설을 받아들일 수 있느냐, 없느냐의 논쟁 때문이었다. 통합측은 소위 문자적 기계적 축자영감설은 성경적으로나 학문적으로나 현실성이 전혀 없다고 했다. 성경의 친필 원본이 하나도 남아 있지 않은 현실에서 사본상의 증거만 갖고 일점일획, 토씨까지 영감되었다고 주장하는 것은 복음주의적 성경관이 아니라는 것이다. 반면 합동측은 성경과 칼뱅 모두 축자영감을 이야기하고 있다고 믿는다. 이와 관련, 김지찬 총신대 신학대학원 교수는 "축자영감의 본래 의미는 과정이 아니라 결과를 가리키는 용어"라며 "성경은 인간의 지성이 스스로 만들어낸 것이 아니라 성령이 받아쓰게 하신 것"이라고 강조했다. 또 다른 신학자는 "문맥과 장르 등을 무시한 채 지나치게 자구에 매달리는 경직된 근본주의적

해석에 함몰돼서는 안된다"며 "성경의 무오를 믿는다면 무오를 믿는 사람답게 삶과 행위를 통해 진리를 올바르게 증거해야 한다"고 말했다.

일제시 발생한 이단 문제와 오늘의 과제

본서에 신사참배 등 친일파 등에 대한 문제를 첨부하여 거론하는 것은 한국교회가 신인공노(神人共怒)할 과거사를 가지고 있으면서도 그것을 공적으로 청산한 바 없기 때문이다. 다음의 글들은 고신대학원 최덕성교수가 쓴「한국교회 친일파 전통」의 글들을 인용, 요약하여 기술하였다.

한국교회는 단지 일본 침략의 피해자로만 여겨왔고, 우상숭배, 배교, 백귀난행(百鬼亂行), 민족배신, 반인도적 범죄를 각인이 하나님과의 관계에서 해결해야 할 문제라고 생각해 왔다. 교회를 지키기 위해서 약간의 타협을 한 것이라고 변명하면서 대수롭지 않은 것으로 생각해 왔기 때문이다.

친일파의 득세로 친일파 전통이 한국기독교의 두드러진 특징으로 자리 잡았다. 교권주의,형식지상주의,교회주의,착종 논리 그리고 이중성을 골격으로 하는 이 불순한 전통이 지금도 이어져 내려오고 있기 때문이다.

한국교회가 일제 말기에 저지른 범죄에 대한 일차적인 책임은 두말할 것도 없이 일제에게 있다. 한국교회가 우상숭배를 행하고 악(惡)의 전쟁에 협조하도록 한 일본교회에도 책임이 있다. 그렇다고 한국교회가 책임을 면할 수 있는 것도 결코 아니다.

일제 말기의 한국교회는 악의 세력에 대항하지 않고, 진리를 말하지 않았다. 악한 전쟁을 성전(聖戰)이라고 일컬으면서 병기 구입을 위해 헌금을 바치고 교회당을 팔아 그 돈을 바쳤다. 일제 조상신을 향하여 절을 했고, 일본 귀신을 예배했다. 우상숭배를 한 것이다. 교회는 그것을 신자들에게 강요했다. 거부하는 교역자들의 목회직을 박탈했고, 면직, 제명시켰다. 충성스런 그리스도의 제자들,동역자들을 왜경에 고발하고 끌려가게 했다. 성경을 편집하고 그리스도의 유일성과 왕중왕 되심을 부정하는 따위의 배교를 저질렀다.이 같은 한국교회의 배교 행위는 고대교회 이단 마르시온주의에 버금가는 것이었다. 한국교회의 참회 과제는 결코 항거하지 않은 것만이 아니다. 솔선수범했다. 이런 지도자들이 "우리는 교회를 지켰노라"고 했고, 자신들의 수고한 덕분에 한국교회가 살아남았다고 했다.

친일파 인사들은 광복 후에도 한국교회를 주도했다. 과거사에 대한 아무런 참회고백 없이 교권을 쥐고 교계의 요소 요소에 자리잡았다. 친일파 시각,정신,기질,관습,성격을 한국교회 안에 자리잡게 했다. 악에 협조하고 불의와 타협하고 야합하던 이 전통은 지금도 변함없이 한국교회 안에 자리잡고 있다.

친일파 교계 지도자들은 조국 해방과 하나님의 은총의 신비를 자신에 대한 면죄부로 삼았다. 스스로 재판관이 되어 과거사 청산 방법을 논했다. 그리고 일방적으로 자신을 용서했다.

이런 친일파 인사의 한 사람이었던 한경직목사는 한국교회가 지금까지 가장 훌륭한 목사중 한사람으로 인정해 왔다. 그런 그가 종교계 노벨상으로 까지 인정받고 있는 템플턴 상을 받았다. 1992년 6월 18일, 서울 여의도 63빌딩 코스모스 룸에서 수상 축하 연회석에서 답사중 자신은 일제 때 신사참배를 행했으나 여지껏 참회하지 않았다고 공적으로 고백하고 참회했다. 한경직 목사는 반세기 동안 회개의 복음을 외치면서도 자신은 정작 하나님께서 가장 증오하는 우상숭배의 죄를 공적으로 회개하지 않았다는 사실이 입증된 셈이다. 그는 반세기 동안 설교와 목회를 해 오면서 강단에서 "내 앞에서 다른 우상을 만들지 말고 그것에 절하지 말라"는 설교를 해왔고, 남에게는 회개의 복음을 외치면서도 자신은 회개하지 않은 채 영락교회 강단을 지켜왔다. 그의 참회 고백은 자신의 이중성을 고발한 것이었다.

또한 한국교회의 전형적인 친일파 인사인 전필순 목사는 반민족행위처벌특별위원회에 붙들려가 심문을 받기도 했는데, 그는 일제 말기에 한국교회를 훼파하고 배교케 한 혁신교단의 수장이었다. 전필순은 광복 후에도 이전과 조금도 변함없이 한국교회를 주름잡았다. 장로교 총회장 (제42회,1957)을 역임했다. 장신대학 이사장(제3대),서울여자대학 이사장 그리고 연세대학교 이사로 활약했다. 그런 그가 그의 자서전과 문헌 어디에도 그가 과거사에 대한 참회를 했다는 흔적은 발견되지 않았다. 김종대,유호준,신후식목사 등 많은 목사들이 친일행각을 벌였다. 광복 후 친일파 인사들의 태도는 한결같았다. 배교,친일행각,민족배신을 솔선려행(率先勵行)한 일에 대한 공적인 참회가 없었다. 심지어 우상숭배 반대자들을 제명,파직,축출하고,기독교의 중추적 가르침을 변질시키고, 한국교회를 순일본기독교라는 이름의 신도교(神道敎:神道基督敎)로 개종시킨 것에 대한 일체의 반성이 없었다.

  한국교회 목사들은 "천조대신 외에는 참 하나님이 없다"고 하는 '신앙고백'과 민족배신을 전제로 하는 신도침례(神道浸禮:미소기바라이) 예식을 1941년 한강(서울)과 송도 앞바다(부산)에서 집단적으로 행하기도 하였다.

또 한국장로교회 지도자들이 '자의'(自意)로 일본 이세신궁(伊勢神宮)을 참배하고 사진까지 찍으며 신사참배를 영광스럽게 생각했다.

  일제는 "신사참배 거부 교도 단호 검속령"을 내리고, 1938년 여름부터는 개 교회에 대해 감찰을 실시했다. 경찰은 각 교회에 "천황이 높으냐? 여호와 하나님이 높으냐? 신사참배는 종교의식이냐,국가의식이냐? 국가지상(至上)이냐,종교지상이냐?"란 질문서를 보내 그 답변 여하에 따라 집회를 허락하든지 교회를 해산시키든지 하겠다고 위협했다. 교회의 책임자는 그 질문서에 여호와 하나님보다 천황이 더 높으며, 신사참배는 종교의식이 아니라 국가의식이며, 종교지상이 아니라 국가지상을 확신한다는 것을 다짐하는 도장을 찍었다. 교회 대표자가 신도주의를 받아들인다는 것으로 공적으로 표명한 것이다. 도장을 찍음으로서 배도를 공적으로 천명했다.

  우리가 잘 아는 순교자 주기철 목사는 우상숭배를 행하지 않는다는 "죄명"으로 복권행사가 있은 지 57년 전인 1939년 12월에 평양노회의 종교재판에 의해 파면되었다. 총회 관할에 있는 자가 신사참배를 행하기로 한 총회의 결의에 감히 따르지 않는다는 것이 그 이유였다.

  전자에서 지적했듯이 이단과 똑 같은, 아니 이단보다 더한 행각을 벌인 한국교회가 현재까지 아무런 반성이나 회개없이 자신의 허물은 감춘 채 남을 정죄하는 일에 혈안이 되어 있는 한국교회를 누가 신뢰하겠는가? 한국교회는 지금이라도 깊은 반성과 회개가 반드시 뒤따라야 할 것이다.

2. 1950-1960년대의 이단 논쟁

(1) 1950년대 이단 출현과 이단 시비

A. 통일교
자칭 하나님으로 등장한 문선명은 김백문에게서 사사를 받은 뒤 6·25 전쟁 발발후 1950년 평양에서 남하하여, 1954년 5월 성동구에서 '세계기독교통일신령협회'(일명 통일교)라는 유사종교단체를 만들어 자신이 교주로 있으면서 자칭 하나님이라고 주장하며 포교를 펼쳤다.

B. 전도관
전도관의 교주 박태선은 1948년 남대문 교회에서 이성봉목사의 부흥회에 참석하여 성령체험 후 예수를 만나 피가름했다는 주장과, 예수는 실패자이고 자신이 새로 보냄을 받은 예수라고 주장했다. 천부교를 만들어 신앙촌을 건설하는 등 세를 넓혀가며 한국교회에 회오리바람을 일으키며 물의를 빚었다.

C. 나운몽
나운몽 목사는 당초 감리교 장로였으나 나중에 목사안수를 받았으며 한국교회 부흥운동의 초석이 될 만큼 많은 영향을 미쳤다. 그는 용문산 기도원운동을 처음으로 주창했으며, 신앙운동은 물론 빈곤퇴치, 민족주의를 겸한 애향숙을 설립했다. 그러나 장로교단에서는 불법집단으로 단정하면서 이단 시비에 오르내리게 됐다.

D. 노광공
노광공은 동방교(東方敎)를 창설한 교조로써 일명 두산(頭山)이라고도 한다. 1953년 박태선 집단의 집회를 따라다니며 북을 치는 등 역할을 했고, 그후 대구지방에 동방교회를 세우고 활동을 하다 나중 동방교의 교주가 되었다. 동방교의 비밀 경전인 『경화록』을 보면 노광공은 심판주요 창조주로 탄생했다고 주장했다. 그는 자신을 재림주 등으로 신격화 하다가 사망했다. 이후 아들 노경구가 교주 자리를 이어 '기독교대한 개혁장로회'라는 명칭으로 활동하다 물의를 빚어 1976년 '기독교대한개혁장로회'라는 명칭의 문공부 등록이 취소되자 재단법인 밀알복음전도선교회, 재단법인 한국그리스도선교회 등으로 개칭했다.

(2) 1960년대의 이단 시비

A. 조용기 목사와 이단시비

제68회 대한예수교장로회(통합측)총회에서는 이단사이비연구대책위원회(위원장 박치순 목사)의 보고를 받고 사이비로 규정한 조용기, 권신찬 두 사람에 대해 이단시비가 문제되어 소위 "조용기, 권신찬 이단시비연구대책위원회(위원장:박치순)"를 조직하고 다음과 같은 문제성을 보고하고 예장통합 교단의 견해와 대책을 종합한 지침서를 발행하기에 이르렀다.

조용기 목사는 1960~1970년대 경제적으로 어려운 여건에 있을 때, 3박자 축복을 강조하며 성령운동과 은사운동에 불을 짚여 오순절 운동의 기수로 떠올라 세계에서 가장 큰 여의도순복음교회를 이뤄냈다.

당시 조용기 목사에 대한 논란은 조상숭배 문제, 부활처녀 소동, K장로의 치병안수건, 목사안수 남발, 무분별한 성찬예식, 성령세례 문제, 환상, 방언 등 신앙운동, 교회전도문제, 축복과 구원 등에 대한 문제를 제기했다. 그러나 이후 조용기 목사는 사이비로 규정한 예장 통합측으로부터 1994년 총회에서 사이비 해제를 받았다.

B. 권신찬 목사의 이단 시비

권신찬 목사는 1960년대 예장 통합측 목사였으며, 장로교 목사로써 세례아닌 침례를 받고, 유아세례는 성경적이 아니므로 확실하게 구원을 깨달은 후에 침례를 받아야 한다고 주장하면서, 믿음으로 구원을 얻었으니 교회의 제도에 얽매일 필요가 없다고 주장했다고 해서 조용기목사와 함께 예장통합 측으로부터 사이비로 규정되면서 교단으로부터 면직되었다. 이후 권신찬 목사는 소천하였으나 그를 따르던 신도들이 교회를 이어가고 있으며 현재는 기독교복음침례회라는 평신도 중심의 교단을 형성하고 있다.(본서 제6부 참조)

3.1970년대 이후 최근까지의 이단 논쟁

7, 80년대에 이르러는 대성교회(현 평강제일교회) 박윤식 목사의 성경해석 왜곡문제, 서울성락교회 김기동 목사의 귀신론 문제와, 90년대에 이르러서는 만민중앙교회 이재록 목사의 신비주의 문제, 류광수 목사의 다락방 전도운동, 할렐루야 기도원 김계화 원장의 치병문제 등이 이단시비에 휩싸였고, 특히 92년 10월 휴거 불발사건인 시한부 종말론 문제로 곤혹을 치렀다.

7, 80년대 이후의 이단시비 문제는 아직까지도 명쾌한 매듭을 풀지 못한 채 표류하고 있으며, 일부에서는 이들에 대한 이단시비 재검증을 시도하다 교권의 중심에 서 있는 대형교단 및 이들 교단들이 주축이 되어 조직된 교계 연합기관에 의해 무참히 이단 옹호자로 낙인 찍혀 어려움을 겪고 있는 현실이다.

이들 대상자들에 대한 신학적 시비 논쟁들은 본서 제6부 신학적 시비 대상자들 편을 참고하기 바란다.

제3부 한국교회내 이단 논쟁 무엇이 문제인가?

제1장 이단 연구가들의 문제들

1. 소위 이단 연구가들의 문제점

이단연구가 중에는 고인이 된 탁명환 소장이 독보적인 존재였다. 탁소장 이외에도 예장 통합 측의 최삼경을 비롯 원세호, 박영관, 이대복씨 등이 이단연구가로 회자되고 있다. 이들에 대한 면모를 살펴보자.

(1) 탁명환

이단연구가 또는 종교연구가 하면 작고한 탁명환 소장(집사/전, 국제종교문제연구소장, 현대종교 발행인)을 들 수 있다. 우리나라에서 탁명환 소장 만큼 종교문제 등에 대하여 많이 연구한 사람도 없을 것이다. 탁소장은 고인이 되었기 때문에 이미 타계하신 분에 대하여 논하는 자체가 자칫 고인에 대한 예의가 아닌 듯 싶어 조심스럽다. 그러나 주지의 사실은 탁소장은 분명 공인이었다. 공인에 대한 공과 실은 당사자가 생존해 있을 때에도 평가가 가능한 일이지만 작고한 이후에는 더 명확한 평가가 나와야 한다.

고 탁소장에 대한 평가는 크게 두 가지로 보고 있다. 하나는 한국교회나 우리나라 국민들이 종교문제에 대하여 문외한 환경일 때, 우리 사회에 폐해가 되는 사이비 종교들에 대한 문제들을 과감히 파헤쳐 일부 폐해를 막은 공헌은 높이 평가할 일이다. 가령 용화교, 동방교, 영생교 등과 같은 이단 사이비 종교에 대해 연구하고 폭로하여 우리에게 이단 사이비에 대한 경각심을 불러 일으켰다는 점이다. 반면에 고 탁소장은 종교연구에 많은 족적을 남기기도 했지만 일부 불의와 타협한 전력이나, 떳떳치 못한 일련의 행동들에 대해서는 여전히 부정적인 평가로 남아 있다. 물론 누구든지 탁소장과 같은 당시의 입장과 처지에서는 그럴 수 밖에 없는 최선의 선택이라고 생각될 수도 있다. 그러나 부정적인 부분은 여전히 부정적인 일로 평가될 수 밖에 없는 것이 역사이기도 하다.

필자가 그동안 故 탁소장에 대한 부정적 부분들을 거론한 바 있다. 그러나 이는 다른 책자에서도 밝혔듯이 고인에 대한 명예를 훼손코자 함이 아니라 공인으로서의 공과 실을 평가함으로 인해 종교연구의 질을 높이는데 교훈을 삼기 위함이다. 이에 대한『현대종교』측의 양해와 함께 독자들의 이해를 구한다.

 탁소장의 연구활동중 한국교회에 지대한 영향을 미친 공이 많음을 이미 전자에서 언급했다. 그러나 이같은 공과의 이면에는 실과도 있었음을 부인할 수 없다. 참고로 탁소장의 일부 실과를 소개해 보기로 한다. 1978년 9월 10,11일 양일간 국내 일간지 등에 '통일교에 대한 사과문'을 게재한 사건은 게재 배경을 논하기에 앞서 탁소장의 과오로 평가되고 있다.

 또 지난 87년 대선직전 김영삼 전대통령이 통일교로부터 정치자금을 받았다는 내용의 허위 조작(토요신문 1993년 8월 14일자 2면기사 참조), 오대양 집단 변사사건 배후세력설 조작, 대성교회(현, 평강제일교회) 박윤식 목사에 대한 사진조작(문화일보 1994년 2월 22일자) 등도 과오로 평가받고 있는 내용들이다.

 탁소장은 이 밖에도 성락교회 김기동 목사를 훌륭한 목사라며 많은 사람들을 소개해 주기도 하였다. 베뢰아 아카데미를 수료했던 한만영목사(당시 장로, 그레이스 아카데미 대표. 부활의교회 역임)도 탁소장이 김기동목사에게 소개해준 사람중 한 사람이다. 이에 대해 이용섭씨는 자신의 저서인 '탁명환,그는 과연 누구인가?' 라는 책에서 다음과 같이 말했다.

 "그러나 성락교회는 탁명환 씨의 '통일교회에 대한 사과문' 발표 이후에도 1983년 말까지『현대종교』구입비, 협조비, 광고비 명목으로 탁명환 씨를 계속 도와주었다. 하지만 성락교회도 1984년부터『현대종교』의 보도 자세를 그 이유로 해서 탁명환 씨에 대한 경제적 지원과 협조를 일절 중단했다.

 그런데 탁명환 씨 사후, 임홍천 씨의 소속 교회인 대성교회가 대성교회의 박윤식 씨와 탁명환 씨가 서로 적이 되어버린 이유는 대성교회로부터 탁명환 씨에게 매달 50여 만원씩 지급되던 것이 중단되었기 때문이라고 주장하는 것에 대해서 탁명환 씨 측은 그 돈이 『현대종교』의 광고비 명목이었다고 반론을 제기했다(동아일보 1994년 2월 22일자).

▲탁명환 소장의 대성교회(현, 평강제일교회) 강연모습

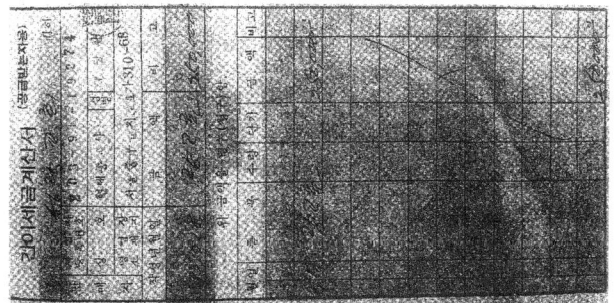
▲성락교회로부터 경제적인 도움을 받았던 증거 영수증

▲당시 대성교회로부터 지원받은 금전 영수증

"현대종교에 '젊은 여인과의 다정한 한 때'라고
제목 붙여진 박윤식 목사에 대한 조작사진"

▲사진 원본(좌)   ▲변조된 사진(우)

(문화일보 1994년 2월 22일자)

위와 같은 내용들에 대하여 「현대종교」측은 동잡지 2006년 10월호에서 김정수 기자를 통해 다음과 같이 반증하였다.

"'탁명환, 그는 과연 누구인가?' 책자 논란, '통일교회에 대한 사과문', '대성교회(현 평강제일교회)', '성락교회와의 교류', '박윤식 목사 조작사진', 등 이단들이 故 탁명환 소장을 음해하기 위해 사용하는 거짓된 내용을 기록해 한이협은 故 탁명환 소장의 명예를 훼손하고 있다. (중략) 故 탁 소장과 대성교회,성락교회와의 교류를 했다고 비난하고 있으나, 그 두 교회가 이단으로 규정되기 전 정통 교회일 때 교류했던 것이기 때문에 전혀 문제가 없다. 대성교회 사진조작 건의 전말도 1994년 6월호에 게재한 바 있다. (중략) 이단들이 퍼뜨리는 거짓 메시지는 기성교회 성도들에게도 '정말 그런가?' 하는 의문을 갖게 하는데..."

위에서 보듯이 「현대종교」측은 해명하기를 전자에서 언급된 내용들에 대하여 "이단들이 故 탁명환 소장을 음해하기 위해 사용하는 거짓된 내용"이라고 말하고 있다. 그렇다면 위에서 언급된 탁소장 강연 사진, 영수증 등이 이단들이 거짓으로 만든 서류이거나 사진이란 말인가? 이해가 가지 않는다. 또 현대종교 측은 "두 교회가 이단으로 규정되기 전 정통교회일때 교류했던 것이기 때문에 전혀 문제가 없다"라는 희한한 주장을 하고 있다. 놀라운 사실은 현대종교는 대성교회(현 평강제일교회)와 성락교회를 정통 교회로 인정하고 있다는 사실이다. 분명 정통 교회라면 이단이 아니다. 현대종교의 논리대로라면 나중에 일부 교단등에서 이들 교회들을 이단이라고 규정했기 때문에 정통교회에서 이단으로 바뀌었다는 얘기가 된다. 이들 교회는 이단으로 규정되기 이전이나 이후에도 신앙관과 주장에 변함이 없다. 변함이 없는 이들 교회가 현대종교에서 인정하듯이 당시 정통교회였다면 어느 누가 이단이라고 규정한다고 해서 갑자기 이단이 될 수 있는가? 앞뒤가 안 맞는 모순이 아닐 수 없다.

참고로 필자가 「현대종교」에 보낸 답신 전문을 전재한다.

월간 현대종교 탁지원 소장님께 드리는 답신 〈完〉

먼저 탁지원소장님과 현대종교 위에 하나님의 은총이 함께 하시길 기원드립니다. 탁소장께서 내용증명을 통해 본인에게 질의한 부분에 대한 본인 답변서에 대해 귀하가 발행하는 현대종교 11월호 '닛시칼럼'난을 통해 공개서신한 내용에 대하여 답신하는 것이 예의일 것 같아 본인도 공개서신으로 답신드립니다.

귀하께서는 답신 머릿글에서 본인에 대하여 '목사님'이란 신분존칭을 두어 번 언급하다가 느닷없이 '당신'이라고 지칭하면서 사정없이 인신공격성 허위 내용으로 본인을 폄훼시켰습니다. 본인은 처음 귀하의 글을 읽어가다가 '그래도 아들이 아버지보다 나름대로 교양도 있고 인격이 낫구나' 하는 생각을 하다가 곧바로 이어진 귀하의 괴변력을 보고는 '그 아버지에 그 아들이구나' 라는 생각으로 바뀌었습니다.

귀하는 본인이 이단보다 더 나쁜 사람이라며 "피 눈물이 범벅이 된 형제들을 외면한 채 그 형제들 또는 그 가족들과 친구들을 미혹한 이단들을 변호하고"라며 본인을 공격하고 있습니다.

분명히 밝히지만 본인은 이단을 변호하거나 옹호한 적이 없음을 밝혀둡니다. 이단은 반드시 배격해야할 무리들입니다. 본인이 이단을 변호했다고 주장하는 귀하의 생각은 어디까지나 귀하의 임의적 생각이며 판단에 불과한 것입니다. 아마도 귀하의 생각과 판단은 우리나라 큰 교단에서 결의한 것을 맹종한

탓이거나 귀하의 선친께서 이들 대교단들을 업고 이단으로 만들어 놓은 결과물에 대해 아무런 비평이나 재검증 없이 맹신한 탓이라고 여겨집니다.

선친과 귀하의 그릇된 판단 때문에 억울하게 이단의 누명을 쓰게 된 수십만 명 사람들의 눈에서 피눈물을 흘리는 모습을 귀하는 느끼고 있는지요? 귀하와 귀하의 선친이 아무리 명성이 높은 이단연구가라 하더라도 함부로 이단을 규정하고 정죄할 수 있는 권한을 누구에게서 위임 받았습니까? 귀하들이 하나님입니까?

사도바울이 생각납니다. 바울은 당시 철저한 유대교인으로서 예수믿는 사람들을 체포해서 제사장들에게 넘겨주는 일이 최고의 하나님 일이요 사명이라고 생각했지요. 그러나 다메섹에서 부활하신 예수님을 만나 회심한 후 사명자가 된 이후에야 과거 자신의 일이 얼마나 하나님께 대한 대적의 일인지 깨달았습니다. 이것은 귀하뿐 아니라 조심스런 판단일지 모릅니다만 한국교회 대다수 대교단들에게도 적용될 지도 모르겠습니다.

귀하의 약력을 살피건데 성결대 신학과와 숭실대학교 기독교대학원(Th.M.)을 졸업했다고 되어 있는데 신학교에서 신학을 공부하면서 필수과목인 '교회사'를 공부하지 않았습니까? 특히 교회사중에서 이단에 관련된 부분들을 좀 더 관심있게 공부했다면 오늘 날 한국교회와 같은 폐단은 없었으리라 생각이 됩니다. 교회사에서 어제의 이단이 오늘에는 정통이 되고, 오늘의 정통이 내일에는 이단이 되는 번복이 수도 없이 많았으며 정통이 이단으로 낙인찍히게 되면 종교재판을 통해 수 없이 많은 사람들이 사형에 처해지거나 추방되었는데 훗날 그들의 신학사상이 정통으로 인정받았을때는 이미 그들은 이 세상에 존재하지 않는 억울함이 수도 없이 많았음을 귀하 알찐대 과연 귀하의 선친께서 판단한(물론 이단규정은 교단을 통해서 하고 선친은 문제 제기나 자료제공) 이단 규정이 100% 옳다고 맹종한다면 이는 선친보다 더 무서운 사람이요 저질의 연구가로 타락할 수 있는 가능성이 높다는 측면에서 매우 우려가 되오.

귀하가 얼마나 이단에 대한 연구를 해왔는지 아니면 귀하가 과연 이단 연구가인지 본인은 의심을 하고 있습니다. 귀하의 선친께서 이단 연구가라 해서 귀하도 이단연구가가 되는 것은 아니지요. 귀하는 선친께서 소천 하자마자 어쩔 수 없이 현대종교의 발행인이 되었던 것이며, 선친의 업적을 비판없이 그대로 수용, 전수해 오고 있는 귀하가 아닌가 의심을 해봅니다.

귀하께서는 현대종교 10월호에서 본인을 공격하며 현대종교와의 자매결연을 일체 부인했었습니다. 그리고 같은 노선의 연구를 해온 바가 없다며 본인의 소개를 모두 거짓이라고 기사를 썼습니다. 귀하들은 확인도 제대로 하지 않고 기사를 작성합니까? 본인에게 내용증명으로 사실확인을 의뢰했으면 답변을 들은 후에 본인의 주장을 포함하여 기사를 쓰는 것이 기본 아닙니까? 답변도 듣기 전에 모두 거짓이라고 일축해 버렸습니다.

본인이 14년전인 1992년도부터 귀하의 선친과 자매결연을 맺고 이단연구를 같은 노선에서 해왔습니다. 물론 본인이 운영하던「기독선교신문」과「현대종교」와 맺은 것은 물론이고요(답변서 증거 참조) 개인과 개인간에도 친형제처럼 결연을 구두로 맺고 함께 지내왔지요. 그 당시 귀하는 학교에 다니는 학생이라 아무것도 모를 때이지요. 그런데 귀하의 답변과 현대종교 기사들을 읽어보면 마치 귀하들이 선친과 본인간의 관계와 행동들을 신처럼 꿰뚫어 본 것처럼 주장하고 있으니 참으로 우스운 일이 아닐 수 없소. 본인이 답변서에서 신문에 나온 사고(社告)만을 증거로 제시한 것은 구두로 한 것은 증명할 수가 없어 어쩔 수 없이 증거만 일부 제시한 것 뿐이오.

귀하는 본인이 수년전이라고 표현한 것도 잘못된 것이라고 지적하고 있는데 14년전이 수년전이 아니면 무엇인가요? 그리고 본인이 선친께서 소천하시기 이전까지만 같은 노선의 연구라고 했지 언제 이후에도 같은 노선으로 연구한다고 했는지요? 귀하나 현대종교의 기자들이 문장을 이해하는 실력이 이렇게 수준미달인 것을 보면서 한심스럽기까지 합니다. 귀하들은 상대방에 대하여 허위 사실이나 과장수법으로 교묘히 인신공격하면서 글을 쓰는 실력들을 보면 이쪽 분야에선 타의 추종을 불허하는 실력들입니다. 그동안 현대종교에 기사화된 인신공격성 기사들을(타인포함) 보면 쉽게 발견이 됩니다. 그래서 최근 귀하가 출판물에 의한 명예훼손, 허위사실 적시 등으로 중랑경찰서에 즐비하게 고소당한 사건들이 이를 반증해 주고 있는 것 같습니다.

본인은 20년 이상을 언론에 종사해온 사람이오. 종합일간신문의 사회부, 정치부 기자부터 시작하여 일간신문 발행인을 거쳤고, 기독교 언론에 발을 들여놓으면서 이단연구에 관심을 갖기 시작했지요. 그러면서 귀하의 선친을 알게 된 것이오. 처음에는 이단에 대한 전문지식이 부족하여 선친의 연구를 많이 참조하였고 자문을 구하기도 하였으며 어떤 경우는 이단을 만드는 현장을 목격하기도 하였지요. 그때마다 이런 얘기를 선친에게 말한 적이 있었오. "소장님, 너무 쉽게 이단을 만드는 것 아닙니까? 지금 상황에서는 이단이라고 말할 수 없잖습니까?" 그랬더니 선친께서는 "이단은 싹부터 있을 때 잘라 버려야지 크면 죽지 않는다" 는 논리로 본인을 설득했습니다.

　선친의 말대로 이단이라면 아예 싹부터 잘라버리는 것이 맞는 말이지만 만의 하나 이단이 아니라면 그 책임은 누가 지는 것이오. 그때부터 본인의 마음속에는 언젠가 독립할 수 있는 환경이 주어진다면 제대로 된 이단연구를 해보고 싶었고, 자기 기분과 입맛에 따라 이단을 만들거나 정상교회로 인정해 주는 것이 아니라, 성경을 잣대로 한 이단 규정을 해야 하겠다는 생각을 해왔습니다. 그런 와중에서 귀하의 선친과 멀어지는 계기가 찾아왔지요. 그것은 다름아닌 신동아 그룹 최순영회장 통일교 연루설 때문이었지요. 이 문제로 한기총 내 통일교문선명특별대책위원회 활동이 시작되고 이 문제를 촉발시켰던 조병규 목사라는 사람이 신동아 측의 고발로 구속되고, 이후 이대복씨(월간 교회와 이단)가 구속되었다가 바로 석방되는(바로 석방되자 마자 최순영씨 두둔 성명) 사태가 발생하는 등 한국교계가 매일 어수선하였지요.

　이런 문제들을 당시 기독선교신문을 운영하던 본인이 기자들로 하여금 취재케 하여 교계 신문중에서 가장 많은 지면을 할애하여 공정하게 보도를 해왔지요. 이때 귀하의 선친께서 여러차례 본인에게 전화를 해 "신동아 그룹의 계열사 광고를 안전빵으로 빼줄테니 최회장 관련한 기사를 그만 써 달라"고 여러차례 전화로 부탁하는 것을 본인이 수용하지 않고 계속 보도를 하는 바람에 선친과 관계가 멀어지는 계기가 되었지요.

　이 일로 본인은 신동아 최순영씨의 고소로 출판물에 의한 명예훼손으로 구속되는 사태가 발생, 두달간 구치소 생활을 하는 고생을 좀 했지요. 이후 1년여 지난 시점에서 선친과 화해하고 선친께서 다니시던 농아인교회(마포 외국인교회내)에서 자주 만나 외국인묘지에서 오랜시간 많은 대화들을 나눈적이 있소.

　귀하는 선친이 이뤄 놓은 업적들을 아무런 비판없이 신의 말처럼 그대로 믿고 있는데 이것이 큰 문제이오. 어떻게 보면 선친보다 더 위험하다고 생각되는 것은 연구나 확인이 제대로 되지 않은 사항들을 맹목적으로 믿어버리는 것이 더 큰 문제라고 생각되오. 무식이 용감하다는 말이 있듯이 말이지요. 귀하의 선친은 신이 아니오. 그리고 선친께서 연구한 것들이 100% 맞는 것도 아니오. 나는 귀하의 선친께서 연구한 업적 등에 대하여 재검증이 절대로 필요하다고 믿소.

　지난 번 서신에서 보니까 귀하의 선친께서 실수한 부분들에 대하여 해명하기를 모두 선친을 음해하려는 사람들이 거짓으로 꾸며낸 이야기로 치부해 버렸고, 이런 사실들을 그동안 현대종교 잡지에서 모두 해명한 것으로 얘기하고 있는데 본인은 이에 동의하지 못하오. 귀하의 주장대로 선친을 음해하던 사람들이 꾸며낸 이야기라면 객관적으로 검증해서 사실여부를 가려야 한다고 생각되는데, 이 지면을 빌어 본인은 귀하에게 공식적으로 제안하오. 가칭 '고 탁명환소장 10대 의혹 진실규명위원회'를 구성하여 귀하 측의 인사들과 객관성이 있는 몇몇 교수들과 연구가들이 동참하여 진실여부를 규명해 봅시다. 과연 귀하의 말대로 선친의 부정적인 사실들이 선친을 음해하려는 사람들이 거짓으로 꾸며낸 이야기인지 아니면 사실인지 말이요. 귀하의 주장대로 거짓으로 꾸며낸 소설같은 얘기들이라면 이번 기회에 말끔이 오해를 씻어버리는 계기를 만들어야 되지 않겠소.

　사회에서는 과거사중 논쟁거리에 대해서는 진실규명을 위한 특별법을 만들어 역사적 재검증을 통해 왜곡된 역사를 바로 잡아가고 있는데 기독교계에는 그런 것들이 전혀 없어 안타까운데 이번 기회를 통해 좋은 선례를 만들어 봅시다.

　본인이 생각하기에 대표적인 논란 사항으로 통일교 금품수수설과 일간지 사과 성명서건, 김영삼대통령 통일교 연관설, 성락교회 및 평강제일교회(구, 대성교회) 금전지원 및 강연건, 세칭 구원파 오대양 관련설 주장 및 보도건, 대성교회 박윤식목사 사신 소삭건, 죄보목사와의 이난 만들기 녹취록 사건, 보여자목사와의 녹취록건, 밤빌리아 교회 이단조작설 등 대략 10대 의혹에 대한 사항이면 충분할 것 같소.

　귀하나 현대종교가 이런 의혹들에 대해 떳떳하다면 더 이상 이런 악성루머에 시달리지 말고 진실규명을 통해 만의하나 사실이라면 숨기지 말고 귀하가 선친을 대신하여 사과하고 한국교회에 용서를 구하면 되는 것이요. 귀하가 선친의 업적을 과대평가하여 침소봉대하거나 현대종교의 운명이나 경영을 우려하여 침묵으로 일관한다면 귀하는 하나님의 무서운 형벌을 면치 못할 것이오.

　귀하의 선친께서 현대종교를 통해 이단시비를 제기하고 이를 대형교단에서 그대로 연구나 검증없이 짜깁기한 자료들을 근거로 이단을 규정한다고 해서 이단이 되는 것은 아니오. 이단규정은 매우 신중해야 되오. 본인이 생각하고 판단하기에는 귀하의 선친으로 말미암아(이단시비 제기) 억울하게 이단의 누명을 쓴 채 비통속에서 살아가는 성도들과 목사들이 수십만 명 아니 100만명이 넘는다는 생각이 드오.

　우리가 구원받는 것은 복잡한 것이 아니오. 삼위일체되신 하나님을 믿고 내가 죄인임을 깨닫고 예수님을 내 구주로 영접하면 구원을 받는 것이오. 칼빈주의에서는 한번 받은 구원은 절대적으로 잃어버리지 않소. 다시 말하면 불가항력적이고 궁극적 구원이지요. 그러나 이런 구원관도 알미니안주의에서는 구원받은 사람도 본인이 믿음을 유지하지 않으면 언제든지 구원에서 탈락될 수 있다고 주장하지요. 장로교 이외의 대부분 교단들이 알미니안주의나 웨슬리안 알미니안주의를 따르고 있지요. 그럼에도 이단시하지 않고 협력하고 있지 않습니까?

　성공회나 가톨릭은 어떻습니까? 성공회는 지옥부재설을 주장하고 가톨릭은 성모마리아를 제4위 하나님으로 이미 신격화시켜 놓았어요. 그런데도 대다수 교회들이 이단으로 보지 않더군요. 본인은 이단으로 보지만 말입니다. 귀하나 현대종교도 이단으로 안보지요? 세계적으로 아니면 우리나라에서 통일교, 몰몬교, 여호와증인 등 몇몇 명백한 이단들을 제외하고는 이단시비가 있어온 많은 교회들이나 인물들이 천주교보다 더 비성경적인 주장을 해오는 교회나 목사들이 있던가요?

　귀하나 현대종교가 과연 권위있는 연구가요, 명성있는 이단 전문 잡지로 자리매김 하려면 '현대종교'지가 가톨릭 등 거대 이단들을 연구하고 추방하는 일들에 앞장서기를 권면드리오. 기독교내에서 약간의 견해차이를 문제삼아 이단으로 만드는 피라미(Zacco platypus)나 잡는 일들은 이제 그만 하시기를 간곡히 권면드리오.

　귀하에게 할 말은 많지만 이만 줄이겠소. 현명하게 판단하시기를 바라고 밝아오는 새해에는 좀더 넓은 안목을 가지고 이단연구를 하시기를 바라겠소. 귀하에게 행운이 함께 하시길 바라오.

　(기독교평론신문 2006년 12월 24일자 발췌)

　필자가 보낸 내용증명 답신에 대해「현대종교」의 발행인인 탁지원씨는 동잡지 2006년 11월호 발행인 '닛시칼럼'에서 다음과 같이 말했다.

"처음엔 이미 돌아가신 선친에 대한 이야기들을 벌써 10년 이상을 옭아매고 있는 것이 인간적으로 매우 분한 마음이 들어 구체적으로 싸울 태세를 갖추기도 했었습니다. 그러나 한국 교회에 대한 무모한 도전과 하나님의 질서를 깨뜨리고 있는 것이 이단들보다 더 악하고 몹쓸 일이라고 믿고, 우리 하나님께서 이 문제를 잘 정리해 주실 것이기에 앞으로 조금 구체적으로 목사님을 위해 기도하고 주목하며 바라봐야겠다는 생각만 했었습니다. (중략) 앞으로 얼마나 더 선친에 대한 음해와 비난들에 대해 대처하고 반론과 정정할 것을 말하며 살아야 되는 걸까 싶은 생각이 들지만, 그것이 평생 제가 짊어져야 할 짐이라면 당연히 짊어지겠습니다."

필자는 월간 현대종교 탁지원 발행인에게 선친의 여러 가지 의혹에 대한 공식 해명을 요구하는 내용증명을 2007년 6월에 발송했으나 아직까지 답변이 없다.

(2) 최삼경

우리나라에서 분명한 이단을 제외하고, 이단 시비 논란 대상자들 중에서 이단으로 규정된 대부분의 인물들은 고 탁소장이나 최삼경 씨에 의해 문제 제기된 경우가 많다. 이들의 연구 성과로 인해 진짜 이단을 가려낸 곳도 있겠으나, 본서에서 제시하고 있는 성경적 이단판단 기준 등에 비추어보면 상당수는 잘못된 잣대와 여론몰이로 이단 아닌 이단을 만드는데 결정적인 역할을 한 경우가 허다하고 볼 수 있다.

탁명환 소장 소천 이후 종교 연구가로 회자되고 있는 사람들 중에는 예장 통합 측에 소속된 최삼경 씨(빛과 소금 교회, 『교회와 신앙』 상임이사)가 대표적 인물이다. 최 씨는 탁소장과 함께 『현대종교』의 편집위원으로 있으면서 이단을 만들어 내는데 상당한 공헌자로 알려져 있으며, 지방교회 측과 삼위일체를 변증하면서 오히려 자신의 주장이 이단 사상인 삼신론(三神論)으로 이해돼, 당시 자신이 소속된 교단으로부터 C씨의 주장과 같은 신학사상은 이단사상으로 평가받기도 했다.

참고로 최씨가 소속된 예장 통합측에서 결정한 연구보고서를 일부 인용한다.

'예장통합측 이대위 조사보고서' 중에서 발췌

"C(최삼경지칭-편집자주)목사는 지방교회 삼위일체 주장을 비판하면서 교회와 신앙 96년 12월호 136쪽에서 다음과 같이 주장하였다. < 위트니스 리는 '하나님의 세 인격은 세 영들이 아닌 하나의 영'으로 세 인격이 한 영 안에 있는 삼일 하나님이 되었다고 하는 말이 그렇다. 비록 그는 인격이라는 용어를 사용할 때는 '셋'이라는 말을 쓰고 있으나 영을 말할 때는 '한' 영 안에 삼일 하나님이라고 말하고 있다. 그렇다면 구약이나 신약이나 아버지 하나님도 '한' 영이시오 성령님도 '한' 영이신데 어떻게 이 둘이 하나라고 하는가?> 그러므로 <위트니스리가 '한' 영의 하나님을 주장하고 있는 점이 바로 양태론적 삼위일체>라고 주장하였다."

"그러나 C목사는 <성부도 한 인격으로서 한 영이시요 성자도 한 인격으로서 한 영이시요 성령도 한 인격으로서 한 영이시다. 그러므로 하나님은 (한 영의 하나님이 아니라) 세 영들의 하나님이다>라고 주장한다"(교회와 신앙 96. 12월호).

위와 같은 최씨의 주장은 이미 <교회 공의회>에서 삼신론 이단으로 정죄된 사상이다. 이런 주장은 853년 스와송(Soissons)에서 삼신론 이단 사상으로 이미 정죄된 바 있는 이단교리이다.

위에서 살펴보았듯이 최씨의 이러한 신학사상이 자신이 소속된 총회에서 이단성이 있는 사상으로 지적을 받자, 최씨는 자신의 삼위일체관에 문제가 없다며 신학자들의 의견을 첨부하여 재심의를 요청하는 헌의를 노회를 통해 총회에 냈다. 이에 대해 예장통합측(총회장 김태범목사)은 제89회 총회(2004년)에서 "최삼경목사의 삼위일체관과 성령론에 아무런 문제가 없다"고 확인하였다.

다음은 당시의 신문기사를 인용하였다.

"통합측은 최삼경 씨(빛과소금교회) 소속 서울동노회(노회장 이일랑 목사)가 최 씨의 삼위일체관과 성령론에 문제가 없음을 확인한 사실을 받아달라는 이단대책위원회의 보고를 그대로 채택했다.

이에 앞서 이대위(위원장 이승영 목사, 서기 김항안 목사)는 마지막 전체회의를 갖고 서울동노회가 "최 목사는 삼신론자가 아니고 바른 삼위일체관을 가지고 있다"고 평가한 여러 교단 삼위일체 전문 신학자들의 소견을 첨부해 접수한 청원을 인정해 이번 총회에 이같이 보고하기로 결의했다.

노회측으로부터 요청을 받고 최 씨 문제에 대해 소견을 밝힌 신학자들은 이종성 박사(한국기독교학술원 원장), 황승룡 교수(전 호남신학교 총장), 이수영 목사(새문안교회), 차영배 교수(전 총신대 총장), 김영재 교수(합동신학대학원대학교) 등이다."

최씨의 삼위일체관에 대해 문제가 없다고 소견을 밝힌 신학자들의 내용과 이를 바탕으로 최종 심의한 예장 통합측의 당시 연구내용이 과연 진실성과 적합성에 바탕을 둔 것인지에 대한 검토와 최씨의 삼신론 사상이 과연 수정되었는지에 대한 재검증이 조만간 이뤄질 전망이다. 사단법인 한국기독교총연합(한기총) 이대위에 의해 조만간 최씨의 신학사상에 대한 광범위한 연구와 조사가 이루어질 예정이어서 이에 대한 결과가 주목된다. 최씨의 이단성은 삼신론 이외에도 성령론과 구원론 등 여러 교리들에서 발견되었다.

특히, 최씨가 기총연 이단 사이비문제상담소장으로 있을 당시에 '이단 사이비자료집 2004'를 발행하였였는데 당시에는 자신이 소속된 예장 통합 측에 의해 삼신론사상으로 정죄받은 상태에서 이 자료집을 낸 것은 크나 큰 모순이 아닐 수 없다.

최씨는 자신의 신학사상 논란 이외에도 덕스럽지 못한 일련의 일들이 있었다. 최씨는 처음 『교회와 신앙』지의 발행인이었으며, 지금은 상임이사로 관계하고 있다. 최씨는 『교회와 신앙』지에서 진용식 씨와 함께 몸담아오면서, 진씨가 A교회 비판서적을 1만권 출판했다가 A교회측으로부터 제소위험에 처하자 책을 폐기하는 조건으로 당시 거액인 1천만 원을 수수하는데 중재 및 증인역할을 해 오는 등 이단(최씨의 주장대로 A교회가 이단이라면)과의 뒷거래를 해오다 들통이 났다.

그런가하면 최씨가 관계하고 있는 『교회와 신앙』지는 M교회로부터 문서 선교비조로 매월 100만원씩 일천만 원대의 금품을 받고 M교회를 문제삼지 않고 있다가 이같은 사실이 들통나자 금품을 되돌려주고 사과문을 발표한 후, 다시 M교회에 대하여 이단성을 제기하는 등 이단 연구자로서의 자질을 의심케 했다.

(3)원세호

원세호목사는 기독교한국침례회 소속 목사였다. 그는 종교연구가를 표방하면서 김기동 목사의 이단성을 고발한 장본인이기도 하다. 원목사에 대하여 김기동목사 측은 다음과 같이 주장하고 있다. '원세호목사는 1983년 10월에 '은사확인론(下)'이란 책자를 내면서 제9장에서 '베뢰아(가칭) 학설은 어떠(어떤)한가?'란 제하의 글에서 김목사의 설교집이나 베뢰아 아카데미에서 가르치는 내용들에 대하여 거론하기 시작하였다. 김기동목사는 85년 침례교 연차총회에 제2부총회장으로 출마했는데, 당시 성락교회는 침례교에서 가장 큰 교세를 가지고 있었다. 김목사는 침신대 정과 출신이 아닌 편목이었기 때문에 편목 출신의 총회장 탄생을 막기 위해 정과 출신파에서 김목사에 대한 훼방과 공작이 있었고, 이런 와중에서 김기동 목사는 교단의 혁신을 담은 호소문을 전국의 지교회에 여섯차례 보내면서 괘씸죄에 걸려들었다. 이런 분위기 속에서 87년 9월 강남중앙침례교회에서 열린 연차총회에서 김충기 목사와 원세호 목사가 김기동 목사를 성토하기 시작했고, 이때 김목사는 신상발언을 마치고 나오면서 교단탈퇴를 선언하기에 이른다. 탈퇴후 김목사는 '기독교남침례회'라는 교단을 독자적으로 창립하였고, 그후 87년 11월 16일 기독교한국침례회는 총회 결의 없이 총회 사무실에서 총회 이름으로 김목사를 '이단'으로 발표하면서 이단이 만들어진다. 김기동 목사 측의 주장은 기침이 김목사를 이단으로 만들기 위해 원목사를 이용했으며, 당시 원목사는 임마누엘성경연구원을 운영하고 있었기 때문에 경쟁관계에 있었던 것도 한 원인이 된 것 같다고 주장하고 있다.

원목사는 김기동목사에 대한 문제를 제기하면서 본격적인 이단연구가로 변신하게 된다. 그러나 이후 원목사가 윤석전목사에 대한 연구 조사를 진행하는 과정에서 기침 교단과의 불협화음이 생겼고, 결국 이 때문에 원목사 자신이 기침에서 제명되는 불명예를 안고 말았다. 그런가

하면 2002년 예장 통합 제87회 총회에서도 원목사의 창조론, 인간론, 삼위일체론이 모두 이단적 주장이라는 정죄를 받은 바 있다.

다음은 교회연합신문 2003년 6월 22일자 신문기사 내용이다.

이단연구가 원세호목사 "법정 구속"
서울지법, 침례교 중진을 '이단사이비'로 매도한 명예훼손죄로

지난 2000년 7월 기독교한국침례회장 등 중진목사 57명을 "이단사이비"로 매도, 물의를 일으켜 출판물에 의한 명예훼손죄로 고소된 바 있는 원세호 목사(보광침례교회)가 2년여의 재판 끝에 지난 13일 서울지방법원 제525호 재판장 박희승판사에 의해 1년 징역의 실형을 선고받아 구속됐다.

또 이날 같이 재판을 받은 원세호 목사의 동생 원문호 목사에 대해서는 징역 10월에 집행유예 2년, 같은 교회 집사 장경훈씨는 징역 8월에 집행유예 2년이 선고되었다. 또 원문호 목사는 120시간, 장경훈씨에게 80시간의 사회봉사 명령도 내렸다.

재판부는 피고인들은 "피해자 윤석전과 교리적으로 이단 논쟁을 하여 오던 중 기독교한국침례회총회가 '윤석전은 이단이 아니다'고 결정하였음에도 계속 윤석전을 비난, 총회로부터 제명처분을 받자, 윤석전을 옹호하는 피해자들의 비윤리적인 측면을 부각시키기로 마음먹고", 피고인들이 윤석전에게 매수되어 이단을 옹호한다는 내용의 "허위사실을 적시하여 월간지와 유인물을 통해 배포함으로써 고소인들의 명예를 훼손했다"고 밝혔다.

또 재판부는 "윤석전이 금품매수, 집단폭행, 살인, 혼음, 가정파괴, 불법축재 등을 윤석전 관련 이단 사이비에 관한 질의 건이란 제목으로 기독교 미명하에 개인 혹은 집단살인, 가정파괴, 집단생활, 사회격리, 인권유린, 이혼, 노동임금 착취, 사유재산 탈취, 부의불법 축적, 교주신격화로 맹종강요, 자녀교육포기, 교주의 노예화, 집단폭행 및 위협, 살인암매장, 각종 사기극으로 피해 속출, 권력기관 금품매수, 사회혼란 야기, 많은 선량한 국민들의 폐해 및 인간 존엄성 파괴, 사회악을 조장, 금품수수로 교계를 부패함"이라는 등의 "허위의 사실을 적시하여 동인의 명예를 훼손했다"고 밝혔다.

한편 원세호목사는 지난 2000년 1월 기독교한국침례회 총회로부터 제명되고, 2002년 예장 통합 제87회 총회에서 창조론, 인간론, 삼위일체론이 모두 이단적 주장이라는 정죄를 받은 바 있다.

다음은 기침교단에서 발표한 원씨에 대한 연구보고서이다.

원세호씨에 대한 연구보고서

"본 교단 총회를 '이단비호집단'으로, 총회장 및 사아비이단대책위원장과 위원들을 '이단비호세력'으로 정죄하고 한국교계에 공포하겠다"는 협박성 공문을 3차에 걸쳐서 보내는 한편 교계신문에 이를 공표한 기독교사이비이단연구대책협의회 회장 원세호씨에 신앙과 가르침을 연구하기로 결의하고 연구한 결과 그의 가르침과 주장은 비성경적이며 이단적 주장임이 드러났음을 보고 드립니다.

원세호씨는 기독교한국침례회 보광침례교회(서울 중곡동) 담임목사로 재직하면서 임마누엘성경연구원을 운영하고 있으며, 침례교단 내에서 이단연구가로 활동하다가 침례교단의 현직 총회장을 비롯 58명의 침례교단 중진 목사들을 무더기로 이단으로 규정하여 교계에 파문을 일으켰으며, 그로인해 2001. 1. 1 기독교한국침례회 총회로부터 제명을 당했으며, 그 후 기독교사이비이단연구대책협의회라는 단체를 만들어 회장에 취임하였다.

원세호씨는 본 교단에 3차례에 걸쳐 공한을 보내어 "자신들이 이단이라고 지적한 인사들에 대하여 이단 정죄를 할 것을 강력히 요구하며 자신들의 요구대로 하지 않을 경우 본 교단을 이단비호집단으로, 총회장 및 사이비이단대책위원장과 위원들을 이단 비호세력으로 한국교계에 공포하겠다" 는 협박성의 공한을 보내옴으로 본 위원회는 만장일치로 그의 신앙을 검증하기로 결의하고 연구한 결과 원세호 씨의 주장은 비성경적이며 이단적 주장임이 드러났음을 보고 드리며 향후 원세호씨의 그릇 가르침과 주장에 동조하는 일이 없도록 각 교회에 숙지시켜 주시기 바랍니다.

연구결과

1.창조론

(1) 원세호는 자신의 저서 '성도의 영적승리, 악령론 p103 에 "하나님의 창조는 천지만물 창조와 보이지 않는 영계만물을 창조 하신 것이다. 영계 창조는 선한 천사와 악한 천사인 악령들이 있다"고 주장하고 있다.

이같은 주장은 마치 '하나님이 악한 천사 또는 악령을 창조하셨다'고 주장하는 것으로 매우 잘못된 주장이다. 하나님은 악한 것을 창조하지 않으셨다. 그리고 악한 천사 또는 악령은 타락한 천사(벧후2:4)요 자기의 지위를 지키지 아니하고 자기 처소를 떠난 천사(유6)들을 두고 말한다. 그러므로 이같은 주장은 비성경적이며 기독교의 전통적 가르침과 전혀 다른 것이다.

(2) 제10과 삼위일체 p15). 그러므로 창1:1은 "태초에 하나님들이 천지를 창조 하시다(여호와의 증인의 정체, p14)라고 해야한다" 고 주장한다.
엘로힘은 '엘로이' 또는 '엘'이라는 말의 복수로서 '엘'은 단순히 신을 의미한다. 엘로힘이 위대하신 하나님들이라는 표현은 잘못된 것이다. 그리고 엘로힘이 복수형이기는 하나 그것을 '하나님들'이라고 이해해서는 안된다. 구약성경에서 '엘로힘은' '하나님의 위대하심', '강력하심'을 말할 때 사용하는 말이다. 그러므로 "태초에 하나님(들)이 세상을 창조하시다"라고 하는 것은 다신론적 주장으로 하나님을 많은 신들 중에 하나로 전락시키는 잘못을 범하고 있으며 비성경적 주장이다.

2. 인간론

원세호는 자신의 저서 '성경해석의 원리, p58,59에 "인간의 영과 영혼은 서로 다른 것이며 영혼은 하나님과 인간을 구별짓는 용어로 육체를 가진 산 사람을 뜻한다. 영혼이 죽으면 '영'과 '육'으로 분리되며 부활 시에 다시 결합하여 영혼이 되며 영혼은 분명히 피가 있고 죽일 수 있는 육체를 가지고 있는 산 사람이다" 또 성호와 복된 승리 p46-50에 "영혼은 영이 아니다. 영혼은 살아있는 나 자신이다. 그러므로 피도 있고 죽을 수도 있는 실존이다" "사람이 죽으면 '영'과 '육'으로 갈라져 '영'은 낙원에 가고 육신은 무덤에 가고 부활때에 '영혼' 영체로 된다"고 주장하고 있다.(영혼은 피가 있는 육신)
영과 영혼은 별개의 것이 아니라 하나이다. 굳이 영과 영혼을 구별한다고 하면 영은 상향적 위치에 있으며(하나님과의 관계), 혼은 하향적 위치(육체와의 관계)에 있는 측면을 말할 수도 있다. 그러므로 "영혼이 피가 있다거나 혹은 영혼이 죽으면 영과 육으로 분리된다"는 주장은 비성경적이며 잘못된 주장이다. 이 주장은 전인적 인간을 영혼으로 표현하였거나 혹은 잘못 이해한데서 기인된 것으로 보인다.

3. 삼위일체론

원세호는 또 "삼위일체론에서 위(격)persona 라는 용어는 사람들이 '머리' 라고 설명하지만 잘못된 것이며, 보좌, 곧 천국의 하나님의 자리를 의미하는 것으로 삼위란 곧 천국에 세 보좌를 가리키는 말이다"(임마누엘 제1집, 제12과 성자 하나님은 누구십니까? p17)라는 해괴한 주장을 하고 있다.
　위(격),persona,는 성부,성자,성령의 독특한 인격성 또는 실제성을 의미하는 말로 '천국의 하나님 자리' 와는 아무 관계도 없다. 그러므로 이 주장은 정통 삼위일체론도 아니며 기독교의 교리도 아닌 이교적인 발상이며 자의적 해석이라고 할 수 있다. 삼위일체 교리는 기독교 신앙의 가장 중요한 신앙고백이며 교리이므로 이런 주장은 비성경적이며 이단적 주장이다.

　이에 대하여 원세호목사측은 다음과 같이 해명(요약:편집자주)하고 있다.

　'원세호목사 관련 통합 이대위의 연구보고서는 노회의 질의이거나 상정안이 아니며, 이 사안은 총회로부터 수임이 되지 않은 이대위의 일방적인 선택의 결의로서 총회 법에 반하여 권징의 대상임을 2002.10.5.《한국장로신문》방○○ 기자가 밝혔다' 고 밝히고 있으며, 원세호 목사 관련 창조론, 인간론, 삼위일체론 등은 원문 변조한 것입니다.
　이것은 의도적으로 이단을 만들려는 정치적인 이해관계의 결과로서 불신을 조성 한국교회와 이단연구가를 이간시키는 어처구니없는 일일 뿐 아니라, 이야말로 천인공로 할 사건입니다. 원세호목사 관련 연구는 총회의 법에 반할 뿐 아니라, 원문변조로 조작한 것으로 이단자가 이용하는 데 빌미를 제공한 비방 선전물로서 원천무효입니다. (중략)
　이 사건은 교리적인 사과가 없는 윤석전을 비호하려는 이대위의 직권 남용입니다. 이들은 교단 간에 요식적 문서행위로 질의서를 보낸 후 받은 이단의 답변을 연구보고서인 냥, 교회를 기만하는 행위를 통하여 한국교회를 우롱하니 통탄할 일입니다.
　이것은 이단에게 미혹되는 문을 활짝 열어 놓은 수문장 역할을 한 것입니다. 따라서 이단비호로 인한 미혹으로 말미암은 한국교회와 성도의 피해에 대한 '피' 값에 보응이 지나치지 않을 것입니다. 이 사건에 대하여 하나님이 길이 참으시는 것을 알고 크게 각성 회개하여 영의 생각을 회복해야 합니다.

1. 윤석전 이단 면죄부 예장통합 행위 규탄.

사실 이단 윤석전 관련 통합이대위는 연구도 없이 '문제 없다' 라고 결론을 지었습니다. 따라서 이단이나 비호자들에게 빌미를 제공하여 진리수호에 역기능적 장애의 원인을 제공하는 해악을 끼쳤습니다.

그러나 윤석전은 '기독교이단사이비연구대책협의회'에서 1999.5.27. 이단규정, 예장합신 총회에서 이단성이 인정되어 '윤석전 모든 집회금지'가 결정됐습니다.

사실 통합이대위는 '이단대책위원회' 직무이탈 유기, '이단비호대책위원회' 노릇을 한 것입니다. 이단연구가 이영호 목사는 "통합측 이대위는 이단들이 문제 있다며 제기한 속칭 '최삼경 목사의 삼신론 문제'에 대해서는 검증을 하고, 문제 많다는 윤석전에 대해서는 최삼경 목사에 대한 검증 같은 검증은 하지도 못한 채 어처구니 없게도 '문제없다' 결정하고, 오히려 고발자인 원세호 목사에 대해서는 연구했다고(?) 총회에 보고했는데 바로 그 연구보고에 문제가 있다." 라고 지적했습니다.(중략)

아무튼 통합이대위의 원세호목사 관련에 원문변조 연구보고서로 오명을 남기어 지금까지 이단의 결정과 진리 수호한 신뢰도가 여지없이 추락시키고 말았으니 유감스러운 불행이 아닐 수가 없습니다. 원세호목사 관련한 원문 변조한 결과물로 이단성 운운한 것에 대하여 통합이대위는 결자해지로 명예를 회복시키는 용기를 보여야 할 것입니다.

2. 원문변조 비교 공개.

예장통합 이대위는 총회에서 수임을 받은 이단 윤석전을 연구하지를 않아 보고서가 없습니다. 오히려 이단을 고발한 이단연구가 원세호목사측에 협조공문을 '협박문'이라는 모함성 문구나, 원세호목사를 연구한다는 선정 자체가 이단과 이단비호자들의 간계로서 사려가 되는 바, 원세호목사 관련은 노회의 상정안도 아니며, 총회가 수임한 사실이 없는데, 이단을 비호하기 위하여 통합이대위는 임의로 원세호 목사를 연구대상으로 결정이 총회의 법에 저촉되고, 원세호목사의 글을 변조 인용한 문장은 명예를 훼손에 저촉되는 것이라 여기는 바, 어떻게 원문을 변조했는지는 아래에서 비교하여 볼 수 있습니다.

통합 이대위가 원세호목사 관련 문제를 삼은 쟁점 내용은과거 김기동씨를 비호했던 《00저널》발행인 이00 목사의 제1차 "원세호목사에 대한 공개질의서"동일 사안으로 이에 대한 원세호목사의 답변은, 기독교변증서 "김기동이단설연구" 원세호박사저, 국제신학연구소, 1995.12.8.발행, pp.62.-91와《교회연합신문》1995.4.17.제186호에 "거짓된 모함으로 한국교회 우롱 주장" "공개질의서에 대한 원세호목사의 공개답변"한 것이고, 同신문은 2002.10.13.(일) 제501호 "통합측 이단결의에 반론제기 원세호목사, 원문변조 인용 왜곡" 반론기사에서 이단보고서 관련 적지 않은 시비가 일 것을 전망한 사건으로 이미 성경적인 답변을 한 것입니다.

이 사실만이라도 확인하였으면 이런 엄청난 우를 범하지 않았을 것인데, 사실 통합이대위 연구보고서 〈별지5. 1.2.3.〉은 베뢰아 김기동측에 "연구조사자료집 1995년 제3집" 베뢰아국제진흥원 발행이며, 이 내용을 바탕으로 통합이대위가 선택하여 제멋대로 짜깁기 변조하여 베뢰아나 다를 바가 없는 임의해석인 동일선상에서 모함입니다.

이 사실이 아래 1. 창조론 2. 인간론 3. 삼위일체 〈별지 5〉보고서 왜곡해석 관련 반증에서 확인이 됩니다.(이하 생략)

(4)기타 연구가들

소위 이단 연구가로 거론되는 인물들 가운데는 이 외에도 박영관, 쥬영흠, 진용식, 정동섭 씨를 비롯 월간 『교회와 이단』을 발행하는 이대복 씨 등이 있으나 큰 영향력을 발휘하지 못하고 있거나, 이 중에는 문제의 연구가도 있다. 이대복 씨의 경우를 살펴보자. 이씨는 자신의 편협된 신학적 시각과 그의 그릇된 편견으로 말도 되지 않는 논리로 지금도 이단 아닌 이단들을 마구 양산하고 있어 이에 대한 대책이 시급하다. 이단 연구가로서 활동하기에는 매우 부적격한 인물이라는 것이 교계의 대체적인 시각이다.

이씨가 주장하는 **이단의 정의**를 살펴보면, '**넓은 의미에서 말하면 진리에 거슬리는 것이며, 좁은 의미에서 말하면 하나님이 싫어하는 신앙생활을 의미할 수 있다**' (이대복 저 「알기쉬운 이단정체」) 라는 희한한 정의를 내리고 있다. 이씨는 성령의 은사는 사도시대까지만 필요했었다는 기적종료이론을 지지하고 있다. 이씨의 이런 잣대로 이단을 판단한다면 한국교회나 세계교회에 이단 아닌 사람은 단 한 사람도 없을 것이다. 이씨가 이런 잣대로 정상적인 목회자들에게까지 이단 내지는 사이비, 불건전 목회자로 매도해 버린 교계 인사가 한 두 명이 아니다.

이씨가 발행하는 월간지「교회와 이단」매호 뒷부분을 보면 어이가 없는 작태가 연출된다. 여기에 보면 교계 신문에 나온 광고들을 발췌해 싣고 있는데, 건전한 목회자들까지도 이단 내지는 사이비, 불건전한 목회자로 매도하고 있다. **이씨는 한국의 대표적 이단으로 여의도 순복음 교회 조용기 목사를 꼽고 있다.** 조용기가 이단이 아니라면 한국교회에는 이단이 하나도 없다는 주장을 펴고 있다. 이 글을 읽는 독자들께 묻고 싶다. 독자께서는 조용기 목사를 이단으로 보는가? 그렇지 않으면 이단이 아닌 정상적인 목회자로 보는가? 독자께서 조용기 목사를 이단으로 본다면 이씨의 주장이 맞는 것이고, 이단으로 보고 있지 않다면 한국교회에는 이단이 전혀 없다는 얘기가 된다. 이것이 이대복 씨의 논리요 주장이다. 독자께서 조목사를 이단으로 보지 않을 뿐더러 한국교회의 대다수가 독자의 생각과 일치한다면 이씨의 주장은 설득력이 전혀 없다. 이단이 없는데 혼자 이단을 연구한다고 하니 얼마나 기가 막힌 일인가? 말이 되는가? 이런 주장을 펴고 있는 이씨가 이단을 연구한다며 잡지를 내고 있으니 한심한 노릇이 아닐 수 없다. 한국교회 목회자 및 성도들의 현명한 판단이 요구되고 있다.

다음은 기독교평론신문에 게재되고 있는 이대복씨의 주의 광고문을 소개한다.

월간「교회와 이단」구독 주의보!

이 대 복 씨
(기독교이단사이비연구대책협의회 대표회장)

이대복씨는 과거 통일교에 다니다가 개신교로 이적한 사람으로 서울 홍은동에 소재한 모무인가신학교에서 신학을 공부한후 목사안수를 받았으나 모교단 경기노회에서 제명된 것으로 알려지고 있다.

이씨는 월간 '교회와 이단'의 발행인으로 있으면서 자신의 잘못된 이단관과 주관적 잣대로 지금도 계속하여 이단 아닌 이단을 만들고 있다. 이씨는 그의 저서 '알기쉬운 이단정체'라는 책에서 이단이란? '성경적 개념' 설명에서 "이단의 성경적 개념은 넓은 의미에서 말하면 하나님 진리에 거슬리는 것이며, 좁은 의미에서 말하면 하나님이 싫어하는 신앙생활을 의미할 수 있다."라고 정의하고 있다.

이씨의 주장대로라면 하나님 진리에 거슬리지 않고 사는 사람이 과연 어디에 있겠으며, 하나님이 싫어하는 신앙생활을 경험하지 않고 사는 사람이 누가 있겠습니까? 이씨의 논리대로라면 이 세상 모든 사람이 다 이단이고 이씨 자신도 스스로 이단이 되는 셈입니다. 그리고 이씨는 사도행전 등에서 나타나는 은사들을 인정하지 않고 있습니다.

이씨의 이같은 그릇된 잣대로 지금도 많은 이단을 만들어 내고 있습니다. 이씨는 한국기독교총연합회의 명예회장이며, 여의도순복음교회 담임인 조용기 목사를 대표적 이단으로 규정하고 있으며, 연세중앙교회 윤석전목사, 예장통합 곽성률목사, 김의식목사, 성결교회의 이신웅목사, 수유리교회 방인근목사, 기장의 박영균목사, 대신측의 전광훈목사, 청원진주교회의 전태식목사, 홍준표목사, 윤순덕원장 등 선량한 목회자들을 마구 이단으로 규정하는 등 그 위험 수위가 도를 넘고 있는 실정입니다.

이씨의 이런 위험한 신앙관속에서 만들어지는 월간 '교회와 이단' 지가 기독교 서점 등에서 버젓이 진열되어 팔리고 있습니다. 이에 목회자나 성도들의 현혹이 없으시기를 바랍니다.

한국교회이단사이비대책협의회
한국종교문제연구소 소장 이 흥 선 목사

그나마 소신있는 이단 연구가 중에는 중견 언론인으로 평가받고 있는 강춘오목사(교회연합신문 발행인, 한국복음단체총연합 이단사이비대책위원장)와 필자(한국종교문제연구소장)등이 있다. 이들은 소속교단이나 대교단들의 눈치를 보지 않고 소신과 정의를 토대로 객관적 연구를 해오고 있다. 때로는 교계 연합단체나 대교단들로부터 이단을 옹호했다는 누명을 받고 있으나 이는 사실이 전도된 것이다.

2. 소위 이단 연구가들의 자질문제

(1) 연구가들의 자질문제

기독교내에서 이단문제를 연구하려면 몇가지 기본적인 요소를 갖추어야 한다. 그것은 연구자의 신앙과 인격, 그리고 신학적인 문제이다. 연구자 자신의 신앙관이 잘못되어 있으면 그에게서 연구되어지는 산물은 결과가 매우 위험할 수 밖에 없다. 그리고 중요한 것은 인격이다. 온전한 인격은 바른 신앙관속에서만 가능하다. 그런데 한국교계는 안타깝게도 그렇지 못한 것이 유감이다. 어떤 연구가들 중에는 반드시 정신치료를 받아야 할 사람인데도 버젓이 이단 연구가로 활보하고 있으니 불행스럽기만 하다. 그런데 전통있는 대교단들이 이들을 의존하거나 이들의 힘을 빌어 이단규정을 하고 있으니 한심한 노릇이 아닐 수 없다.

또한 연구자의 신학은 매우 중요하다. 연구자 자신이 성경을 중심한 보수적 신앙과 신학을 견지하지 않으면 안된다. 그렇다고 신학의 다양성을 무시해도 큰 문제가 된다. 세계교회 뿐 아니라 한국교회 안에는 다양한 신학이 공존하고 있다. 장로교를 중심으로 한 개혁주의교회나 감리교나 성결교 등의 알미니안주의(웨슬리안 알미니안주의), 또는 순복음 등과 같은 오순절신학 등이 공존하고 있다. 이들 신학과 교회들은 대부분 신교(프로테스탄트)의 전통(천주교의 전통을 인정함)을 이어오고 있으나 일부의 경우 환원주의 교회들도 적지 않다. 신학의 다양성을 인정하지 않고 개혁주의 교회(장로교회) 입장에서만 이단을 판별하게 된다면 이는 엄청난 결과를 초래하게 된다. 그런데 안타깝게도 한국교회는 개혁주의 입장에 서 있는 이단 연구가들과 예장통합측, 합동측 교단 등이 주축이 되어 자신들 신학의 잣대로만 이단을 규정하는 사례가 많다 보니 엉뚱한 사람들이 이단이 되어 버린다. 다시 말하면 객관성이 있는 이단 규정이라고 말할 수 없다. 그러함에도 이들은 자신들의 입맛대로 이중 잣대를 적용하며 이단을 규정하고 있다. 이런 위험속에서 판단되어진 이단 규정을 과연 신뢰할 수 있겠는가? 그렇게 때문에 본서는 이와 같은 문제들을 바로 잡기 위해 이런 이단 연구의 문제점들을 심층으로 다루고 있는 것이다.

전자에서 언급되어진 것처럼 연구자의 신앙과 인격, 그리고 신학의 관점 등은 이단 연구에 있어서 매우 중요한 문제가 아닐 수 없다.

모 특정종교만을 전문적으로 연구하는 한 사람을 예로 들어보자.

편의상 A씨라고 지칭한다. A씨는 1968년경 모대학 3학년에 재학중일 때 인연이 되어 모 선교회에 출석하게 되었다. 그러면서 B교회(선교회가 나중에 교단으로 태동함)의 대표격인 모씨의 측근에서 일하면서 종종 외국에 함께 동석하여 통역을 맡기도 하였다.

그런데 A씨가 이 교단을 나오게 된 동기에 대해 B교회측은 다음과 같이 밝히고 있다. A씨가 교회측의 대표와 함께 외국여행을 다녀 오던 중 외국 호텔에서 담요 한 장을 가져왔다는 것이다. 이를 알게 된 이 교회의 모씨가 A씨를 심하게 꾸지람하자 이때 심한 모멸감을 느낀 A씨가 탈퇴를 결심, 결국 이 교회를 떠나게 된 계기가 되었다는 것이다.

그후 A씨는 모교회의 이단성을 억지로 만들어 악의적으로 비방해 오고 있다며 교회측은 주장했다. 또 교회측은 A씨가 "1981년 두란노교회에서 간증할 때 OOO목사(A씨가 함께 일해왔으며 이단으로 비판한 교회의 대표격인 모씨:편집자주)의 설교를 듣던 중 구원을 받았으며 '그것은 부인할 수 없습니다'라고 간증했다"고 말했다는 것이다. 그렇다면 자신이 이단이라고 지목한 교회에 다닐 때 이미 구원을 받았다면 이 교회가 잘못된 교회가 아니잖느냐는 것이 교회측의 반증이다.

이에 대해 A씨는 B교회 탈퇴이후 "이단의 억압과 감시에서 벗어난 해방감은 만끽했으나 그들의 왜곡된 구원관과 교회관을 떨쳐버리지 못한 채 3년 동안 이른바 지방교회 그리고 몰몬교 등을 전전하며 혼란과 회의 그리고 번민의 안개속을 방황했다"(『현대종교』19××년 5월호 P.151)고 고백했다.

그런데 A씨가 1980년 8월 10일, 미국친구의 권유로 서울 사랑의 교회를 찾아 옥한흠 목사의 요나서 강해를 듣고 주님을 만났다고 고백한 일시는 80년 8월 15일이기 때문에, 이는 A씨가 구원받았다는 일자가 맞지 않는 모순된 거짓말을 A씨 스스로 하고 있다는 증거라고 교회 측은 말하고 있다. 여하튼 누구의 말이 맞는지는 당사자들과 하나님만이 진실을 아실 일이다.

 소위 이단감별사 역할을 하고 있는 또다른 모씨를 예로 살펴보자. 모씨는 한국교회 대교단들로부터 이단으로 규정된 모교파에 소속되어 수년간 신앙생활을 해왔다. 그는 그 교파에서 운영하던 초등학교에서 2학년까지의 수료한 기록은 있으나, 그후 초등학교 졸업은 물론 중.고등학교 입학 사실이나 졸업, 혹은 검정고시 합격조차도 공식적인 루트로는 전혀 확인이 되지 않고 있다. 그가 졸업했다고 밝힌 중학교와 고등학교는 현재 존재하지 않는 학교이고, 설령 폐교되었다 하더라도 인가된 학교라면 학적부나 졸업생 명부 등은 해당 교육청에 보관되는 것이 원칙임에도 해당 교육청에는 그의 이름을 졸업자 명단에서 찾을 수 없다. 다만 그가 모 언론지와의 법정 공방에서 제출된 고등학교 졸업증명서마저도 해당 교육청에는 전혀 근거자료가 없다. 다만 당시 새마을학교 등과 같은 평생교육시설 성격의 실업학교 정도로 추측은 할 수 있으나 이마저 신빙성이 약하다.
 그가 졸업했다는 외국대학 또한 전혀 유학을 가지 않은 상태에서 받은 학위로 밝혀졌다. 캐나다에 위치한 이 대학은 당초 토론토에 있기 전 다른 주에 소재할 때 현재의 총장 부친이 인가받아 운영해오던 학교였다. 그후 토론토에 이사한 후 한동안 무인가로 운영되다가 몇 년전 인가를 득한 것으로 알려졌다. 현재 이 대학은 세계 수십개 나라에 분교를 설치해 무더기 학위를 팔아 장사하는 학교로 널리 알려져 있다. 몇 년전 필자는 이 학교를 직접 방문한 적이 있었다. 남의 빌딩 한층을 세 얻어 운영되는 소규모 대학이었다.
 또한 그가 졸업했다는 00총회신학교는 정규학력과 관계없이 누구나 입학이 가능한 학교인데, 개신교로의 개종 이전에 다니던 교파에 있을 때 통신으로 공부하여 졸업한 것으로 알려졌다. 이후에 그가 다녔다는 신대원 두 곳도 정규 인가가 아닌 편목 특별과정인 연구과정인 것으로 밝혀졌다.
 그리고 가장 중요한 문제 가운데 하나는 그의 목사안수이다. 그가 졸업했던 신학교 소속 교단에서 목사안수를 받은 것으로 알려지고 있으나 그 이전부터 목사 행세를 했었다는, 개종 이전 교파의 증언들이 나오고 있어 목사 안수에 대한 의구심이 커지고 있다. 그를 아는 사람들(개종 이전 교파)에 따르면, 모씨의 부친이 모교회(이단으로 규정된 교회) 장로였는데 목사안수를 부친에게서 받았을 가능성이 높다는 추측이 나돌고 있다. 당시 그의 부친은 시한부 종말론에 심취되어 초등학교 2학년을 수료한 그를 데리고 예수님의 재림을 준비한다며 산에 들어 갔다는 것이다.

그런 그가 한국의 이름있는 교단에 편목으로 들어가 버젓이 목회활동을 하고 있으며, 교단 및 연합기구 등에서 이단 연구가 행세를 하고 있으니 한심한 노릇이 아닐 수 없다. 그럼에도 불구하고 그 교단이나 연합기구에서는 모씨의 과거 의혹들에 대해 전혀 파악조차 하지 않고 있는 실정이다.

이런 문제 있는 이단 감별사들은 연구 대상자들에 대한 충분한 검증이나 신학적 검토 없이 이중적 잣대를 적용해 마구 이단을 만들어 왔는데, 이들에 의해 한국교회는 최근 20여년간 수십 명이 피해를 입었다. 이들의 의도는 단지 이단을 척결해야 한다는 사명감은 뒷전으로 하고, 상대를 공격해서 무너뜨린 후 얻게 되는 쾌감, 자기 도취의 영웅심, 고의적 몰이해, 악의적 왜곡, 급성장에 대한 시기 등이 결합되어 공격을 일삼아 온 것이다.

(2)심리치료가 절실한 사람들

심리상담이 필요한 사람들의 유형은 여러가지가 있다. △우울의식적 성격은 환경적인 불행과 개인적인 실패로 인한 고도의 실의, 비판, 자기 무가치함 등의 정서적 특징을 보이고 △강박관념적 성격은 적개심과 죄책감에 시달리며 △편집관념적 성격은 비판이나 편견에 대한 지나친 감수성과 정서적 퇴행으로 인한 열등감을 느끼며 △사회병질적 성격은 인간관계의 장애 및 사회적 무감각, 윤리적 또는 도덕성의 결여로 사회적으로 용납된 규범을 따르는 능력이 부족하다고 전문가들은 그 성격적 특성을 설명하고 있다.

이들의 성격적인 특성은 윤리적 가치를 이해하는 능력에 있어 언어수준을 넘지 못하며, 지능정도의 양심의 발달간에 현저히 차이가 있고, 자기중심적 행동, 무책임, 자제력의 결핍, 판단력의 빈곤, 타인의 필요와 권리의 무시, 일상생활의 경험을 통한 과오의 교정불능, 사회적으로 용납되지 아니한 자신의 행동에 대한 재빠른 합리화 등으로 나타난다고 한다. 현대 심리학이나 정신분석학은 이런 성격의 소유자를 상담 등을 통해 치유받아야 할 환자로 보고 있다.

  그런데 놀랍게도 우리 교계 주변에서 소위 이단 감별사로 활동하는 인사들 대부분이 바로 이런 심리적 증세를 보이고 있다는 점이다. 호교론(護敎論)을 앞세워 자신의 지적 능력을 과신하고 남을 무시하는 행동과 무책임한 태도는 사회병질적 성격임에 틀림 없다. 자신의 실수나 과오에 대한 재빠른 합리화는 인간관계의 장애를 그대로 드러내는 것이다. 심지어 이런 삐뚤어진 성격의 소유자가 상담전문가인 체 하는 경우도 있다. 이들은 대체로 어느 집단이나 개인으로부터 소외당한 경험이 있거나, 가족중에 피해 경험이 있는 사람들이다. 그러므로 자신의 피해의식에 대한 적개심을 교묘히 위장하여 논리적이고 체계성을 띤 형태의 과대망상으로 포장해 상대를 공격한다.

  이에 사람들은 이들이 진정으로 교회를 보호하고 진리를 지키는 행위로 착각하고 무분별하게 그들의 논리에 쉽게 동조하게 된다. 심지어 이들의 논리에 동조하지 않는 자들은 '이단'이거나 '이단옹호자'로 내몰린다. 사실은 그 감별사 자신들이 심리적 치료를 받아야 할 정신이상자인 데도 말이다. 이것이 지금 한국교계 주변에서 일어나고 있는 상황이다.

(3)이단 사냥꾼들의 심리적인 성향과 전략
정죄하려는 충동적인 강박관념과 심리적인 결정론

  이단 사냥꾼들은 자신들이 한번 문제를 삼았던 인물들에 대해서는 다른 기관들이 아무 문제가 없는 것으로 결정을 해도 이들은 집요하게 문제를 삼고 늘어진다. 가령, 윤석전 목사의 경우 소속된 기침교단에서, 조용기 목사와 박철수 목사의 경우 당초 규정했던 예장통합 측에서 각각 문제가 없는 것으로 해제하거나 결정을 했음에도 불구하고, 이들 이단

사냥꾼들은 이들에 대해 집요하게 문제를 삼고 있다. 즉 자신들의 생각에서 그 문제를 떨쳐버리지 못하기 때문이다. 왜냐하면 그들은 심리적으로 강박관념과 고정관념에 사로잡혀 결국 스스로 정의롭다는 독선에 빠지게 되면서 충동적인 강박관념(compulsive obsession)에 사로 잡혀 있기 때문이다.

이들은 '이단척결'이란 명제 하에 관계하는 몇몇 사람들이 자신들은 마치 복음적인 정의의 사도로써 하나님께로부터 특별한 사명을 부여 받은 것처럼, 이단과 사이비를 자신의 독선적인 잣대로 정죄해 버린다. 마치 사도 바울이 예수를 만나기 전 당시 이단자로 낙인 찍힌 예수를 따르는 자들을 척결하는 것이 자신이 하나님께 부여 받은 특별한 사명으로 여겼던 것과 같이 말이다.

이러한 상태의 사람들을 예영수 박사(전,한신대 대학원장)는 '심리적인 결정론'(psychological determinism)에 빠진 사람이라고 정의했다. 이런 심리적인 결정론에 한번 빠지면 헤어나기 힘든 상태가 되어 버린다는 것이다. 그래서 예수님은 이들 바리새적인 사람들을 향하여 독사의 자식이라고 했다. 현재 한국교계에서도 이단 사이비 연구의 기수라고 자처하는 몇몇 사람들 속에서도 이런 맥락의 행태를 쉽게 엿볼 수 있다.

(4) '갈등이론'과 '삼단계 전략론'
A. 갈등이론

이들 이단 감별사들은 기성교회들의 기득권(교인들을 빼앗기지 않겠다는)이나 교권을 옹호하기 위해 다음과 같은 공격을 전개한다. 어떤 공격 대상자가 선정되면 그 대상자를 이단이나 사이비로 공격을 감행하기 전 전단계로 자신이 발행하거나 관계하는 이단전문 잡지 등에 글을 게재한다. 'OOO씨 이단성 의혹' 등과 같은 내용으로 말이다. 그런 후 자신이 소속한 노회나 총회에 'OOO씨 이단성 조사 요청'이라는 형식을 빌은 청원서를 낸다. 그 청원서에는 자신이 기고했거나 타인을 시켜 기고케 한 내용을 첨부한다.

그런 후 이단성 운운에 따른 대상자를 거론하면서 역사적으로 가공할 이단이라고 규탄 받아 온 인물들이나 단체들의 이름들을 먼저 내고 그

밑에 공격대상의 이름을 함께 끼어 넣는 방식으로 규탄해 버리는 방법이다. 즉 시한부 종말론, 통일교, 여호와의 증인, 몰몬교, 전도관, 영생교 등과 같은 집단들을 동원하여 먼저 거론하고 그 밑에 공격하고자 하는 대상자의 이름을 함께 거론하는 방식으로 정죄해 버린다. 이단으로 규정받기 전 이런 방식에 이름만 거론이 되어도 이미 대이단이 되어 버린다.

이러한 수법은 정치권에서는 '갈등이론'(conflict cheory)이라고 한다. '갈등이론'은 일명 '문제되었으니 문제다 하는 이론'이라고도 한다. 이 '갈등이론'은 주로 대학가에서 좌경운동권에서나 정치권에서 많이 사용되었다. 대학가에서는 '갈등이론'에 당한 교수들의 경우 여학생과의 성적(性的)인 문제, 돈에 대한 부정, 실력이 없다는 것, 어용이라는 것 등의 내용으로 공격을 당한다. 표적이 된 교수는 만신창이 되어 쓰러질 때까지 벽보, 신문, 잡지 등을 통해 성토를 당한다.

교회에서는 여집사나 여전도사와의 스캔들, 헌금 문제, 설교 문제 등을 문제삼아 곤혹을 치르거나 교회를 물러나야 하는 경우까지 생긴다. 그 중에서도 제일 지독한 갈등이론의 희생자는 '이단'으로 매도당하는 것이다. 조작된 소문이 전국적으로 퍼지게 되면 명예회복은 2년, 5년 아니 10년이 넘게 걸리는 경우도 허다하다. 아니 한번 '이단'의 오명을 쓰게 되면 일평생 따라 다니기도 하고 죽은 뒤에까지 따라 다니거나 대물림까지 하게 되며, 영원히 이단사에 오르는 불명예를 안기도 한다.

예를 들면, 교단 이대위에서 대상자의 결백함이 드러났음에도 불구하고, 이대위 통과를 지연시키기 위해 '갈등이론'을 사용, 또 1년을 '예의주시' 하기로 했다는 식의 수법이다. 이런 식의 악랄한 '갈등이론'을 사용하여 죄 없는 사람들을 정죄하는 자들을 미국과 서구에서는 '이단 사냥꾼' 혹은 '인격 살해자'라고 하고, 한국에서는 '이단 감별사'라고도 한다. 예수님은 이런 자들을 바리새적인 사람들이라고 단정지었다. 현재 한국교회내 장자교단들은 바리새적인 교권으로 위세를 과시하고 있다.

B. '이단 사냥꾼'의 보편적인 속성

남을 무차별하게 이단이라고 정죄하는 것을 전문적으로 업을 삼는 자들이 왜 그렇게 성격이 형성되었는가 하는 심리적인 속성을 알 필요가 있다. 왜냐하면 이단 사냥꾼들은 교계를 위해 시간과 노력을 희생하고 헌신하는 일꾼이 아니라, 그런 탈을 쓰고 주님의 신실한 종들을 괴롭히는 종교의 영에 사로잡힌 메피스토텔레스의 속성을 지니고 있다는 것을 알아야 하기 때문이다. 그런 자들에게 교회 헌금으로 도움을 주는 것은 자기도 모르게 루시퍼의 사자 메피스토텔레스가 되는 것임을 알아야 한다.

그리고 '이단 사냥꾼'들의 일반적인 심리상태는 대개 자신의 복잡한 가정문제에 대한 콤플렉스 때문에 자신의 한 맺힌 과거 경험에 대한 한풀이 상대를 찾아서 공격함으로서 만족함을 느끼려 한다. 혹은 유명하게 알려진 사람을 공격함으로서 자신의 이름을 날려 보려는 소영웅주의적인 심리적인 강박관념(强迫觀念)에 사로잡힌 사람들이 많다. 이러한 사람은 냉철한 이성을 가진 것 같으나 동시에 내면에는 정신분열증적인 현상이 있으며, 강한 정의감을 가진 것 같으나 지능적인 잔인성을 가진 사람들이 많다. 때문에 이런 사람들은 자신의 공격 표적이 된 사람이 고통하며 변호하려고 발버둥치는 것을 보면서 냉기 감도는 미소를 지으며 만족하는 냉혈한이기도 하다.

이러한 '이단 사냥꾼'의 속성에 관한 특징을 「교회연합신문」(제194호, 1995년 11월 26일자)에서 '연지골'은 칼럼에서 이렇게 기술했다.

"이단 감별사로 소문난 C씨는 그 아버지가... 부인이 넷이나 되었는데 C씨는 셋째부인의 자식으로 배다른 형제들 틈에서 언제나 구박을 받으며 자랐다는 것, 그래서 그런지 그는 후에 목사가 된 후부터는 자기보다 좀 나은 사람을 무조건 공격하는 냉소적 모습을 나타내고 있다... C씨는 배다른 형제들과 여러 명의 어머니 밑에서 갈등을 느끼며 자란 탓에 '능동적 공격성'을 지녔다고 할 수 있다. 특히 꽤 이름있는 인사들을 '이단'이나 '이단 옹호자'로 정죄함으로서 쾌감을 느낀다는 점에서 그는 '공격적 성격 장애자'인 셈이다... 여러 명의 형제와 복잡한 가족관계 속에서 성장한 사람은 후에 교회의 지도자가 되어도 동료들 가운데서 성격상 '별종'이 될 수도 있다."

이렇듯 전자에서 살펴 보았듯이 우리 한국 교회내에는 제대로 된 이단 연구가가 거의 전무한 실정이다. 그나마 자칭 이단 연구가라고 자처하는 사람들도 자질 부족에다 연합기관이나 대교단에 소속돼 있어 교단의 입장에만 충실하고 있지 자신의 소신있는 연구를 하지 못하고 교단의 입맛에 맞는 꼭두각시 역할에만 충실하고 있다. 만일 자신이 소속한 교단의 입장과 다른 연구를 하거나 이런 견해를 피력이라도 하게 되면 그 즉시 자신이 소속된 교단에서 매장되고 퇴출된다. 이것이 한국교회의 현실이다.

제2장 한국교회 이단 규정 어떻게 이루어지는가?

1.이단 연구 누가 해야 하나?

한국교회의 이단 연구는 신학자들의 몫이다. 그러나 한국교회의 구조상 신학자들은 소신있는 이단 연구를 할 수 없다. 설령 이단을 연구한다 하더라도 자신이 소속한 교단에서 요구하는 대로 맞춤 연구를 해야만 한다.

한국교회에서 실력있는 신학자는 모두 대형교단의 직영 신학대학에서 교수로 재직하고 있다. 아무리 실력있는 신학자라도 이들 명성 있는 신학대학에서 교수로 재직하지 않으면 한국교회내에서는 설 자리가 없다. 어떤 신학자가 만의하나 교단과 반하는 연구발표를 했다가는 그 즉시 학교에서 쫓겨나고, 이단옹호자나 이단자로 몰려 파직되고 매장된다. 얼마전 모신학대학의 교수가 모단체에서 만든 연구서를 일부 내용에 한해 감수했다가 혼쭐이 났다. 아무 잘못이 없는 덕망있는 교수의 앞길을 고려해 집필진에서 잘못은 없지만 파문에 대한 중요성을 감안, 사과문을 내는 선에서 매듭을 짓기도 했다.

이번에 평강제일교회(박윤식목사)에 대한 교단 맞춤 연구를 했던 총신대 교수 19명(총장 포함)이 허위의 글들을 잘못 인용하여 보고서를 만들었다가 허위사실 적시에 의한 명예훼손 손해배상 소송 1심에서 패소했다.

이렇듯 한국교회 대교단 직영 신학대학에 소속된 신학자들은 소신있는 연구를 할 수 없다. 극단적으로 말하자면 밥그릇 때문이다. 먹고 살아야 하는 문제 때문에 바른 연구를 할 수 없을 뿐더러 제대로 된 연구를 했다 하더라도 발표할 수가 없다. 이것이 한국교회의 현 주소이다. 이들 대교단들에 의하여 이단사이비로 정죄된 대상들에 대하여 만의하나 소신있는 연구결과를 발표하게 되면, 그 교수는 소속교단에서 즉시 퇴출될 뿐만아니라 이단 옹호자로 낙인찍혀 매장되기 때문에 그런 모험을 할 교수는 아무도 없는 것이다. 그렇기 때문에 대교단 직영 신학대학 교수들은 이단연구를 제대로 할 수가 없다는 결론이 나온다. 이런 경우는 목회자들의 경우도 마찬가지이다. 그래서 이단연구가들중 일부는 소속 교단을 탈퇴하고, 활동이 대교단보다는 좀더 자유스러운 중소교단으로 옮겨가는 경우도 있으며, 어떤 목회자는 아예 교단 소속을 하지 않고 독립교회 형태로 있으면서 이단연구를 하는 사례도 있다.

한국교회는 그 어느 때보다도 루터나 칼빈과 같은 개혁자를 필요로 하고 있다. 이럴 때 자신의 소신에 따라 연구한 내용들을 설령 자신의 소속 교단과 입장이 다르다 할지라도 과감하게 '옳은 것은 옳다' 하고 '아닌 것은 아니다' 라고 말할 수 있는 그런 용기있는 신학자와 목회자를 요구하고 있다. 교단의 눈치나 보고 밥그릇 챙기기에 급급한 용기도 없고 소신도 없는 그런 신학자들 밑에서는 순교자적인 신앙을 가진 용감한 목회자가 배출될 수 있을런지 의문이다. 일반 목회자들의 경우도 마찬가지이다. 자신이 소속한 교단에서 어떤 대상자를 이단이나 사이비로 규정하게 되면, 자신이 판단할 때 이단이 아니라는 확신이 들어도, 이에 대한 검증이나 비판 없이 그냥 맹목적으로 교단의 입장을 따르고 믿어야만 교단내에서 매장되지 않고 살아 남을 수 있기 때문에 그냥 교단의 입장에 맹종한다. 이것이 오늘 날 한국교회 목회자들의 현주소이다.

일례로 한동안 다락방전도협회 류광수목사와 함께 일하던 상당수의 대교단 목회자들이, 자신이 소속된 교단에서 류목사를 이단 사이비로 규정하고 류목사와의 관계를 단절하지 않으면 제명 면직하겠다고 하자 상당수의 목회자들이 류목사와의 관계를 끊었다. 그러나 교단의 압력에 못이겨 자신의 입지 때문에 류목사와의 관계를 끊기는 했지만 이들중 상당수의 목회자들은 지금도 류목사를 이단으로 보지 않고 있다. 다만 드러내놓고 말하지 못할 뿐이다. 뒤로 쓰러지는 현상 등 소위 토론토 블레싱으로 불려지는 빈야드운동의 경우도 마찬가지 사례이다.

2. 교권 남용의 폐해와 무분별한 이단규정

한국교회내에서, 교권을 남용하여 무분별하게 가장 많이 이단을 만들어 온 교단은 대한예수교장로회 통합측이다. 통합 측은 W.C.C.의 노선을 지지하는 대표적인 교단으로서 연합정신(에큐메니칼)을 주요 기조로 하는 교단임에도 가장 독선적인 것은 아이러니칼한 일이다.

참고로 장로교 정치 제1장 원리 제1조에는 하나님이 각인에게 준 양심의 자유를 인정하고 있다. '그러므로 누구든지 신앙에 대하여 속박을 받지 않고 그 양심대로 할 권리가 있으니 아무도 남의 양심의 자유를 침해하지 못한다'고 명시되어 있고, 또 제2조에는 '개인에게 양심의 자유가 있는 것 같이 어떤 교파 또는 어떤 교회든지 교인의 입회 규칙, 입교인의 자격, 교회의 정치조직을 예수 그리스도의 정하신 대로 설정할 권한이 있다'고 명시되어 있다.

그리고 타 교파에 대하여 어떻게 인정할 것인가를 묻는 정치문답조항 제182문에는 '예수를 참 하나님이요 우리의 구주로 확인하는 교회와 교파는 어느 파를 불문하고 다 마땅히 친목하고 환영하고 그 신경과 정치와 예식과 예배모범과 권징하는 법을 다 중히 여기는 것이 합당하되 예수를 믿지 아니하는 유일회나 그와 같은 교회와는 더불어 친목할 수 없고 큰 반대자로 인정할 것이다' 라고 밝히고 있다.

이런 교단의 헌법이 있음에도 불구하고 통합측은 이 법을 지키지 않고 정치문답조항 제182문에 해당하는 교회들까지 무차별 이단으로 정죄하는 심각한 우를 범해 오고 있다. 이것이 교권의 대표적 전횡인 것이다.

예장통합측 다음으로는 예장합동측이 뒤를 이어 답습하고 있다. 대부분은 통합 측에서 먼저 규정하고, 합동측이나 다른 교단들은 독자적인 검증없이 통합 측의 자료를 그대로 인용하여 이단정죄를 해오고 있는 실정이다. 물론 교단 이대위가 독자적으로 연구한 것 처럼 보고서는 내지만 대부분 통합측 자료를 복제하여 쓰고 있다.

이들 대형 교단들은 이단에 대한 원칙이나 기준도 없이 이단정죄를 하고 있을 뿐 아니라, 다수의 힘으로 밀어붙이는 교권남용을 일삼고 있다. 교단내 노회나 양심있는 세력들이 이러한 문제들을 바로 잡으려고 해도 9월 정기총회 때 총대들로 구성된 다수의 힘으로 밀어붙이면 모두 수포로 돌아가 버린다.

일예로 지난 2005년 9월에 열린 예장합동측 정기총회에서 평강제일교회 박윤식 목사에 대한 서북노회 가입 취소사건이 이에 해당한다고 볼 수 있다. 박윤식 목사는 80세가 넘은 고령으로, 자신이 죽기 전 10만명이 넘는 교인들을 가장 보수적인 교단으로 판단되어진 예장합동측에 맡겨 건실한 신앙지도를 받게 하겠다며 서북노회에 가입했었다. 그러나 총회의 다수는 이를 받아들이지 않았다. 총회의 총대들 다수가 평강제일교회는 무조건 이단이기 때문에 받을 수 없다는 것이었다. 이에 총신대 신대원생들까지 동원되었다.

이번 법원 판결에서 드러나고 있듯이 허위 왜곡된 사실을 가지고 이단을 만든 것이 입증되고 있다. 당시 신대원 학생들은 독자적인 연구도 해보지 않고 무조건 교수들과 다수의 총대들 편에 서 시위를 벌였던 것은 매우 부끄러운 일이 아닐 수 없다. 목사안수를 눈 앞에 둔 신대원생들이 이렇게 무비판적이고 맹목적 시위 행태는 앞으로 목사가 된 이후에도 교권의 전횡을 그대로 답습해 갈 우려로 비쳐지고 있어 합동측의 앞날이 비관적이고 걱정스럽다.

당시 합동측 총대들은 서북노회가 박윤식 목사에 대하여 3여년간 조사 연구한 자료는 아예 무시해 버리고, 소위 이단 감별사들이 엉터리로 허위 왜곡하여 조작한 내용들을 사실인양 더 믿어 버렸다. 총신대 19명의 교수들은 총회에 힘을 실어주기 위해 엉터리 허위 연구내용들을 토대로 맞춤 연구를 하여 이에 대한 연구보고서를 작성, 광고를 통해 발표했었다.

이에 평강제일교회측은 서울중앙지법에 허위사실로 인한 명예훼손을 입었다며 손해배상 청구소송을 냈다. 이에 대하여 1심 법원은 지난 2007년 5월 30일, 총신 교수 19명에게 피고 1인당 2,000만원씩 원고에게 배상하라며 원고 승소 판결을 내렸다. 물론 총신 교수들은 이에 대하여 불복하고 항소한 것으로 알려졌다. 1심 재판부는 허위사실을 기초로 하여 박윤식 목사를 비방하고 광고를 통해 공표한 것은 헌법이 허용한 종교비판 자유의 한계를 넘는 것으로서 공공의 이익을 위한 것이라고 볼 수 없다고 판시, 앞으로 무분별하게 허위사실을 왜곡하여 이단을 정죄하는 일에 법원이 쐐기를 박은 셈이다.

이단도 회개하고 돌아오면 받아야 하는 것이 기독교회이다. 그런데도 예장합동측은 바른 신앙지도를 받겠다고 들어온 10만 명이 넘는 교인들을 그대로 내쳐버리고 이단으로 다시 매장시킨 사건은 충격이 아닐 수 없다. 필자가 합동측에 몸담아 왔었던 목회자로써 총회의 행태와 총신대 교수들의 유치하고 소신없는 행동에 부끄럽기만 하다.

▲2005년 9월 예장합동총회가 열렸던 대전중앙교회 앞에서 시위하는 신대원생들

총회(교단)가 결의했다고 무조건 이단이 되거나 사이비가 되는 것은 결코 아니다. 그동안 대형 교단들이 비윤리적이거나 신학의 부재를 안고 있는 자칭 이단 감별사들에 의해 판단되어지고 작성된 엉터리 보고서에 의존, 함부로 이단으로 규정하고 판단해 온 잘못에 대하여 깊은 회개와 반성이 뒤따라야 한다. 그래야 한국교회의 앞날이 희망적이다.

3. 이중잣대의 불법성

대형 교단과 일부 연합기관들은 다수의 힘을 이용해 자신들의 불법은 합리화시키고, 타인(타교단 인사)의 실수나 행동에 대해서는 용납치 않은 채, 막강한 교권의 힘을 과시한다. 즉 자신이 하는 불륜은 로맨스이고, 타인의 것은 스캔들로 비난하는 논리와 같다.

최근에는 많은 변화가 왔지만 몇해전까지만 하더라도 예장통합측은 툭하면 이단 문제에 대하여 바른말하는 교계 언론사들에 대하여 일부의 문제를 트집삼아 '이단옹호언론'이란 족쇄를 채웠다. 이런 사례는 일부 교권 연합단체에서도 자행되고 있다. 교단지가 아닌 초교파 언론은 어느 특정교파에 구애받지 않고 소신있는 논지를 펼 수 있는 유일한 언론기관이다. 그런데 이들 교단(단체)들은 자신들의 입장과 반하는 논지를 폈다 하여 이런 무책임한 월권행위를 자행하고 있는 것이다. 사실상 엄격히 말해서 교단지는 정통 언론지라고 말할 수 없다. 교단의 입장만을 대변하는 소식지에 불과하다. 그렇기 때문에 기독교계에 대한 폭넓고 바른 이해의 정보를 얻기 위해서는 초교파 연합지 신문을 읽어야만 한다. 그러나 일부 연합지 들도 교권과 야합하거나 돈에 매수되어 입맛 맞춤형의 기사를 작성하는 관계로 정통 언론을 찾아보기란 쉽지 않다.

이중잣대의 불법성은 교단이나 연합단체뿐 아니라 일부 언론에서도 자행되고 있다. 대표적인 언론으로는 인터넷 매체인 '교회와 신앙' '뉴스엔조이', 월간 '현대종교', '교회와 이단'(발행인 이대복)지 등이 대표적이다. 이들은 대부분 교권과 야합하여 대형 교단들의 맞춤형 이단 연구에 충실한 보도를 해오고 있다. 이 가운데 '교회와 이단'지는 아예 독자적인 방향을 취하면서 문제의 이단 양산을 해오고 있다.

이들은 모두 한결같이 일부 이단 연구자들이 소신있는 연구라도 하여 발표하게 되면 '이단지지자' '이단옹호자', 또는 '이단옹호언론'으로 매도해 버리는 독선적 횡포와 교권의 하수인 역할을 해오고 있다.

이중 잣대의 또다른 사례를 소개한다. 지난 2005년도에 대교단들로부터 이단으로 규정된 평강제일교회(원로목사 박윤식)를 예장합동측의 서북노회에서 이단을 해제하고 가입을 받았던 사실을 본서 전자에서 언급하였다. 2005년 7월 17일 오전 11시 평강제일교회 주일예배를 아예 '합동총회 교단 가입 감사예배'로 드렸다. 이날 예배에는 합동총회 임원들이 대거 참석했다. 이날 설교에는 합동측 증경총회장인 임태득목사가 했다. 축사에는 당시 합동측 총무였던 이재영목사와 증경부총회장 권영식장로, 격려사에는 총회 정치부장인 김백경목사가 했다.

그뿐만이 아니었다. 동년 8월 1일부터 평강제일교회 한산수련원에서 가진 여름 수련회에는 무려 총회 및 노회 임원 30여명이 무더기로 참석하여 설교를 하거나 축사했다. 주요 설교자는 이치우목사(총회회록서기),서정태(총회기독신문 발행인)등을 비롯하여 기도, 축도에는 신원종(총회 회계), 이상집(총회 황동노회 조사처리위원)장로, 이재균(군산노회장), 김백경(총회 정치부장), 이재영목사(총회 총무) 등이 맡았다. 또 이어서 8월 21일 평강제일교회 주일 낮예배 설교에는 권주식목사(총회 정치부 서기)가 맡았다.

이들 목사들은 설교나 축사를 통해 평강제일교회의 합동총회 가입을 축하드린다며 정통교회로 인정했다. 합동측 전체가 이단을 옹호한 셈이다. 그런데 문제는 동년 9월 총회때 발생했다. 다수의 총대들이 서북노회를 통해 가입된 평강제일교회의 가입을 무효화시키고 다시 이단으로 묶어 버렸다. 불과 2,3개월 사이에 정통교회에서 이단으로 다시 되돌아 간 것이다. 그렇다면 이단이 아니라며 참석하여 설교하고 축사, 격려사, 축도한 합동측 임원들의 행동은 이단옹호가 아니고 무엇인가? 그런데도 합동측은 이에 대하여 이렇다 할 징계 없이 슬쩍 넘어가 버렸다. 힘 있는 사람들의 이런 행동에 대해서는 아무 말도 못하는 사람들이, 힘 없는 사람들로 보이는 인사들이나 언론지, 이단 연구자들에 대해서는 무차별 공격을 일삼는 대형 교단들이나 이단 감별사들, 이에 충실한 시녀 노릇을 하는 일부 매체들이야 말로 교권의 앞잡이요 꼭두각시가 아니고 무엇인가?

어디 이중 잣대의 불법성이 그뿐인가? 예장 통합측의 예를 들어보자. 예장 통합측의 논리대로라면, 자신들은 이단 옹호를 하지 않았는가? 그리고 총회장들이 대표로 나서 이단옹호 차원을 넘어서 함께 선교사업까지 펼치고 있지 않은가?

예장통합측, 합동측은 자신들이 이단으로 규정한 안식일교회 측과 지난 1995년도에 기독교텔레비전(이하 CTS-TV, 현재 장로교 통합총회장, 합동총회장, 감리교 감독회장 등이 공동 대표이사로 있음. 사장 감경철장로)을 설립하면서 컨소시엄 대상자로 안식일교회를 선정하고 안식일교회 측으로부터 5억원의 자본금을 영입받았고, 그 댓가로 안식일교회 측에서 제공하는 건강프로그램을 방영하기로 합의했다. 안식일교회는 현재 43개 주주교단으로 이뤄진 기독교텔레비전의 대주주로 있다.

법인설립 당시 기독교텔레비전의 공동대표이사였던 예장통합측의 김기수 총회장, 합동측의 김덕신 총회장, 감리교의 김선도 감독 등이 서명을 하고 안식일교회 측과 주주 약정서를 체결했다. 당시 이들 대표들은 42개 개신교단의 대표로 약정했기 때문에 한국교회 전체가 약정한 것이나 다름 없다. 이에 대해서 당시 한국교회문제연구소(구. 개신교문제연구소 소장 이홍선 목사)는 이들 서명 대표들에게 이에 대한 해명을 공개적으로 요구했으나 묵살한 채 지금까지 답변을 못하고 있다. 자신들이 이단(이들 교단들이 이단으로 규정한 입장으로 볼때)과 함께한 행위에 대해서는 묵인하고 있는 것이다.

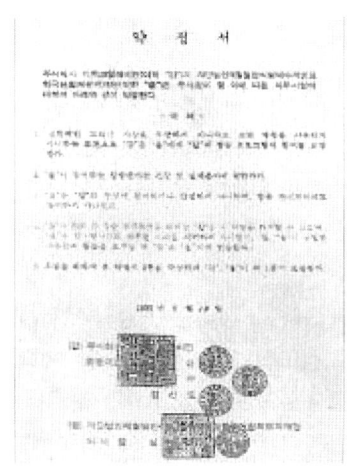

안식일교회와 맺은 기독교TV
주주 약정서

43개 주주교단이 세운 기독교TV
노량진 사옥

(자료제공 : 한국종교문제연구소)

한국교회의 이단 규정 문제점에 대하여 교회연합신문 강춘오 발행인은 그의 신문 칼럼에서 다음과 같이 문제점을 지적했다.

"현재 한국 교회는 소수의 자격 미달 이단 감별사들로 인해 중심을 잡지 못하고 있고 자칭 이단 감별사들"

"현재 한국 교회는 소수의 자격 미달 이단 감별사들로 인해 중심을 잡지 못하고 있고 자칭 이단 감별사들은 '멋대로'의 신학 잣대로 한국 교계를 어지럽히고 있다. 한국 교회는 이단 논쟁에 있어 "자라보고 놀란 가슴 솥뚜껑 보고도 놀란다"는 우리네 속담을 그대로 반영하고 있다.

한국 교회사에서 문선명의 통일교와 박태선의 전도관이란 이단 운동이, 한국 교회를 심각하게 위협했기 때문에 '이단' 하면 무조건 문선명이나 박태선을 떠올리게 된다. 그런데 한국 교계 주변에서 일어나는 이단시비는 통일교나 전도관과 관련되어 있는 집단 외에는 거의 모두 저들의 신앙이 과연 '이단'인가 의심되는 경우가 너무 많다. 그러다보니 한쪽에선 이단이라 하는데, 또 다른 한쪽에선 그것을 수용하지 않으려 하여 시비가 끊일 날이 없고, '진짜 이단'이 나타나도 예사로 대응하게 된다는 것이 문제점이다.

(a) 잘못 적용된 이단 판별 잣대

지난 해(2005년:편집자주) 6월 한 장로교 단체에서 이단 사이비 세미나를 가졌다. 이날 한 초청강사는 '이단의 확인법'이란 제목으로 강의를 했는데, 그 내용 가운데 이단은 ▲사도신경과 신앙고백 여부로 판별할 수 있다는 구절을 맨 앞에 두었다. 또 1983년에 예장통합 측은 교계에서 말썽이 일고 있던 한 인사에 대해 그가 ▲유아세례를 성경적이 아니라며 부인하기 때문에 이단이라고 정죄했다. 물론 △천지창조 이전에 사단이 존재했다. △하와는 훗날의 교회를 예표한다. △지금 보이는 천지는 멸망을 전제로 창조되었다. △성수주일, 새벽기도, 십일조 등은 율법의 소산이다 라고 주장했다는 것도 포함되어 있다.

이것은 한국 기독교가 얼마나 '장로교' 중심적인지를 보여주는 사건들이다. 사도신경을 고백하지 않으면 이단이고, 유아 세례를 반대해도 이단이 되는 교회는 세계교회 가운데 한국교회 외에는 어디에도 없다. 세계 기독교 가운데 환원주의 교회는 일체 사도신경을 고백하지 않는다. 그리고 침례를 하는 교회는 유아 세례를 인정하지 않는다. 침례교회를 비롯한 그리스도교회 등 세계 기독교(신교)의 약 2분지 1은 사도신경도 유아 세례도 부정한다. 그리고 오순절교회 등 침례를 행하는 교회는 사도신경은 인정하나 유아 세례는 인정하지 않는다.

프로테스탄트교회(신교) 가운데 두 가지 교회의 유형이 있다. 하나는 신교이고, 다른 하나는 환원주의 교회이다. 로마 가톨릭교회의 잘못된 교리나 전통을 고쳐 성경적 교회를 세운 것이 개신교회(改新教會), 즉 신교(新教)이고, 590년 로마 대주교 그레고리 1세가 가톨릭교회 교황이 된 이후부터 16세기 종교개혁의 불길이 일어난 때까지의 로마 가톨릭의 역사와 전통을 부정하고 초대교회로 되돌아가 초대교회의 정통성을 이은 교회가 환원주의(還元主義) 교회이다. 따라서 한국교회의 소위 이단 감별사들이 사도신경의 고백 여부나, 유아 세례를 반대하는 것을 이단 판별의 기준으로 제시하는 것은 무지에서 비롯된 것인 바, 성서적 기독교의 참된 진리를 세우거나 변증하려는 태도가 아니다.

예수 그리스도의 교회는 두말 할 필요없이 '정통성'이 중요하다. 그러나 생명의 종교인 기독교는 '다양성'을 무시해선 안된다. 그래서 개혁교회의 대표적 교회인 장로교 정치 원리 제1조와 제2조는 '양심의 자유'와 '교회의 자유'를 명시하고 있다. 제1조「양심의 자유」양심을 주재하는 이는 하나님뿐이시다. 그가 각인에게 양심의 자유를 주어 신앙과 예배에 대하여 성경에 위반되거나 지나친 교훈이나 명령을 받지 않게 하셨다. 그러므로 누구든지 신앙에 대하여 속박을 받지 않고 그 양심대로 할 권리가 있으니 아무도 남의 양심의 자유를 침해하지 못한다. 제2조「교회의 자유」개인에게 양심의 자유가 있는 것 같이 어떤 교파 또는 어떤 교회든지 교인의 입회규칙, 입교인의 자격, 교회의 정치의 조직을 예수 그리스도의 정하신 대로 설정할 권한이 있다(예장 통합측 헌법 정치 제1장 원리1, 2조).

또 지난 2001년에는 증경 총회장들을 비롯한 교단의 지도자 50여명을 한꺼번에 '이단 사이비'로 규정해 발표한 이단 감별사도 있었다. 그런데 그 감별사는 그 해가 채 다 가기도 전에 이들에 대해 '한국 교회의 계몽과 이단에 대한 확산을 방지하고 경각심을 촉구해 기대할만 한 목적이 이루어졌으므로 '이단사이비'로부터 이들을 해지한다'고 발표했다.

이는 한국교회가 몇 사람의 '이단 감별사'들로 인해 중심을 잡지 못하고 춤을 추고 있다는 것을 보여주는 사례들이다. 이단감별사들은 자기가 가진 '멋대로'의 신학적 잣대로 이곳저곳에 들여대 보고 자기의 잣대에 모자라면 '사이비'요, 넘치면 '이단'이라고 멋대로 규정한다. 자신의 잣대에 잘못이 있을지 모른다는 의심은 전혀 하지 않는 것이다. 자신이 배운 신학적 지식과 신앙적 경험을 '불굴의 확신'으로 절대시하여 타인의 성경이해와 신앙체험은 일체 용납하려 하지 않는다.

이들은 거기에다가 개인적 감정까지 개입시켜 자신의 의견에 동조하지 않거나 자신의 목표에 방해가 된다고 생각되면 누구든 '이단' 또는 '이단옹호자'로 매도해 버린다. 심지어 객관적 보도에 근거를 두고 있는 언론까지도 '이단옹호언론'이라고 규정해 버린다. 이들의 행태를 가만히 들여다보노라면 일종의 정신질환을 앓고 있는 듯이 보인다.

(b) 이단 정죄의 한 예

가령 어떤 사람이 난해한 성경구절을 놓고 설교를 하면서 전통적인 해석과 색다른 알레고리한 해석을 했다 하자. 그러면 십중팔구 시비대상이 될 수 있다.

예를 들어, 아담의 아내 하와가 범죄 후에 가인을 낳고 '내가 여호와로 인하여 득남하였다'고 하였다. 그런데 그 가인이 장성한 후에 이유없이 동생을 죽이는 살인자가 되었다. 어떤 목사가 '하나님으로 인해 태어났다면 성령으로 태어났다는 뜻인데 어떻게 살인자가 될 수 있을까? 처음부터 살인자는 옛뱀 마귀 사탄인데….' 그래서 이 구절이 설명이 안 되니까 이것을 어떻게 해석해야 성경의 다른 구절의 내용과 통일시킬 수 있을까 생각하다가 '씨앗을 속인 것이다'라고 설명을 했다.

이 설교를 들은 이단 감별사는 이목사가 '하와가 뱀과 성교를 하여 가인을 낳았다'고 주장하였다며 통일교와 같은 이단이라고 교계 잡지에 글을 쓰고, 자기네 총회에 보고서를 올렸다. 이에 총대들이 그 목사가 그런 말을 했다는 것이 어디에 있느냐고 하니까 자기가 그 글을 쓴 잡지를 들어 보이며 '여기에 그렇게 쓰여 있다'고 해 이단으로 정죄되었다.

그러자 그 목사가 교계신문에 '내가 하와가 뱀과 성교를 해서 가인을 낳았다'고 하는 설교를 들었거나, 그런 기록을 쓴 것을 보았거나, 테이프라도 가지고 있는 사람이 있으면 누구든지 가져오면 2000만원씩을 주겠다고 현상금까지 거는 해프닝이 벌어졌다. 그럼에도 한 사람도 그 현상금을 타간 사람은 없는 것으로 알고 있다. 심지어 그 목사가 그렇게 말했다고 잡지에 수 없이 글을 쓰고 총회 앞에 그렇게 말한 그 이단 감별사도 그 현상금을 신청했다는 말은 듣지 못했다. 그렇다면 하와가 뱀과 성교를 하여 가인을 낳았다고 말한 사람은 누구인가? 바로 그 이단 감별사 자신이 아닌가?

이단 감별사가 특정인을 이단으로 만들겠다고 마음만 먹으면 누구든지 이단이 될 수 있다. 마치 동물의 왕국에서 사자나 표범이 먹이사냥을 할 때 아무거나 공격을 하는 것이 아니고, 그 무리 가운데 나약해 보이는 놈을 선택하는 것과 같다. 힘이 약한 새끼거나, 어딘가 다쳐서 절뚝거리거나, 무리와 어울리지 않고 변두리에 떨어져 있는 놈을 공격하는 것이다. 그래서 표적 공격을 계속 감행해 결국 쓰러뜨리면 다른 동료들이 와서 함께 나누어 먹는다. 그리고 사자의 공격을 지켜보고 있던 자칼이나 독수리도 쓰러진 놈을 뜯어먹기 위해 그 주위로 모여든다.

한국 교회 이단 시비가 이와 유사하다. 용감한(?) 이단 감별사가 정통성이 약해 보이는 한 특정인을 발견하면, 그 주위를 어슬렁거리며 공격 자료를 수집하고, 어느 날 기회가 오면 본격적으로 공격을 개시한다. 그 특정인이 방어(변증)에 실패하면 너도나도 달려들어 '이단'으로 매도해 버린다.

또한 소위 이단 감별사들의 신학적 지식이 우물 안 개구리 수준이어서 세계 신학계나 현대신학의 흐름도 제대로 이해하지 못하는 자들이 대부분이다. 세계교회 어디에서 좀 색다른 신앙운동이 일어났다고 하면 '어, 이거 이단운동 아닌가' 하는 의심부터 하고 나선다. 예를 들면, 미주교회를 떠들썩하게 했던 빈야드운동이나, 또 뜨레스디아스운동 같은 영성운동 등도 이들은 용납할 수 없는 이단으로 본다. 심지어 하나님의 기적이나 성령의 특별한 역사는 이미 사도시대로 끝났다고 생각하고 있다. 그래서 지금 무슨 성령의 능력으로 기적이 일어났다거나 상식으로 이해되지 않는 신비로운 일이 벌어지는 것은 모두 '사탄의 것'으로 규정해 버린다. 이런 풍토에서는 진보적 신학의 발전이나 성령의 역사에 의한 새로운 신앙운동은 뿌리를 내리기는 커녕 그 싹도 틔우기 어렵다."

4. 이단 규정 어떻게 이루어지는가?

한국교회에서 목사를 매장시키는데 가장 치명적인 수단은 이단으로 정죄 받게 하는 일이다. 이들의 수법은 한국교회의 주류를 형성하고 있는 대형 교단들에 속한 교회들이 어느 특정 교회들로 교인 이동을 하게 되면, 이에 따른 화풀이로 이단 감별사들과의 이해관계가 맞아 떨어지면서 이단 규정이 시작된다.

그런가하면 교계에서 자신들(이단 감별사)에게 협조하지 않거나 마음이 들지 않는 인사가 발견되면 여지없이 이단의 굴레를 씌워 매장시킨다. 이단을 만드는 과정을 한 실예를 들어 설명해 보자.

1991년 1월에는 소위 종교 연구가를 표방하는 모씨(2인)들의 녹음 테잎이 전국교계에 폭로되면서 이단 조작 실태가 폭로되기도 하였다. 그들은 이 육성녹음 테이프에서 "예장통합측 영등포노회 박○철 장로로 하여금 통합측 총회에 대성교회 문제를 헌의하도록 하여 금년 9월 총회에서 대성교회를 이단으로 규정하자"는 음모가 담겨져 있어 충격을 주었다.

(T씨와 C씨의 통화 녹취록)
T : 감정적으로 해서 말려들지 말고 전략적으로 해야 해요. 우선 박○철 장로를 내세워 영등포노회부터 하니까.
C : 빨리 박윤식 이단 자료를 만들어 가지고 H지방 학생을 중심 해서 그쪽에다 집어 넣어야 해요. 내가 보니까 그 전략이 맞아요.
T : 총신학생들?
C : 내가 유교수하고 짜서 유교수는 절대 안내세우고 싹 뿌려서 학생들로 하여금 들고 일어나게 할께요.
T : 다른 노회에서 올라온 것 있어? 분명하게 해야 돼. 한 노회만 올라와도 조사하기로 그렇게 완전 합의를 봤다고.
C : (내가)대구에 가서 좋은 아이디어를 얻었는데 모든 노회가 사이비대책위원회를 만들어 노회 대책위원장들을 소집하려고 해요.
T : 그렇지 그렇지, 그리고 내가 성결교도 동원하려고 해. 거기서도 결정해 버리려고…. 내가 이젠 정치 좀 하려고 해요.
C : 걱정하지 마세요. 이쪽에서도 올릴께요.
T : 좌우간 너무 너무 멋있게 되어 가. 우리가 전략적으로 못한게 실책이야. O~K. 승리하자고.

C : 교인들 보고는요. 구역책임자들 통해서 이번 금요일 날 전부 다 싸인 받아서 오게 해서.
T : 싸인만 받고 위에다 만들어 붙이면 되지.
C : 그래요. 만들어서 붙이면 되는 거니까. 일단 만들어 놓고 나중에 하기로 하고요.
T : 그렇지, 그렇지.
C : 이래 가지고 올리면…, 이단대책위원회에 내 측근 사람들을 다 집어넣었다구. 전화했더니 모두 나를 적극적으로 돕겠다고 그랬다구요.

(1) 이단 규정 절차의 문제점

우리나라에서의 이단 규정은 이렇게 해왔다. 먼저 이단 감별사들이 문제를 제기하거나 교단의 요청에 의해 이들 감별사들이 문제를 제기하는 방식이다. 제기방식은 두 가지이다. 하나는 이단 감별사 자신이 소속해 있는 노회나 혹은 다른 노회를 통해 총회에 헌의케 하는 방식이다. 그리고 다른 하나는 자신과 관련이 있는 언론매체(이단전문 잡지나 신문 등)를 이용해 대상자에 대한 논란 기사를 보도케 한다. 기사 내용의 핵심은 '○○○씨, 이단성 논란'이라는 주제로 기사를 다루게 한다. 이런 기사가 나가는 것만으로도 이미 절반의 성공은 거두게 된다. 한국교회 정서상 아무런 문제가 없는 것으로 판별되어도 언론매체에서 '이단성, 사이비성'이란 단어가 대상자에게 한두번 붙여지면 이미 절반의 이단이 되어 버린다. 이 점을 악용한다.

이들에 의해 제기된 문제는 곧바로 자신이 소속해 있는 노회의 이단사이비대책위원회(이하 이대위)에서 다루게 된다. 물론 이단 감별사 자신은 해당노회의 이대위 위원장이나 아니면 주요 직책을 맡고 있다. 연구내용은 이미 자신이 졸속으로 만들어 언론기관에 넘겨준 내용을 그대로 재인용한다.

그런 후 해당 노회나, 같은 교단내 다른 노회의 아는 지인을 통해 총회에 헌의케 한다. 총회에 헌의되면 총회 이대위에 접수되어 연구토록 한다. 이미 총회에 '○○○씨 이단성 조사 연구'라는 헌의가 된 것 만으로도 벌써 상당한 이단이 된 셈이다. 문제를 제기한 이단 감별사는 노회에서처럼 또 다시 총회 이대위의 위원장이거나 연구위원으로 있어 자신이 또 독점하여 연구결과 보고서를 작성한다.

대부분 9월 교단 총회 이대위에 올려진 연구보고서는 그 누구의 제재도 받지 않은 채 일사천리로 100% 채택된다. 이의를 제기할 만한 사람도 없을뿐더러 총대로 나온 사람들은 이대위 연구보고서에 대해 자세한 내용을 모르기 때문에 이의를 제기하지 않는다. 이의를 제기하고 싶어도 할 수가 없다. 만일 이의를 제기했다간 그 자신이 오히려 이단 옹호자로 매도되어 퇴출될 수 있기 때문이다. 이대위원은 형식에 불과하고 들러리에 불과하다. 현재 각 교단이나 연합단체의 이대위원 대대수가 이단 연구에 문외한 사람들로 구성되어 있다. 이대위원들 대다수가 각 노회나 교단별로 배정되어 들어온 총대들로서 이단연구에 비전문가들이기 때문에 이단 감별사들의 독점 연구를 그대로 수용하고 인정할 수 밖에 없다.

해마다 열리는 교단 총회는 이대위에서 올려진 결정이나 보고서를 대부분 수용하고 어쩌다 1년간 보류결정을 내리기도 한다. 매우 이례적인 일이기는 하나 예의주시나 보류, 집회 참여금지 결정을 했다가 그 다음 총회에서 철회되는 경우도 있다. 이 경우는 대상자가 해당 총회에 잘못을 시인하고 고치겠다는 공식 절차를 사전에 밟았을 경우에만 극히 이례적으로 적용된다. 그러나 이미 한번 이단으로 규정한 곳은 어떠한 경우에도 해제되는 사례를 찾아볼 수 없다.

총회 이대위의 결정은 곧 총회의 결정으로 이어진다. 총회 기간중 이대위의 보고를 받은 후, 총회에 모인 총대들은 의장의 묻는 말에 "그대로 받기로 동의합니다. 재청합니다.이의없습니까? 예" 라는 대답이 오갈 뿐 이의를 제기하는 총대들은 찾아볼 수 없다. 이런 절차를 밟으면 이단이나 이단성의 인물은 탄생되는 것이다. 이것이 곧 총회의 결정으로 인정되고 이 꼬리표는 죽을때 까지 따라 다닌다.

그리고 한두 곳의 교단에서 어떤 특정 대상자에 대한 결의가 이루어지면 그 다음해 부터는 다른 교단에서도 그 대상자에 대해 똑같은 형태의 이단,사이비 결정이 내려진다. 다른 교단들은 형식적으로만 연구보고서를 내지 독자적 연구가 없이 최초의 교단에서 결정한 연구보고서를 그대로 채택한다. 그런 후 교계 연합단체에서는 각 교단에서 결의한 내용들을 묶어 자료집을 낸다. 연합기관 자체에서는 이단 규정을 거의 하지 않지만 각 교단에서 규정한 내용들을 자료집 형태로 내게 되면, 이는 곧 그 연합단체가 또 다른 형태로 이단, 사이비를 만드는 기발한 아이디어의 이단 만들기 방법이다.

그리고 한번 이단 및 사이비로 정죄되면 이단에서 해제받기란 하늘의 별따기처럼 어렵다. 총회장은 1년이면 임기가 끝나기 때문에 그 어떤 총회장도 이단 해제를 위한 용감한 행동을 실행하려 하지 않는다. 만일 그런 시도라도 한다면 이단 옹호자로 매도되어 그 교단에서 매장된다. 그리고 총회장 혼자의 의지로도 불가능하다. 총회에서 다수의 총대들 힘으로 밀어붙이면 역시 수포로 돌아간다.

또 이단 감별사들은 자신의 교단에 소속된 목회자에 대해서는 아주 관대하다. 이들이 이단으로 만드는 대상들은 자신들의 교단이 아닌 타 교단 목회자들을 대상으로 닭부리 파티를 일삼고 있다. 이들은 별로 힘이 없어 보이거나 법적 대응을 적극적으로 하지 않는 인물이나 교회들을 골라 집중 공격한다. 힘있는 교단의 소속 목회자에 대해서는 아예 문제를 제기하지 않는다.

2006년 5월 12일자 뉴스엔조이 인터넷판에 올려진 기사가 총회 등 교권의 문제점과 목사죽이기의 한 단면을 잘 대변해 주고 있다.

상회(노회 · 총회)가 꼭 있어야 하나?
금권화된 상회 해체되어야

(중략)상회의 불공정한 재판 교회, 갈등 부추긴다
최근 대구의 모 대형교회에서 현재 진행중인 일이다. 터주대감격인 일부 장로들이 목사를 내쫓을 궁리를 하다 보니 성도들과 대립각을 세우게 되었다. 담임목사를 '이단'으로 몰아 노회에 고소를 하였고 더불어 노회는 직무정지를 내렸다. 그런데 이 과정에서 문제가 생겼다. 이단으로 기소를 하자면 총회 산하 교수 5인의 이단 인정 의견이 있어야 하는데, 이것 없이 기소한 것이다. 그런데 이런 기소절차상 문제가 생겼는데도 본안 재판에서는 극단적인 '시무정지'를 내렸다. 총회 이단사이비대책위원회도 설교가 부적절하다고는 했지만 이단이 아닌 것으로 결론을 내렸고, 신학 교수들의 의견도 이단이 아니라고 판명을 하였는데도 재량권 남용으로밖에 볼 수없는 재판이었던 것이다. 그러자 고소 측의 반대편에 선 대다수의 성도들이 크게 반발하고 있다.

그런데다 노회의 재판국원들과 재판국장이 사전에 이단으로 피소된 목사님을 만나 사퇴를 강요한 사실이 있고 고소 측 장로들과 유착 의혹이 여럿에서 드러나 공정성 시비가 일어나고 있다. 법리대로 진행해야 할 재판을 정치재판으로 몰아갔고, 사전에 피소된 목사에게만 일방적인 굴복을 요구하여 이를 받아들이지 않는 성도들의 반발이 노회를 불신하게 되었다. 아예 노회를 믿으려 하지 않고 있다는 점에서 상회에 대한 불신이 하늘을 찌른다. 총회에 상소를 고려하지만 총회도 믿지 못한다는 의분이 일고 있다. 지교회 내의 갈등이 장로들 일부가 부추겼고 상회는 고소 측 장로들의 입장만을 두둔하는 상회의 재판이 공정할 리 없다는 점에 그 심각성이 있다. 공의를 전혀 찾아볼 수 없을 지경이다.
(중략)

그런 점에서 최근 대형교회 목사들이 자식들에게 교회를 물려주는 세속화된 교회 재벌화 승계와 금전적, 탐욕적 비리들로 인해 사회법으로 심판을 받고 있는 대형교회 목사들이 비일비재한 현 시점에 목사 양성제도도 생각해 볼 대목이다. 작년 대학생들을 상대로 한 여론조사에서 '교회를 못 믿는다' 고 답한 응답자가 80%를 넘어섰다. 이는 교회의 부패와 불신, 목회자의 신권화, 교회 권력의 세습화 등의 폐해로 생기는 교회 타락과 교회 부패 및 상회의 세속화에 기인하는 것이다. 예수의 삶이 아니라 사탄에 조종 받는 삶을 살고 있는 우리 예수쟁이들의 자화상 때문이다. 회개운동도 좋고 부흥회도 좋다. 하지만 교회 권력을 부수지 않는 한 우리 교회를 새롭게 거듭나게 할 계기를 만들기 어렵다. 신격화된 목사보다는 예수 안에서 인격화된 예수처럼 낮아지고 누추해진 곳을 찾는 성도 속에서 목자의 직분을 감당 할 존재가 필요하다는 점에서 루터의 "모든 사람들이 사제이다" 라는 부르짖음에 귀 기울일 때이다.

황선주 / 대구교육연구소연구위원 · 교육비평가 2006년 05월 12일 14:07:46

(2) 이단 연구 대상은 적절한가?

본서와 필자는 가장 많이 연구되어지고 방지해야 할 주요 이단들로 통일교,여호와의증인,가톨릭교회(천주교),기독교복음선교회(정명석),몰몬교,안상홍증인회(하나님교회),신천지,다미선교회,전도관,엘리야복음선교원,여호와 새일교 등을 꼽을 수 있다. 이 외에도 많은 이단들이 있으나 주요 이단들만 거론하였다.

이들 중에서 가톨릭,여호와의 증인,통일교,안증회 등은 막강한 교세를 앞세워 기성교회에 깊숙이 파고 들고 있다. 특히, 가톨릭교회는 이미 세계적인 종교로 자리를 잡았고, 우리 기독교가 이단으로 보지 않고 있다는데 문제가 크다. 가톨릭은 지금도 우리 신교를 그리스도의 교회로 인정치 않을 뿐 아니라 이단으로 규정하고 있는데 말이다. 각 교단들과 이단 연구가들은 가톨릭을 비롯 이들 이단 종파들에 대한 연구와 예방책에 심혈을 기울여야 함에도 이들에 대한 연구와 방지노력은 거의 전무한 실정이다.

이러함에도 한국교회의 상황은 어떠한가? 정작 싸워야 할 이단들은 그대로 방치한 채, 기독교내에서 갑작스럽게 유명세를 타거나 교세가 커져서 교인들의 이동이라도 있게 되면 위협의 대상으로 지목되고, 공격의 대상에 오른다. 이단 감별사들은 이들의 저서와 설교테잎을 신학적으로 분석하여 문제를 삼기 시작한다. 만일 이들에게서 기존 정통신학과 약간의 문제로 보일 수 있는 이설 등의 내용이 나오기라도 하면 그 즉시 '이단성'이란 용어를 붙여 시비를 건다. 세계의 그 어떤 목회자도 설교를 녹음하여 신학적인 잣대를 들이댄다면 문제 없는 목회자는 한사람도 없을 것이다.

현재 대다수의 대형 교단들과 이단 감별사들이, 이단이라는 주된 대상으로 지목하여 무차별 공격을 일삼는 교회나 대상자들을 깊이 조사해 보고 연구해 보면 생각보다 큰 문제가 없는 것을 발견할 수 있다. 일반적으로 목회자나 성도들이 생각하듯이 무서운 이단이거나 신학적으로 큰 문제가 없는 경우가 대부분이다. 그동안 무서운 이단으로 인식되어진 것은 대형 교단이나 이단 감별사들이 그런 인식을 갖도록 쇠뇌하고 비판했기 때문이다. 그러다 보니 일반 성도들은 이단으로 지목된 신도들에 의해 어쩌다 그 교회들에게 초대되어 소위 이단자의 설교를 듣고 난후, 이단자의 설교와 자신이 다니는 교회의 목사님 설교와 별다른 차이가 없다며 무엇을 가리켜 이단이냐는 의구심을 갖게 되며 혼란을 겪게 된다. 이런 경우는 목회자의 경우에서도 많이 발견되고 있다.

기독교는 살리는 종교이다. 정죄하고 죽이는 종교가 아니다. 잘못된 교리나 이설을 가지고 있으면 성경적으로 바른 지도를 해서 정상적인 교회와 목회자로 만들어 줘야 하는 것이 기독교의 사명이 아닌가? 그리고 하나님이 원하시는 뜻이 아니겠는가? 그런데 우리 한국교회는 바른 지도를 해 달라고, 바로 고치겠다고 청원을 해도 이를 거절하고 끝까지 이단으로 정죄하여 매장시키는 것이 오늘의 대형 교단들이나 일부 연합단체들의 모습이다. 정작 타파해야 할 대이단들에 대해서는 손을 놓고 있으면서 말이다.

본서 및 필자는 전자에서 언급했듯이 가톨릭교회(천주교회)를 가장 강력한 이단중의 이단으로 규정하고 있다. 가톨릭교회의 교리에 대해서는 본서 제7부를 참조하기 바란다. 필자가 분명하게 판단하건데 이단시비 대상자들(대교단들이 대부분 이단으로 규정한 인물이나 교회)이 가지고 있는 교리나 주장들과, 가톨릭교회가 가지고 있는 교리들을 비교해 보면 이는 가히 비교조차 할 수 없을 정도로 가톨릭교회의 교리가 이단적이다. 그럼에도 불구하고 한국의 대표적인 대교단이나 소위 이단 연구가들은 가톨릭교회를 일절 비판하거나 연구하지 않는 직무유기를 범하고 있음이 안타깝다.

또다른 문제를 살펴보자. 예장 통합측 교단의 경우 '한국기독교교회협의회(교회협.KNCC)'에 함께 소속해 있다는 이유에서인지는 모르나 같은 교회협의 소속 교단인 '한국기독교장로회(기장측)'의 경우 자유주의나 다원주의 사상에 깊이 물들어 있음을 볼 수 있다. 물론 기장 소속의 모든 교회들이 그렇다는 것은 아니다. 기장측의 일부 신학자들이나 목회자의 경우 우상종파인 불교 등과도 교류를 하는 등 하나님께서 가장 싫어하는 우상종파들과 '종교와의 대화'라는 명분하에 교류하고 있는데도 예장 통합 측이나 소위 이단 연구가들은 아예 침묵으로 일관하고 있다. 이같은 행동과 주장들에 대하여 인정하는 것인지 묵인하는 것인지 도무지 알 수가 없다.

한국교회의 가장 큰 문제는 이단시비 대상자들이 가지고 있는 작은 성경해석 차이의 문제가 아니라, 종교다원주의 사상에 빠져 우상과 교류하는 것이 더 큰 문제이고 하루빨리 이런 탈기독교적인 사상을 뿌리 뽑아야 할 것이다. 한국기독교장로회에 소속된 신학교나 목사들의 근간 행태를 일부 소개해 본다.

▲박종화 목사, 불교 법당에서 설교

한신대 신학과 교수 출신으로, 한국기독교교회협의회(KNCC) 실행위원을 맡고 있는 경동교회 박종화목사는 교인들과 함께 지난 2006년 5월 5일 석가탄일을 맞아 불교단체인 정토회 초청으로 불교 법당인 서울 정토회관에서 '21세기 종교의 역할'이란 주제의 강연을 통해 종교의 차이를 넘어 세계평화를 위해 종교인들이 한 뜻이 돼야 한다고 설교했다.

한편 이날 강연에는 경동교회 찬양대 솔리스트와 교인이 참석, 〈생명의 양식〉, 〈장안사〉, 〈내맘의 강물〉등의 노래를 부르기도 했고, 대한적십자사 총재를 역임한 서영훈 장로도 참석해 인사말을 남겼다.

▲ 한국기독교장로회(기장) 직영 신학대학인 한신대 신학전문대학원 학생회는 학교 정문 앞에 석가탄신일을 축하하는 현수막을 내걸었다. 1997년에 처음으로 시작하여 매년 11년째 내걸고 석가탄일을 축하 해주고 있다.

제4부 이단 규정 어떻게 해야 하나?

제1장 이단 판단 기준의 문제점

이단 규정에 있어 가장 중요한 것은 이단 판별의 기준이 되는 잣대이다. 잣대가 없으면 무엇이 이단인지 아닌지를 판별할 수가 없다. 그런데 한국교회는 이단 판별의 기준이 되는 잣대가 있어야 함에도, 그동안 대형 교단들과 소위 이단 연구가들은 이런 기준도 없이 이단을 규정해 왔다. 그러다보니 자신들이 생각하는 이중적 잣대로 이단을 규정해 왔으니 그 결과는 엉망일 수 밖에 없다. 어떤 경우는 아예 있지도 않은 허위 내용을 만들어 이단으로 덮어 씌운 경우도 허다하다.

그런가 하면 조사나 연구의 객관성에도 많은 문제가 있었다. 어떤 특정인에 대한 이단 규정을 하기에 앞서 대상자들에게 변론의 기회를 주어 해명과 답변의 기회를 주어야 함에도 이런 절차가 모두 생략되었다. 안타깝게도 이제껏 한국교회의 대다수 이단 규정은 이런 절차가 모두 무시되었다. 이들의 논리는 이단에게는 답변의 기회를 줄 필요가 없다는 것이다.

원칙적으로 연구자는 이단규정에 앞서 먼저 대상자를 면담하고 잘못된 부분이 있으면 권고해서 바른 신앙을 갖도록 지도해 주어야 함에도 불구하고 이런 절차를 모두 무시해 버린 채 이단 정죄를 일삼아 온 것이다. 한마디로 살리려는 의도는 전혀 없고 어떻게 해서라도 이단의 굴레를 씌워 매장시키는 것만이 유일한 목적인 것이다.

사람을 죽인 사형수도 재판을 통해 변론의 기회를 주고, 재판 결과에 불복하면 재심, 대법원에까지 항소할 수 있다. 그러나 한국교회에서의 종교 재판은 중세의 마녀사냥식 재판보다도 더 악랄한 방법으로 이단이라는 사형선고를 내리고 있다. 대교단에 설치된 이단사이비대책위원회가 바로 중세의 종교재판소보다 더 추악한 사형기관으로 자리를 지키고 있다.

어쩌다 용기 있는 이단 연구자들이 억울하게 이단이라는 누명을 쓰고 깊은 수렁에 빠진 이들의 변명이나 해명이라도 한마디 싣거나 거론하게 되면 여지 없이 '이단 옹호자'나 '이단 옹호언론'으로 낙인찍히고 만다.

이렇듯 한국교회에서의 이단 판단 규정은 대부분 이렇게 이루어지고 있다. 물론 진짜 이단인 경우에는 반드시 정죄하고 알려서 교인들로 하여금 폐해를 막아야 할 것이다. 그러나 문제는 이단 아닌 사람들까지도 이단으로 만들기 때문에 그 문제가 심각한 것이다.

1. 이단 판단 기준(잣대) 왜 절대적인가?

본서는 성경적 이단 판단 기준(잣대)에 대한 문제를 가장 중요하게 다루고 있다. 왜냐하면 기준(잣대)이 없이는 이단을 판별할 수 없기 때문이다. 그런 의미에서 성경적인 이단 판단 기준은 절대적인 것이고, 한국교회가 반드시 정립해야 하는 문제이기도 하다. 무엇이 정통이고, 무엇이 이단인가를 판별하려면 당연히 잣대가 필수적이다.

그런데 안타깝게도 한국교회는 최근까지 성경적인 이단 판별 기준이 없었거나, 일부 종교 연구가들에 의해 제시된 기준이 일부 만들어져 있기는 하나 이마저 매우 미흡한 것이 사실이다.

그동안 한국교회의 이단판단은 대부분 이단 감별사들이 독점해 왔다. 이들은 자신이 생각하고 있는 주관적 잣대를 적용해 무차별적으로 이단을 생산해 왔다. 이에 대형 교단들은 교단내에 이단 전문가가 거의 전무하기 때문에, 이들의 연구결과를 분별없이 인용, 복제하여 이단을 규정하는데 사용해 왔다.

이단의 기준에 대하여 참고로 월간 「현대종교」의 발행인이요 국제종교문제연구소장인 탁지원(고, 탁명환 소장 아들) 씨는 2004년 4월 국민일보 '희망의 상담실'에서 이단의 정의를 이렇게 말하였다.

"기독교의 근본적인 교의나 교리를 부인하면 이단인 것입니다. (중략) 이단을 규정하기 위해서는 정통 진리의 기준이 세워져 있어야 합니다. 정통 기준에 위배되면 이단이라고 할 수 있기 때문입니다. 정통 진리 없이 이단이 존재할 수는 없는 것입니다. (중략) 정리해보면 이단은 '그리스도 안에서 규범적으로 공인된 신앙고백을 거부하거나 반대하는 자 및 집단'을 의미한다고 볼 수 있습니다."

위에서 탁씨가 잘 언급했듯이 기독교의 근본적인 정통 교리와 공인된 신앙고백(사도신경)을 거부하거나 반대하지 않으면(참고 : 예배시간에 순서에 넣든 안 넣든 관계없음. 침례교회는 예배시간 순서에 넣지 않음…편집자주) 이단이 아니라고 말했다. 사도신경 속에 기독교의 근본적인 교리들이 함축 되어져 있기 때문에 필자도 이에 동의한다. 그런데 문제는 이런 기준이 있으면서도 사실상 『현대종교』 자신도 이 기준을 적용하지 않고 이단을 판단해 오고 있음은 스스로의 모순이 아닐 수 없다.

현재 한국교회의 대형 교단들에 의해 이단이나 사이비로 규정된 인물(이단시비 대상자들 의미)들 대다수가 사도신경의 내용을 거부하지 않고 수용하고 있는데도 이단으로 규정된 것은 매우 불행한 일이 아닐 수 없다. 한국교회가 그동안 이단 사이비를 규정해 오면서, 이런 기준들을 한번도 적용(대별)하지 않고, 다른 지엽적인 부분들만 문제삼아 이단으로 규정하는 등의 잘못을 저질러 왔다.

참고로 2004년 6월 9일 기총연(한국기독교총연합회)과 한장연(한국장로교총연합회) 이대위가 공동 주최한 '2004년 이단사이비 대책 세미나'에서 정행업목사(예장통합측 사이비이단 상담소장)는 주제발표에서 "한국교회의 이단 관련 용어와 규정이 일관성과 적합성이 결여된 것이 사실이다" 면서 "이단을 판단하는 기준은 초대교회 공의회들의 교리결정과 종교개혁자들의 교리를 표준으로 하는 것이 적당하다"고 말했다. 정목사의 주장대로라면 그동안 예장통합 측이나 대교단들이 이단 관련 용어와 기준이 미흡했음을 스스로 인정하고 있다. 또 이단 판단 기준이 성경보다는 공의회들의 교리결정과 종교 개혁자들의 교리를 표준으로 해야 한다는 주장에도 많은 문제점이 있다. 왜냐하면 종교개혁자들의 교리가 꼭 절대적인 것만은 아니기 때문이다. 루터나 칼빈, 쯔빙글리 같은 종교 개혁자들의 교리와, 다른 일부 교파들이 가지고 있는 교리들과 비교해 볼때 상반된 교리들도 많이 있기 때문이다.

대한예수교장로회 통합(총회장 이광선 목사) 이단사이비대책위원회(이대위, 위원장 강신원 목사)는 2007년 6월 19일 한국교회 100주년 기념관에서 제11회 이단사이비대책 세미나를 열었는데, 이날 세미나에서 이형기 교수(장신대 명예교수, 이단사이비문제상담소장)는 다음과 같이 주장하였다.

"개혁교회의 신앙고백서들을 진리표준으로 보는 것도 문제가 있다. 물론, 이 신앙고백서는 고대 에큐메니칼 공의회에서 결정된 삼위일체론과 정통 기독론과 삼위일체론을 받아들이고, 구원론에 있어서도 431년에 정죄된 펠라기우스주의를 따르지 않는다. 무엇보다도 종교개혁 전통을 따라서 복음과 설교, 교회의 표지들과 구원론 등을 강조한다. 그리고 많은 부분에 있어서 루터교나 다른 개신교의 교리들과 공유하는 부분들도 포함한다. 하지만 이 개혁교회의 고백서들 가운데, 예컨대 "이중 예정론"이나 "성도들의 견인"이나 "장로교 정치체제"(presbyterianism)를 절대화하여 이를 따르지 않는 다른 교파들을 정죄해서는 안 될 것이다. 1934년 바르멘 신학선언을 계기로 여러 가지 역사적인 상황에서 작성된 개혁교회의 신앙고백서들 보다 16-17세기 고전적인 개혁교회 신앙고백서들이 좀 더 편협한 개혁교회의 신앙 내용들을 담고 있다. 우리 개혁교회는 WARC의 신앙 고백 노선을 선호해야 할 것이다. 그리고 한 걸음 더 나아가서 이미 언급한 신앙과 직제의 공식적인 신앙 진술들에 유의해야 한다."

그동안 한국교회가 이단 사이비에 대한 판단 기준이 미흡했음은 대교단 스스로 자인하고 있다. 전자에서도 언급되었듯이 예장 통합 측의 이단 규정 기준에 대해서도 정행업 목사와 이형기 교수의 견해에 차이가 있다. 이는 곧 그동안 이단 규정에 상당한 문제점이 있었다는 사실을 통합측 스스로 인정하고 있는 것이다. 그 증거들을 살펴보면, 국민일보 2004년 6월 11일자 미션면 기사에서 잘 엿볼 수 있다.

'이단 사이비 기준 첫 통일작업'
한국교회가 이단 사이비에 대한 기준과 용어, 통일성을 가진 공동 대응 방식 논의

한기총 이대위와 한장연(한국장로교총연합회-편집자주) 이대위는 9일 연지동 한기총 회관 사무실에서 세미나를 개최, 이단 사이비 대책 판정기준 마련, 용어 정립 등을 위해 지속적 교류, 계속 세미나를 갖기로 했다. 정행업(통합 이단사이비연구소장) 목사는 '기독교 이단의 개념'에서 '한국교회의 이단 관련 용어와 규정에 일관성이 없는 것이 사실'이라고 지적하고 '기독교의 기본 교리를 훼손할 때 이단이라 하고, 사이비는 이단이라고는 할 수 없지만 이단과 다름없이 폐해가 큰 경우, 사이비성은 사이비보다는 덜 하지만 교류나 참여 금지 등 규제가 필요한 경우에 사용하는 것이 좋다'는 의견을 밝혔다.

박충웅(합동이단조사위원장) 목사는 '합동의 경우 사이비라는 개념대신 이단성이라는 용어를 사용한다'고 말했다. 권혁봉(기침 이대위원) 목사는 '침례회는 교리나 헌장 혹은 신조가 없어 다양한 성경해석을 할 수 있지만 이단별 기준을 만들어 경계를 삼고 있다'고 했다.

다음은 한국성결신문의 당시 기사를 인용해 본다.

◆한국교회 이단 규정의 문제와 대안
　분명한 판정기준 … 범교단 협력 절실
　교단 교리 따라 기준 달라 … 혼란과 갈등 부추겨
　이단 판정 해제 공식 절차 … 전문가 양산도 필요

〈최근 이단의 개념과 규정에 대한 문제가 도마 위에 올랐다.〉
보수계에서는 이단의 개념과 이단 판정 등에 대한 명확한 기준이 없어 이단·사이비 단체에 대해 단호하게 대처하지 못한다는 비판이 제기하고 있는 반면 다른 한쪽에서는 이단에 대한 지나친 대응과 무분별한 이단 판정으로 불필요한 갈등과 혼란을 부추기고 있다고 주장이 제기되고 있다.

〈교리와 신조만 달라도 이단(?)〉
한국기독교총연합회 이단사이비대책위원회(위원장 오성환 목사)는 지난 9일 '이단사이비대책세미나'를 갖고 이단에 대한 분명한 개념과 판정 기준을 마련해야 한다고 주장했다. 또한 교계 한 신문사가 주최한 학술세미나에서는 한국교회의 이단 규정에 대한 문제점을 지적하고 '이단에 대한 판정은 보다 신중하고 폭넓게 접근해야한다'는 목소리를 높였다. 이처럼 이단 판정과 관련된 문제가 교계의 중요 이슈로 등장하고 있다. 신학사상이 다양해지고 교단과 교파 간의 신학적인 차이로 인해 이런 문제는 더욱 커질 것으로 보인다.

〈한국교회의 이단 판정에 대한 공통된 기준 마련이 필요한 실정이다.〉

사실 초기 한국교회에서는 신학 사상이나, 종교체험이 자신의 교단의 교리와 신학에 맞지 않으면 이단으로 내몰리는 시절이 있었다. 이런 인물 중 대표적인 사람이 바로 이용도 목사이다. 그는 신비주의란 이유로 이단으로 몰렸다. 하지만 최근 신학자들은 이단자가 아니었음을 주장하고 있다.

새로운 교파 출현과 소위 말하는 성장하는 교회, 유명 목회자들도 이단시비에 자주 휘말리곤 했다. 여의도순복음교회 조용기 목사도 사이비로 판정받았으며, 최근 침례교 윤석전 목사(연세중앙교회)도 이단으로 내몰린 사례가 있다. 한국교회가 인정한 중요교단 가운데 하나인 모교단도 영남권 일부에서 이단으로 오해를 받고 있는 경우도 있다. 신학적인 검토 없이 그저 '다르다', '새롭다'는 것만으로 이단이 되는 실정을 여실히 보여주고 있는 사례다.

〈교단 마다 기준과 적용 제 각각〉

사실 그동안 한국교회 내에서는 이단 여부를 판별할 수 있는 통일된 기준과 잣대가 없었다. 현재 한국교회는 이단규정에 있어서 일반적으로 이단과 사이비, 사이비성 등 크게 세 가지로 구분하고 있다. 대개 기독교 기본 교리에 치명적인 문제가 있는 것을 이단으로, 이단이라고 할 수 없지만 이단과 다름없이 폐해가 큰 경우에는 '사이비'로, 사이비보다 덜 하지만 교류나 참여 금지 등의 규제가 필요한 경우에는 '사이비성'이라고 규정하고 있는 실정이다.

그러나 문제는 이를 규정하는 기준이 모호하다는 것이다. 더욱이 이런 기준은 교단이나 이단을 감별하는 개인에 따라 다소 차이가 있다는 점이다. 이로 인해 어느 교단에서는 '이단'인가하면 또 다른 교단에서는 '사이비'로, 아니면 아예 아무런 규정도 하지 않은 교단도 있다. 이는 교단마다 이단 선정 기준이 다소 다르기 때문에 빚어지는 현상이다. 물론 기독교의 기본 진리와 교리를 수호하는 측면은 대부분 같지만 일부 교리나 신조에 따라 다소 차이를 보이는 경우도 있다. 장로교의 경우 웨스트민스터 대소요지 문답과 신도 개요를 믿지 않으면 이단으로 규정하고 있다. 심지어는 사도신경과 신앙고백 여부로 이단 여부를 판별할 수 있다고 주장하는 인사도 있다. 한 장로교단의 경우 유아세례를 부인한다고 해서 이단으로 판정내린 경우도 있다. 그러나 침례교 그리스도교회는 유아세례를 인정하지 않고 있다.

이런 현상에 대해 주재용 박사(전 한신대 총장)는 "정통은 어디서나 언제든지 모든 사람이 획일적으로 지키는 것이 아니라 오늘의 삶의 자리에서 그리스도의 삶과 말씀을 재해석하여 역사의 한 복판에서 그리스도가 현존하도록 하는 것"이고 강조하고 "새 교회와 새 신앙고백을 모두 비정통적인 것으로 거부하는 것은 잘못되었다"고 지적했다. 신학과 교리도 시대 변천과 함께 바뀔 수 있기 때문에 정통과 이단에 기준도 새롭게 정립해야 한다는 주장이다.

〈분명한 잣대 필요〉
이단·사이비로 분쟁이 끊이지 않는 한국교회에서는 규정에 대한 분명한 기준이 필요한 실정이다.

정행업 목사(대전신대 명예총장·예장통합 이단사이비문제상담소장)는 "현대에 이르러 신학의 조류는 보수정통과 자유주의신학으로 양극화 현상으로 갈라져 있고, 또 각 교파별로 신학이 형성 되어 있기 때문에 신학적 표준문제가 심각히 고려되어야 한다"고 주장했다. 또한 그는 "한국교회의 이단을 판단하는 기준은 초대교회 공의회들의 교리결정과 종교개혁자들의 교리를 표준으로 하는 것이 적당하다"고 주장했다.

〈초교파적 협력과 대응〉
또한 초교파연구가들과 기관 간의 더욱 긴밀한 정보 교류와 협력이 필요하다는 목소리도 높다. 최병규 목사(예장 고신 유사기독교 상담소장)는 "한국교회가 이단 규정문제를 효과적으로 수행하기 위해서는 범교단 연합과 범교단적 시스템이 필요하다"고 주장했다.

이밖에 이단 문제를 위한 전문적인 연구 인력 확보와 학자의 참여, 이단 규정 및 해제시 필요한 공식 절차 마련 등도 한국교회가 풀어야 할 과제이다.

전자의 신문 기사에서도 살펴보았듯이 예장통합 측은 지난 2004년 6월 한기총과 한장연이 주관한 세미나를 통해 ,'**한국교회의 이단 관련 용어와 기준에 일관성이 없는 것이 사실**'이라고 인정했고, '**기독교의 기본 교리를 훼손할 때 이단이라 한다**'고 밝혔다.

2. 교파간 신학 및 신앙 관행상의 차이들

(1) 교파간 신학의 차이들

　신학을 조금이라도 공부한 사람이라면 교파간 신학의 다름을 인정한다. 우리가 잘 아는 대로 장로교의 칼빈주의와 감리교,성결교,오순절 등의 알미니안주의(또는 웨슬리안 알미니안)가 서로 충돌하고, 이는 침례교 등 여러 교파들과도 서로 충돌한다. 보수주의와 자유주의, 복음주의와 비평주의 등 대립적인 신학 유파들 사이에서 얼마든지 있을 수 있는 비판과 논쟁의 문제들로 인해 이단 시비를 하지는 않는다.

　또 장로교 고신, 합동과 같은 보수주의 신학에서는 은사 종료설을 주장하지만, 오순절 등에서는 은사 계속설을 주장한다. 이는 엄청난 성경적, 신학적 문제이기도 하다. 이는 곧 삼위일체와 관련된 성령론이나 구원론에도 막대한 영향을 미치기 때문이다.

　가령 쉬운 예를 하나 들어보자. 이미 전자에서도 언급되었지만 방언의 은사에 대해서 살펴보자. 기적종료이론을 신봉하는 장로교 보수주의에서는 방언 등은 정경이 완성되기 이전인 사도시대까지만 유효했으며, 정경이 완성된 사도시대 이후부터 시작하여 현재에 이르기까지 방언 등과 같은 은사는 나타나지 않는다는 것이다.

　그러나 오순절 신학과 교회들은 현재도 방언 등과 같은 은사가 성령의 은사로서 계속 주어지고 있다는 주장이다. 이에 대해 보수신학에서는 방언의 은사를 귀신의 역사나 정신착란, 자기체면의 현상이라고 주장하고 있는 반면, 오순절 진영에서는 성령의 역사라고 단정 짓는다.

　그러나 장로교 개교회를 목회하는 대다수의 목회자들은 방언의 은사를 사탄의 역사로 보지 않고 성령의 은사로 인정하는 목회자들이 더 많다. 보수진영에서는 귀신의 역사라고 하고, 오순절에서는 성령의 역사라고 주장하고 있는데, 이야말로 엄청난 신학적 충돌이 아닐 수 없다. 반드시 둘 중의 하나는 틀린 주장이고, 비성경적인 주장임에는 틀림없다. 이처럼 엄청난 성경해석 차이나 견해차이가 있음에도 불구하고 서로 이단시하지 않는 것은 이같은 주장들이 '본질적' 교리가 아닌 '주변적 진리'로 보기 때문이다.

　구원의 문제도 마찬가지이다. 개혁주의 신학인 칼빈주의와 알미니안주의가 구원의 서정을 이해함에 있어서도 많은 견해차이가 있다.

구원론 문제에 대해 대한예수교장로회총회교육부(편집자주;통합측)에서 발간한 '정통과 이단'에서 저자 이형기 교수(장신대 역사신학 교수)는 다음과 같이 말하였다.

"구원론에 관하여는 루터교는 전적으로 '이신칭의(以信稱義 ; 믿음으로 의롭게 된다는 뜻)'의 입장을 고수하고, 장로교는 이 '이신칭의'에 이어 곧바로 이어서 '성화'를 역설하고, 감리교와 성결교는 '성화론'을 강조한 나머지 성화를 구원의 조건으로 하는 경향(성결교가 감리교보다 '성결'을 더 강조하지만)이고, 침례교는 '중생과 성화' 없이는 하나님의 나라에 들어갈 수 없다고 못 박았고, 성공회는 장로교의 구원론보다는 역시 감리교의 그것에 가깝고, 로마 가톨릭의 구원론은 개신교의 이신칭의와 성화를 혼동하면서 이들 교파 중에서 가장 공로주의 방향으로 나가고 있다. (중략) 따라서 이들 교파들은 피차 너와 내가 무엇이 다른가에 유의하기 전에 너와 나 사이에 공통분모가 무엇인가를 의식해야 할 것이다."

위에서 보듯이 이처럼 구원론 살펴 보더라도 많은 견해차이가 있으나 서로 이단시 하지 않고 있다.

침례문제도 그러하다. 침례를 행하는 교회들은 침례를 구원을 얻기 위한 전단계로 이해했었다. 지금도 그렇게 믿고 있는 교회들이 많이 있다. 교회사가들에 따르면 침례를 고수하다가 순교한 성도들이 지금까지 전 세계적으로 약 3천만 명에 이른다는 사실은 가히 충격적이다. 초기 한국의 장로교회는 침례교(성서침례교회 등)를 이단시하기도 했었다. 그러나 지금은 세례나 침례, 유아세례 등을 문제 삼아 절대 이단시 하지 않는다. 이는 각 교파나 교단간의 신학의 차이들을 상호 인정하기 때문이다.

(2) 교파간 관행상의 차이들

교파간 관행상의 차이들도 그렇다. 몇 가지 예를 들어 보자. 예배 때 사도신경을 사용하느냐, 안하느냐의 문제에서 있어서도, 대부분의 장로교나 감리교, 성결교 등에서는 예배때 사용하고 있지만, 침례교, 구세군, 그리스도 교회, 정교회, 안식일교회 등은 사용하지 않고 있다. 주기도문도 마찬가지이다. 그리스도교회나 침례교, 성공회 등은 예배때 사용하지 않고 있다. 세례나 침례의 경우 구세군은 행하지 않는다.

또하나 가장 중요한 사안중의 하나인 '성경'에 있어서 성공회, 정교회 등은 가톨릭교회처럼 외경 7권이 포함된 75권을 사용하고 있다. 하나님의 이름에 있어서도 성공회나 정교회 등은 가톨릭 교회처럼 '하나님'으로 표현치 않고 '하느님'으로 부르고 있다.

논란중의 하나인 '지옥부재설'도 제칠일안식일예수재림교회(약칭 안식일교회)가 따르고 있다. 그런데 한국교회가 이단으로 보지 않고 있는 성공회 등도 '지옥부재론'을 주장하고 있다.

안식일문제도 그렇다. 우리나라에서는 유일하게 안식일교회가 토요 안식일을 지키고 있으며, 이 때문에 율법적 교파로 이단 취급을 받고 있다. 그러나 미국의 경우 안식일교회가 아닌 일반 교단들 중 191개 교단이 토요 안식일을 지키고 있으나 이단시 하지 않고 있다. 토요 안식일을 지키는 이들 교단 중에는 장로교나 감리교, 오순절 등의 교회들도 상당수 차지하고 있다.

유아세례의 경우도, 유아세례는 가톨릭에서 유래된 만큼 비성서적이라는 이유로 침례교, 그리스도의 교회, 하나님의 성회 등이 반대하고 있으나, 장로교나 감리교, 성결교 등에서는 유아세례를 행하고 있으나 이를 행하지 않고 있는 타교파들과 서로 이단시하지 않고 있다.

이처럼 각 교파간 성서해석상 차이나 관행상의 차이가 매우 큼에도 불구하고, 삼위일체나 기독론, 이신칭의에 있어서 상반되지 않는 다는 이유로 상호 존중하며 이단시하지 않고 있는 반면, 한국교회는 유감스럽게도 기독교 근본 교리에는 이상이 없음에도 불구하고, 주변적 진리에 대한 성서해석이나 관행상 다른 부분을 문제삼아 이단으로 매도하거나 이단시 하는 것은 객관성과 정당성이 결여된 일이 아닐 수 없다.

제2장 성경적 이단 판단 기준은 무엇인가?

성경적인 이단 판단 기준을 논하려면 교리,교의가 무엇인가에 대하여 살펴보는 것이 필수적이다.

1. 교리, 교의란 무엇인가?

교리(dogma, doctrine)란 말은 doctrina라는 말에서 유래되었는데, 이는 '가르친다'라는 뜻을 가진 docco에서 온 말로 가르치는 행위와 가르치는 주제 둘 다를 의미한다.

교리에 대하여 예장합동측 교단신학교인 총신대학교 신학대학원 조직신학 교수인 서철원 박사는 그의 저서 교리사 서언에서 이렇게 말했다. "기독교는 교리를 갖는다. 교리는 기독교의 근본진리이다. 이 교리를 교회가 받아들이면 기독교가 되고, 거부하면 기독교가 되지 않는다. 그러므로 교리는 기독교의 생명이다. 그러므로 교회는 언제나 교리를 믿으며 살아야 한다. (중략) 기독교의 근본 교리는 삼위일체 교리와 기독론 혹은 성육신 교리이다. 그리고 종교개혁의 이신칭의 교리이다."라고 정의했다.

교리를 더 세분화시키면 성서론, 신론, 기독론, 성령론, 창조론, 인간론, 죄론, 구원론. 성화론. 교회론. 계시론(계시의 충족성). 종말론 등을 말할 수 있으며, 이것을 일컬어 '조직신학'이라고 부른다.

그러나 사실 '교리'라는 것은 '신학'을 의미한다. 신학은 부정할 수 없는 학문임에는 틀림없다. 그렇다고 '신학'이 '생명'이 되지는 못한다. '생명'은 '진리'요, 예수 그리스도를 통해서 오는 것이다. 하나님은 우리에게 '교리(종교)'를 주지 않고 '예수'를 주셨다. 예수를 믿는 그 '믿음'이 가장 큰 '신학'이요 '교리'이다. 한국교회는 지나친 교리주의에 얽매여 오히려 교권의 도구로 이용되고 있는 현실이 안타까울 뿐이다.

전자에서도 서철원 박사가 언급했듯이 기독교 교리의 근본 핵심은 삼위일체와 기독론이다. 이는 다시 말해서 삼위일체되신 하나님을 믿고 예수의 성육신을 믿고, 이신칭의를 신뢰하면 정통교리를 따른다고 보아야 한다. 서박사는 아주 간단한 논리로 정통교리를 설명하고 언급하고 있다. 누구든 서박사의 언급처럼 이렇게만 믿고 따른다면 이단은 아니다. 그러나 안타깝게도 예장합동을 비롯한 대다수의 교단들이 이런 기준을 지키지 않은 채 이단 감별사 자신들의 잣대나, 교권이라는 다수의 힘으로 밀어붙이는 이단규정은 반드시 재고되어야만 한다.

교의는 공회나 교회가 설정한 권위적인 가르침으로 325년 니케아 회의와 381년 콘스탄티노플 회의에서 결정한 니케아 신경 같은 신조를 말한다. 그러나 이 교의는 성경적 교리에 상치될 경우 거부된다.

2.성경적 이단 판단 기준

이미 전자에서도 밝혔듯이 합동측 서철원 박사가 말한 기본교리는 **'삼위일체와 기독론'**이다. 그리고 여기에 **'이신칭의'** (예수를=믿음으로 의로워짐 : 구원얻음)를 더하고 있다.

예장통합측은 정치문답조항 제182문에서 **'예수를 참 하나님이요 우리의 구주로 확인하는 교파는 어느 파를 불문하고 다 마땅히 친목하고 환영하고'**라고 밝히고 있다. 전자에서 서철원 박사가 밝힌 것과 예장통합측이 만든 조항들은 기독교의 '기본교리'라고 필자는 믿는다. 이 기본교리에 어긋나지 않으면 이단은 아닌 것이다. 그런데 예장통합 측이나 합동 측은 이같은 기본교리를 만들어 놓고도, 이단을 규정할 때는 이 기준을 적용하지 않고 다른 잣대로 이단을 규정하는 것은 무슨 이유에서인가? 기본교리가 어떤 것인지 모르기 때문에 이런 과오를 범하고 있는가? 기본교리를 믿는 사람들까지도 이단으로 규정해 왔다면 지금이라도 과오를 시인하고 성경적 기본교리의 잣대로 재검증하기를 강력히 촉구한다.

본서 제6부에서 다루고 있는 대부분의 이단 시비 대상자들 중에는 위에서 언급된 기본교리를 100% 믿고 있음에도 불구하고, 이단으로 규정되고 있는 이유를 어떻게 설명할 것인가? 그리고 무어라고 변명할 것인가? 그래서인지 모 이단 연구가는 이런 말을 했다. **"구원받는 이단이 있고, 구원 못받는 이단이 있다"**는 해괴한 주장을 하기도 했다. 구원받으면 이단이 아니지 어떻게 구원받는 이단도 있다는 주장이 말이 되는가?

지난 2004년에 119개 교단으로 이루어진 사단법인 대한예수교장로회연합회(이하 예장연) 이단사이비대책위원회가 '정통과 이단 종합연구서'를 펴냈다. 예장연은 한국교회 최초로 성경적 이단판별 기준(잣대)을 만들어 이단시비 대상자들에 대한 기준 대별 결과를 연구서에 반영함으로서 한국교회에 커다란 파장이 일어나기도 했었다.

최근들어 한기총이 예장연 중복 가입교단에 대한 제명 등을 거론하며 압력을 가하자, 새로 개편된 예장연의 일부 임원들이 '정통과 이단 종합연구서'에 대하여 평가 절하하고 있어 아쉬움을 주고 있다.

2005년 12월에 개최된 예장연 정기총회에 내빈으로 초청된 '교회연합신문' 강춘오 발행인은 축사에서 "예장연이 발행한 '정통과 이단 종합연구서'는 일부 세력에 의해 어려움도 많이 겪었지만, 언젠가는 바른 평가를 받게 될 것"이라는 격려의 말을 남기기도 하였다.

본서가 가장 신뢰할 만한 성경적 이단 판단기준으로, 다음의 기준들을 신뢰하고 채택한다. W.C.C.(세계교회협의회) 및 한국교회 연합기관이나 몇몇 신학자들에 의해 정리된 '성경적 이단 규정 기준(잣대)'을 선정하여 정리한다.

"W.C.C의 헌장 및 '신앙의 직제'"

(1) 헌장
세계교회협의회(W.C.C.)란 성경을 따라 우리 주 예수 그리스도를 하나님과 구원자로 고백하고, 한 하나님, 곧 성부, 성자, 성령의 영광을 위한 공동의 소명을 함께 성취해 나가고자 하는 교회들의 사귐이다.

"예장 합동측 총신대학교 서철원 교수"

"기독교의 근본교리는 삼위일체 교리와 기독론 혹은 성육신 교리이다. 그리고 종교개혁의 이신칭의 교리이다."(서철원 교수 저 교리사 4p)

"이종성 박사(전 장신대 학장)"

"정통과 사이비와 이단의 판단기준은 성경적이고 복음적인 토대 위에 2천 년 동안 정통적으로 신봉해 온 교리나 신학적으로 바로선 첫째 신관, 둘째 그리스도관, 셋째 성령관, 넷째 성경관, 다섯째 교회관, 여섯째 인간관, 일곱째 종말관 등에 있어서 일곱 가지 교리를 전적으로 믿는 입장을 정통이라 하고, 부분적으로 믿을 때 사이비라 하고 전체를 반대할 때 이단이다."

"한국기독교총연합, 한국교회이단사이비대책협의회 기준"

위 기관은 전자에서 언급되어진 성경적 이단 판단 기준에 동의한다. 그리고 이를 세분화하면 다음과 같다.

(1) 성서론

신구약 성경 66권만이 하나님의 말씀이며 정경이다. 하나님의 영감으로 기록되었다(딤후3:16~17, 벧후1:21).

(2) 신론

하나님은 스스로 계시며, 사랑이시고, 홀로 한 분이시다(신6:4, 요17:3, 고8:4). 하나님은 본질에 있어서 한 분이시나 삼위로 계신다(요1:14, 18; 15:26; 19:30; 6:44, 마24:36, 행1:7, 엡 1:13)

(3) 기독론

예수 그리스도가 하나님의 아들로써 사람이 되셨다는 것과(요1:14), 그가 하나님이시요, 또한 사람이시며, 하나님과 사람 사이의 유일한 중보자가 되신다(딤전2:5, 엡2:13~16).

(4) 성령론

예수 그리스도께서 부활 승천하신 후 성부와 성자로부터 보내심을 받아 오신 성령이(요15:26, 16:7) 신자에게 임재하시면서 신자들을 은총 안에 머물게 하시고, 가르치시고, 구원으로 이끄시고, 성장케 하신다. 따라서 성령은 성부와 성자와 동일한 인격을 가지신 영이시다.

(5) 인간론

원래 하나님의 형상대로 지음 받았으나, 범죄로 인해 타락하여 죽음과 비참한 상태에 놓이게 되었다. 하나님의 은혜로 구원받고 하나님의 창조의 본래 목적을 이룩하기 위해 살아가는 존재이다. 인간의 조상은 아담과 하와가 하나님께 불순종하여 금지된 열매를 먹고 타락하여 에덴동산에서 추방되었고, 그 결과 그의 후손들은 처음부터 하나님과 분리되는 원죄를 가지게 되며, 거기에서 모든 범죄가 나타나 인간을 부패케 한다.

(6) 구원론

인간의 범죄로 인해 하나님과 격리되고 그 결과 인간 사이에도 부조화와 온갖 불행의 상태에 놓여졌으나 하나님의 은혜로 인하여 믿음으로 말미암아 구원받아(엡2:5~8), 다시 하나님과 화목하여 그의 자녀가 되고, 구원의 축복을 누리다가 세상의 종말에 부활함으로 우리의 구원이 완성될 것을 믿는다. 인간의 구원은 하나님의 섭리에 따르는 은혜로써 이루어진다(창15:6, 합2:4, 롬3:24, 6:23). 구약 시대에 있어서 인간은 하나님의 율법을 지키도록 명령을 받았으나 그 명령을 지키지 못했으므로 율법의 저주 아래 있게 되었다(창2;16, 17, 호6:5, 갈3:10).

구원은 하나님이 주시는 은혜로서 믿음에 의한 것이나 믿음에는 회개가 따른다. 회개는 하나님에 대한 불순종과(롬5:17~19). 원수의 관계에서(엡2:14~15, 고후5:18, 19), 화목의 관계로 돌아서는 것을 의미한다. 그러므로 회개를 경험하지 않고는 구원을 체험할 수 없다.

사람은 믿음으로만 값없이 의롭다 하심을 받는 동시에(롬3:24, 8:1), 하나님의 자녀의 특권을 누리게 된다(요1:12, 롬8:17). 믿음으로 구원받은 그리스도인은 완전히 의롭게 되거나 성화가 되지는 못하나 하나님의 자녀에 합당한 생활을 해야 한다(빌3:2).

(7) 교회론

우리는 교회가 시대와 지역과 종족과 인간의 계급을 초월한 그리스도의 몸임을 믿는다(엡1:23, 4:16).

교회는 그리스도인들의 신앙생활을 공고히 하기 위하여 말씀으로써 훈련하며, 필요에 따라 권징을 시행한다. 교회는 구약시대에서 그 예표를 찾아볼 수 있으며 예수 그리스도가 이 세상에 오셔서 제자들을 불러 그의 일을 맡겨 주심으로 보이는 교회의 원형이 되었다.

(8) 종말론

우리는 개인과 역사의 종말이 있는 것과 하나님의 마지막 심판에 의해서 우리의 구원이 완성되고 하나님의 나라가 완성될 것을 믿는다(롬 14:10, 고후5:10). 사람이 죽으면 육체는 흙으로 돌아가나(창3:19, 행 13:36), 그리스도인의 영혼은 하나님께로 돌아간다(히12:23, 고후 5:1,6,8, 눅23:43).

성경은 누가 적그리스도이며(요한1서 2장22절), 어떤 영이 하나님께 속한 영인가를 말씀하고 있다. 요한1서 4장 2~3절에 "**하나님의 영은 이것으로 알지니 곧 예수 그리스도께서 육체로 오신 것을 시인하는 영마다 하나님께 속한 것이요, 예수를 시인하지 아니하는 영마다 하나님께 속한 것이 아니니 이것이 곧 적그리스도의 영이니라**"고 말씀하셨다.

어떤 이단 시비 대상자이든지 간에 예수의 육체로 오심을 시인하는지를 점검해 보면 금방 이단 여부가 판별될 수 있는 것이다. 또 요한1서 5장1절에 "**예수께서 그리스도이심을 믿는 자마다 하나님께로서 난 자니**"라고 말씀하셨다.

이단은 구원을 받을 수 없다. 구원을 받을 수 있다면 이단은 아니다. 구원은 어떻게 성취되는가? 논리가 단순하다. 롬10장 9~10절에서 "**네가 만일 네 입으로 예수를 주로 시인하며 또 하나님께서 그를 죽은 자 가운데서 살리신 것을 네 마음에 믿으면 구원을 얻으리니, 사람이 마음으로 믿어 의에 이르고, 입으로 시인하여 구원에 이르느니라**"고 말씀하셨다. 곧 내가 죄인임을 깨닫고 나의 죄를 대신해 예수께서 십자가에 못 박혀 죽으심을 믿고, 그 예수를 내 마음의 구주로 받아들이면 구원은 성취되는 것이다. 구원은 인간의 공로로 이뤄지지 않으며 하나님의 선물로 주어지기 때문에 은혜라고 말씀하고 있다(엡2:8).

이처럼 구원이란 가장 본질적인 믿음으로 말미암아 단순하게 이뤄지는 것이지, 성경을 교리적으로 신학적으로 정확하게 이해되어야만 구원을 얻는 것은 아니다. 일반 많은 성도들이 교리적, 신학적인 지식을 터득해서 구원을 받는가? 그렇지 않다. 성도들이 삼위일체나 기독론에 대하여 깊은 신학적 지식이 없거나 다소 부정확하게 이해한다 하더라도, 단순하게 예수를 믿음으로 구원을 받는다. 그렇다고 교리나 신학을 무시하는 것은 아니다. 하나님을 더 잘 섬기고 이해하기 위해서는 교리적 연구가 필요하다. 이같은 필자(筆者)의 논지에 대하여 이의가 있는가? 아니면 비성경적 부분이 있는가? 만의하나 필자의 이같은 판단이 잘못되었거나 비성경적이라면 성경적 답을 제시해 주기 바란다. 다른 방법으로 구원얻는 길이 있다면 가르쳐 주기를 바란다.

한국교회에서 소위 이단 연구가로 힘을 과시하고 있는 사람들과, 이들의 주장을 그대로 받아들인 교권의 힘으로 이단을 정죄한 교단들이 자신들의 주장과 반하는 결정을 하였다 하여, 또는 자신들의 과오와 문제들을 낱낱이 지적하였다 하여 필자에 대하여 무조건 돌을 던진다면 맞을 수 밖에 없다. 그러나 필자는 십수 년간 이단 연구를 해오며, 한국교회내 이단을 연구한다는 사람들에 대한 긍정적 부분과 부정적 부분을 잘 알고 있다. 그리고 무엇이 문제인가도 잘 알고 있다. 뿐만아니라 이단시비 대상자들에 대해서도 많은 부분들에 대해 조사하고 연구해 보았다.

일부 대교단들이 성경적 이단 판별의 기준없이 무분별하게 이단 사이비로 결정한 부분들에 대하여 이제라도 대교단들은 재검증을 해야만 한다. 그리고 바른 성경적 잣대로 규정해야 하며, 반드시 대상자와의 면담, 해명 등을 들은 후 결정을 하여야 한다. 그리고 기준에 따른 대별 결과를 적용한 후 이를 분명하고 투명하게 밝혀야 한다.

필자는 과거 고인이 되신 탁명환소장과 함께 필자가 운영하던 신문사와 자매결연을 맺고 같은 맥락의 연구 활동을 해왔다. 그러나 탁소장 소천이후 필자는 독자적 노선의 객관적 이단 연구에 심혈을 기울여 왔다. 이 때문에 대교단들이나 연합단체, 소위 이단감별사들, 그리고 이들의 하수인이며 꼭두각시 역할을 철저히 수행하고 있는 소위 이단연구 매체들에 의해 지금까지 핍박을 받아 오고 있다. 때로는 '이단옹호자' '이단옹호언론' 이라는 불명예를 안고 말이다. 그러나 언젠가는 진리와 공의가 승리하는 법을 알기에 핍박속에서도 정의를 외치고 있는 것이다. 진실이 무엇이고 불의가 무엇인지를 알고 있는 한, 목회자의 신앙 양심상 더 이상 침묵할 수 없다.

불법과 정의가 어떤 것인지를 알면서도 자신에게 미쳐질 불이익 때문에 그 진실을 과감히 밝히지 못한다면, 목사 됨을 포기해야 한다. 다만 누군가는 불법을 바로 잡고 진실을 밝혀야 하며, 잘못된 관행은 과감하게 바로 잡아야 한다는 사명감에서 이 일을 하고 있는 것이다. 이 점을 독자 제현께서는 널리 이해해 주길 바랄 뿐이다.

일부 이단 시비 대상자들에게 이단이라는 굴레를 씌우기에 앞서, 이들 대상자들이 예수를 하나님의 아들로 고백하며 믿고 있는지를 파악해 본다면 이단 여부를 쉽게 분별 할 수 있을 것이다. 성경에서 말하고 있는 이단 관별 기준을 무시하고, 이들의 설교나 서서 등에서 신학석으로 문제될 만한 내용을 분석한 후 트집삼아 이단으로 정죄하는 일은 신앙적이지 않다.

제5부 정통과 이단의 정의

제1장 정통(orthodoxy)의 정의

1. 정통의 개념과 모순점

정통(正統)이란 옳고 바른 것을 뜻하는 헬라어 '오르도스'(orthos)에서 연원하여 본래의 학설이나 교의(敎義)를 올바르게 계승한 주류를 일컬어 정통이라 불려졌다. 사실 정통이란 사도교회를 계승한 가장 완전한 교회라는 뜻을 가지고 있다. 그러나 정통을 자처하는 많은 사람들이 자신들의 입장과 반하는 부류에 선 사람이나 집단들을 가리켜 과감하게 '이단'으로 매도해 버렸다.

이런 개념에 따라 당시의 유대교 지도자들은 자신들이 지켜온 율법적 내지 인간적인 전통을 거부하고 그들과 다르게 믿거나 주장하는 나사렛 예수와 그를 따르는 모든 제자들을 '나사렛 이단'으로 정죄하고 당당하게 고소했다. 이런 논리에 비추어 볼 때 당시 유대교는 정통이었고, 예수를 따르는 사람들은 비정통이거나 이단취급을 받았다.

"우리가 보니 이 사람은 염병이라. 천하에 퍼진 유대인을 다 소요케 하는 자요, 나사렛 이단의 괴수라" (행24:5).

이 말은 유대교 지도자들이 바울 사도에 대해서 한 말이다. 나사렛 이단이란 예수님을 가리키고 있다. 말하자면 예수님이 이단이며, 바울 사도는 이단의 두목이라는 이야기이다. 당시 유대 종교지도자들에 의해서 예수님과 제자들은 이단시 되었지만 하나님 앞에서는 결코 이단이 될 수 없었다. 다른 사람들로부터 이단이라는 말을 듣는다고 해서 정말 이단이 되는 것은 아니다. 또 남을 이단이라고 정죄한다고 해서 그들 자신이 정통이 되는 것도 아니다.

사도교회가 세워진 후 교회 내부에서 사도들의 가르침과 다른 주장이 일어나기 시작했고 또 그들이 당을 짓고 세력을 형성하게 되자 사도들은 이들을 경계하며 이단이라고 규정했던 것이다.

" 그러나 민간에 또한 거짓 선지자들이 일어났었나니 이와 같이 너희중에도 거짓 선생들이 있으리라. 저희는 멸망케 할 이단을 가만히 끌어들여..." (벧후 2:1).

사도들은 이단이라는 말을 듣기도 했고 또 이단이라는 말을 쓰기도 했다(딛3:10, 갈5:20). 이단은 확실히 존재한다. 그러나 어느 특정 교단에서 이단으로 규정했다고 또는 많은 사람들이 이단이라고 부른다고 해서 다 이단이 되는 것은 아니다.

기독교 사상가들 중 한 사람인 오리겐(Origen, 185~250)의 가르침은 그 당시에는 정통으로 수용되었으나 4, 5, 6세기에는 격렬한 논쟁을 불러 일으켜 그의 교리중 어떤 것은 알렉산드리아 및 553년 콘스탄티노플 회의에서 이단으로 정죄되기도 하였다.

중세 종교개혁 이후에도 가톨릭교회(천주교)를 떠나 개신교회로 이동한 신자들이나 교회들에 대해 가톨릭교회는 자신들이 정통이고 개신교회는 모두 이단이고 비정통이었다. 종교개혁자 루터가 속죄권 판매를 반대한 일로, 즉 연옥의 존재에 대한 교리를 부정한 것으로 말미암아 이단으로 정죄받았다. 또한 교황의 무오설이 가톨릭 신앙의 본질적인 교리라고 선포했을 때 그 교리를 수용하지 않은 자는 모두 분리주의자요 이단으로 정죄되었다.

종교개혁자 마틴 루터가 가톨릭의 교리에 대항하여 종교개혁을 일으켰을 때 이단으로 정죄받았다. 가톨릭에서는 지금도 여전히 기독교를 이단시한다.

가톨릭교회의 이단 판정기준(교리문답에서)
"이단이란 무엇인가?
이단이란 가톨릭교회가 하나님께서 계시하신 것으로 가르치는 특정한 진리를 분명히 알면서도 고집을 가지고 이에 반대하며 자기가 원하는 대로 믿을 것과 믿지 않을 것을 자신을 위해 스스로 선택하는 그리스도인으로 영세받은 신자이다."

청교도들도 영국에서 이단으로 몰리자 종교의 자유를 찾아 신대륙으로 건너갔으며 거기서 기독교를 부흥시켰다. 그들은 당시 용납될 수 없는 이단자들이었지만 오늘날에는 그들을 기독교의 선봉자들로 여기고 있다.

이처럼 정통은 기독교의 진리와 동의어가 될 수 없다. 교회사적으로 볼 때, 한 시대가 정통으로 취급한 것이 다른 시대에는 이단으로 정죄 받았고, 반대로 한 시대 이단으로 취급되었던 것이 다른 시대에는 정통으로 인정받기도 했다. 대개 교회사적(敎會史的)인 사례에서 볼 때 정통이란 다수의 견해를 의미했고, 비정통이나 이단은 소수를 의미했다. 정통이냐 이단이냐 하는 것은 신앙관(信仰觀)에 따라 다르기도 했지만 지역에 따라 다르기도 했다. 그렇기 때문에 정통이란 종다수의 개념으로 판단될 수 없는 것도 사실이다. 대부분 소수의 아주 작은 분파가 옳았으며 다수의 세력이 이단이거나 비정통인 경우가 많았다. 이런 사례는 성경이나 교회사적으로 볼 때 그 예를 얼마든지 찾아볼 수 있다.

현대의 정통교회는 소수의 사람들이 그 당시 자신을 희생시키면서 다수의 의견에 반대하여 믿음을 지키며 순교당한 이들에 의해 계승되어져 온 교회이다. 좋은 예로 예수님을 비롯한 사도들과 바울 등 기독교의 창시자들도 이단이란 낙인이 찍혀 박해를 받았다.

이렇듯 정통과 이단의 정의가 간단치 않다는데 매우 유의해야 한다. 기독교 이단이 정통 신앙으로부터 이탈한 것이라고 정의하기는 쉬우나, 반면에 정통 자체를 정의하기란 쉽지 않다. 흔히 말하는 "성경적인 것은 정통이요 성경적이 아닌 것은 이단이다"라는 말은 너무나 단순화된 표현이며 매우 위험한 논리다. 가령 성경을 해석하고 교리를 주장할 때 각 교파마다 또는 개인마다 차이가 있을 수 있다. 예로 장로교와 감리교, 오순절 교파 등의 교리나 성경해석에 교파간 차이가 있다. 그렇다면 성경적인 것은 오직 하나뿐이며 다른 것은 비성경적으로 전제되어야 하며, 이를 비약해서 해석한다면 교리나 해석이 다른 둘 중의 하나는 이단이 될 수도 있다는 논리가 성립될 수 있다.

그러나 이런 교리나 성경해석 차이를 가지고 서로 이단으로 매도하지 않는 이유는 우리 기독교가 성경해석의 다양성을 인정하고 있다는 점 때문이다. 때로는 교단의 특수성이나 그 교단에 대한 고백적인 충성을 나타내는 것이기 때문에, 반드시 그 교리가 기독교의 정통 교리와 일치한다고 볼 수 없다. 만일 그 교단에서 안수받기를 원한다면 그 교단이 정한 교리에 순응하고 서약해야 하기 때문이다.

가령 오순절계통의 방언문제와 장로교의 예정설 등이 이에 해당 될 것이다. 미국의 경우 동성연애자 안수문제 등도 거론될 수 있을 것이다. 오순절(예:일명 순복음교회, 하나님의 교회 등) 교회 등에서는 성령론 교리에서 방언의 경우 구원받은 외적증거로 채택하고 있는 반면, 장로교 등 보수적 교회 등에서는 방언은 정경(正經)이 완성되기 이전인 사도시대에만 국한되었던 은사로 정경이 완성된 이후에는 방언의 은사가 필요치 않기 때문에, 현대에도 방언을 하는 것은 비성경적인 것이라고 판단한다.

이미 전자에서도 언급되었지만 성령론에서의 방언, 예언, 입신 등과 같은 다양한 은사들에 대하여 장로교는 사탄적 역사로, 오순절계는 성령의 역사로 인정하는 등 극과 극의 견해차이로 인해 둘중의 하나는 성경적인 주장이 아님에도 불구하고 서로 이단시하지 않고 있다.

장로교는 칼빈주의 예정설인데 비해 감리교나 오순절 등은 자유의지를 강조하고, 반면에 침례교는 교리나 신학보다는 성서 중심의 신앙을 강조한다. 그런가하면 그리스도의 교회는 침례를 받아야 구원받는다고 강조하고 침례교회는 그것을 의식으로 강조한다. 감리교와 성결교는 똑같은 웨슬레이즘이지만, 성결교는 요한 웨슬레이즘에 알미니안주의를 가미해서 행위를 강조한다.

이처럼 상호 교리차이가 분명히 있음에도 불구하고, 성경적인 정확한 답은 하나일 것이며, 이 경우가 정통에 해당되는 것이며, 이와 다른 해석은 비정통내지는 이단으로 규정될 수밖에 없음에도 불구하고 상호 이단시 하지 않는다. 이렇듯 정통이란 정의는 쉽게 단정할 수 없다.

20세기 기독교의 영광인 에큐메니칼 운동은 각 교파간의 차이점에도 불구하고 교파간의 다름을 이해하고 같음을 장려하며 서로 그리스도 안에서 한 형제되는 고리 역할을 했다. 1927년에 로잔느에서 개최된 에큐메니칼 회의는 "우리들 사이에 교리적인 다툼에도 불구하고 우리는 성경에서 선포되고 사도신경과 니케아 신조라는 에큐메니칼 신조에서 입증되고 지켜진 공통적인 그리스도인의 신앙안에서 연합되었다"라고 했다.

1937년에 에딘버러 회의에서는 "우리는 우리 주 예수 그리스도, 즉 하나님의 성육신하신 말씀의 믿음 가운데 하나이다…"라고 했다. 또 1948년에 W.C.C(세계교회협의회)는 회원의 요건을 예수를 "하나님과 구세주"로 인식하는 것이라고만 했다.

그러나 우리나라에서는 W.C.C의 노선을 지지하는 대표적 기구인 KNCC(한국기독교교회협의회)의 중심적인 교단인 대한예수교장로회 통합 측이 W.C.C의 입장과 다른 잣대를 가지고 예수를 구세주로 믿으며, 사도신경에 담겨진 신앙고백을 모두 인정하는 30여개에 이르는 교회나 개인들에 대해서까지 무분별하게 이단으로 규정하고 있음은 문제의 심각성이 크다 할 것이다.

다음은 교회연합신문 연지골에 실린 강춘오 발행인의 칼럼이 이를 잘 대변해 주고 있다.

『정통은 어디에도 없었다』

"신들의 나라 그리스와 소아시아에 다녀왔다. (중략) 정교회는 로마 가톨릭 교회와 달리 프로테스탄교회들이 중심이 된 세계교회협의회(W.C.C)의 정회원이고, 한국기독교교회협의회(KNCC)의 회원교회로 함께 교회의 연합과 일치를 위해 기도하고 있다.

그런데 그리스 정교회는 놀랍게도 중세 타락한 교황주의 교회를 개혁하고 성경적인 예수 그리스도의 교회로 회복한 프로테스탄트교회, 즉 개혁교회를 아직도 '이단'으로 보고 있다는 사실을 확인할 수 있었다. 그래서 한국의 장로교 선교사는 이단교회 목사이므로 선교사 비자가 거절되고 장로교 교인들이 정교회에서의 예배행위도 금지되고 있다.

그렇다면 세계교회에 이단 아닌 교회가 어디에 있다는 말인가. 로마 가톨릭교회는 그리스 정교회를 이단이라 하고, 그리스 정교회는 로마 가톨릭교회와 개혁교회를 모두 이단이라 하고, 개혁교회는 또 저들을 이단이라 하는 이상한 이단정죄가 결국 오늘의 세계 기독교를 생명력 없고 맥없는 하나의 전통적 종교(traditional religion)로 전락시키고 있다는 사실을 발견하고 두려움에 떨었다.

니케아(Nicene, 325년), 콘스탄티노플(Constantinopolitan, 381년), 에베소(Ephesus, 381년), 칼게돈(Chalcedon, 451년) 회의 등이 열려 기독교의 교리와 신조를 확립한 교회들이 줄줄이 늘어서 있던 소아시아 지역의 그 교회들은 지금 어디로 갔는가. 그들은 모두 교회사의 이단 시비로 그 화려했던 역사와 전통을 모두 말살 당한채 그 형해(形骸)만 남아 순례객들의 마음을 아프게 한다.

결국 역사에서 이단 아닌 교회는 어디에도 없는 셈이다. 다만 자신이 믿는 신앙과 교리만이 정통(正統)이라고 믿고 있을 뿐이다. 이는 기독교의 윤리적 패배요 예수그리스도께서 피흘려 산 하나님의 백성을 분열시키고 형제를 정죄하는 행위에 지나지 않는 것이다. 그로 인해 교회는 생명력을 잃고 결국 역사의 무대에서 사라져 간다. 한국교회도 예외가 아니다. 이단 시비가 많은 교회치고 건강한 교회가 없다는 말을 깊이 음미해볼만 하다.

'정통은 어디에도 없다' 는 주장을 나는 80년대 말부터 해왔다. 16세기 말부터 17세기 초에 키릴 루카리스(Cyril Lucaris)라는 대주교가 있었다. 이분은 칼빈주의적 신학사상을 가지고 있었다는 이유로 여러 번 콘스탄티노플 대주교직의 면직과 복직을 되풀이하다가 결국 술탄(Sultan)의 명령에 의해 교수형 되었다. 이분이 자신의 신학사상 때문에 순교자 반열에 오르지 못했다. 이분은 자신의 신앙을 지키다가 타의로 죽었으므로 분명히 순교자이다.

고 탁명환 씨나 고 김선일 씨와는 차원이 다른 죽음이다. 그리스에서는 그리스 정교회가 국교이다. 이와 정반대로 제2차 바티칸공의회 이후로 천주교는 개신교에 대해서 개방적이 되었다. 이것은 술수나 계략이 아닌 진실이다."

2. 정통의 역사

교회사적으로 볼 때, A.D. 500년 이전까지 확정된 정통교리는, 하나님에 관하여는 니케아공의회(A.D.325)의 삼위일체론을 들 수 있고, 하나님에 관하여는 콘스탄티노플공의회(A.D.381)의 성령론을 들 수 있으며, 예수 그리스도에 관하여는 펠라기우스를 정죄하고 어거스틴의 은총의 신학을 높인 에베소공의회(A.D.431)의 구원론과, 어거스틴의 극단적인 예정론과 은총론을 약간 둔화시킨 제2차 오렌지공의회(A.D.529)의 구원론을 말해야 한다.

이상에서 보듯이 A.D.500년까지의 지중해 세계에 두루 퍼져 있던 보편교회(the Catholic Church)의 공의회의 결정은 어떤 교회나 교파가 보편교회에 속하는가 아닌가를 가리는 표준이었다. 특히, 어거스틴에게 있어서 가톨릭교회의 가톨릭시티는 점차 '정통'이라는 개념과 동일시되어 갔다.

A.D.600년 이후 16세기 종교개혁 이전까지는 소위 로마 가톨릭교회가 초강대 교회로 성장하면서, 가톨릭에 의해서 작성된 제21차 에큐메니칼 공의회라 불리는 트렌트공의회의 교리확정은 개신교의 신학과 행습을 정죄하는 표준이 되었다.

그러나 로마 가톨릭의 위세는 종교개혁으로 강도가 낮아졌고, 따라서 가톨릭과 개신교간의 갈등이 증폭되었다. 개신교 종교개혁이 로마 가톨릭과 충돌한 이유는 삼위일체론, 성령론, 기독론에 있었던 것이 아니라 주로 구원론에 있었고, '전통'(vs. 복음과 오직 성경:Sola Scriptura)과 '교황주의' 및 '교회론'에 있었다.

1618년 화란의 도르트회의에서 정통 칼빈주의가 아르미안주의를 이단으로 정죄한 것과, 미국의 청교도들이 교회의 국가와 사회참여 문제로 퀘이커교도들을 추방하거나 정죄한 후 목매달아 죽인 사건 역시 17세기(1660년대)의 일이었다.

서양의 교회사에 비추어 보면 개신교의 이단시비는 일단 17세기로 끝나고 18세기 계몽주의와 19세기 자유주의 시대를 맞아 개신교는 교파다원주의 원칙을 지향하고 있으며, 개신교내에 이렇다할 회의를 열지 않음으로서 교리로 인한 정통시비로 교회들이 말려들지 않았다.

그러나 가톨릭은 1870년대의 제1바티칸 공의회와 1962년의 제2바티칸 공의회를 통해서 자신들의 정통성을 계속 표명하고 있었으나 개신교와는 더 이상 충돌이 많지 않았다. 이후 개신교는 16세기에서 20세기에 이르는 동안 수 없이 많은 교파들을 탄생시켰고, 개신교는 성경해석의 차이로 성경의 어느 부분 등을 강조함으로서, 주님의 몸된 교회가 불가피하게 갈라지고 찢겨져 오면서도 '하나의 거룩한 보편적 사도적 교회'라고 고집하면서 이어오고 있다.

20세기의 정통과 이단시비를 어떻게 가려야 하는지에 대해 대한예수교장로회 통합 측은 '고대 에큐메니칼공의회의 교리결정들과 W.C.C.의 헌장 및 '신앙과 직제'의 신학이 가장 합당한 표준이 아니겠는가?'라고 정의하고 있으나, 통합측의 주장처럼 과연 W.C.C.가 설정한 정통교회의 표준이 과연 다양성을 추구하고 있는 현대 교회들의 신앙, 신학 등 직제 등과 100% 일치하는지와, 이와 일부분에서 다르다고 하여 비정통으로 규정해야 하는지에 대하여는 충분한 검토가 필요하다고 본다.

본서에서는 정통이란 현재 보편적 교회들이 추구하고 있는 삼위일체론, 성령론, 기독론, 구원론, 성경관(론) 등에서 중심적인 부분들이 일치된다면 정통교회로 인정해야 할 것이다. 그러나 정통교회로 언급되는 주요 교리에도 각 교파간 신학적, 또는 성경해석상 견해차이 등은 상호 인정해야만 할 것이다.

제2장 이단의 정의

1. 이단이란 단어의 의미

이단(異端)이란 한자어의 뜻은 "시작은 같으나 끝이 다르다"이다. 그러나 성경에서 말하고 있는 이단의 의미는 끝이 아니라 시작부터 다른 것을 의미하고 있다. 중간에는 더 다르고, 끝에는 더 다른 것이 이단의 특징이기도 하다.

이미 전자에서도 언급되었듯이 한국교회내 자칭 이단 연구가로 자처하는 월간 '**교회와 이단**'을 발행하는 이대복씨는 그의 저서에서 이단이란 개념을 설명하면서, 이단이란 성경적 개념으로 **"넓은 의미에서 말하면 하나님 진리에 거슬리는 것이며, 좁은 의미에서 말하면 하나님이 싫어하는 신앙생활을 의미할 수 있다."**라고 정의하고 있다.

그러나 이단에 대한 이런 정의는 성경적이지 아닐 뿐 아니라 이단의 개념조차 모르고 주장하는 정의이다. 하나님의 자녀들인 구원받은 백성들이 100% 하나님 진리에 거슬리지 않고 사는 사람이 어디 있겠으며, 하나님이 싫어하는 신앙생활을 하지 않는 사람이 또 어디 있겠는가? 이렇게 주장하는 이씨 자신은 하나님 진리에 완벽하게 순응하며 살고 있는가? 구원받은 백성이라 할지라도 하나님 진리에 완전하게 지키며 사는 사람은 단 한 사람도 없다. 다만 지킬려고 노력해 가고 있을 뿐이다. 이런 논리대로 라면 이 세상에 이단 아닌 사람이 어디 있겠으며, 그의 논리대로라면 이런 의미로 이단의 정의를 내리는 이씨 자신 또한 스스로 이단이 되는 셈이다.

성경에서 말하는 이단은 기독교 진리와 '본질적으로 다른' 것을 의미한다. 이단에 해당하는 헬라어는 '하이레시스'($αιρεσις$)로서, 주로 '어떤 견해의 선택' (마12:8), '당파' (행5:17;15:5;28:22), '분리' (고전11:9), '이단' (행24:14, 갈5:20, 딛3:10) 등으로 번역이 되었다. 다시 말하면 헬라어의 '하이레시스'는 "어떤 특정한 확신과 신념을 믿는 단체 혹은 분리된 분파"로 해석될 수 있다.

그렇다고 해서 단순히 분리, 당파, 어떤 교리의 선택 등이 정통과 이단을 구분 짓는 절대 기준은 될 수 없다. 물론 신약성경에서 어떤 특정한 가르침을 선택하여 신봉하는 무리들에게 '하이레시스'란 말이 사용되었다. 예를 들어서, 사두개파(행5:17), 바리새파(행15:5), 사람들이 예수를 따르는 무리들을 지칭하는 '나사렛 이단' (행24:5)도 바로 이 용어로 표현되었다. 그렇지만 분파(sect)는 이단이 아니다. 신약성경에서의 '하이레시스'는 분파성보다는 차별성 때문에 사용된 것으로 보인다. 따라서 '하이레시스'는 이단으로 번역되기 보다는 '당파' 혹은 '분파'로 번역되는 것이 타당하리라고 본다.

그런가하면 성경에서는 이단의 가르침과 관련하여 '헤테로스'($ετερος$)가

'하이레시스'보다 자주 사용되어지는 것을 볼 수 있다. '헤테로스'의 용례를 보면, 사도행전 4장 12절에 '다른 이'와 '다른 이름'으로서, 결코 구원은 예수 그리스도외에 '다른 이'나 '다른 이름'을 통하여 이루질 수 없으며, '예수 이름' 외에는 그 어떠한 '다른 이름'을 통해서 구원을 얻을 수 없음을 얘기하고 있다. 만일 '다른 이름'을 통해서 구원을 받을 수 있다고 주장한다면 이는 명확한 이단으로 규정할 수 있다.

고린도후서 11장 4절에 '다른 영'과 '다른 복음'도 역시 마찬가지이다. 예수의 영 외에 '다른 영'을 전하다거나 이신칭의(以信稱義, Justification by faith)를 부인하고 '다른 복음'을 전하면 역시 이단인 것이다.

갈라디아서 1장에 나타나는 '다른 복음'이다. "예수 그리스도의 은혜로 너희를 부르신 이를 이같이 속히 떠나 다른 복음을 좇는 것을 내가 이상히 여기노라"(갈1:6, 참고 7, 8, 9절)에서 '그리스도의 은혜의 복음' 외에 다른 중보를 내세운다거나 혹은 율법의 행위를 첨가하는 사상 역시 이단인 것이다.

한국교회내 이름 있다는 소위 이단 연구가들 중에는, 사도신경 고백 여부와 유아세례 여부, 윤리적 문제 등을 이단 판별 기준에 넣는 우스운 일도 있다.

종교 연구가였던 고 탁명환 소장은 '정통 기독교 진리의 기준'을 논하면서 이단여부를 분별할 수 있는 열 한가지 항목을 열거하면서, '윤리 도덕성 등으로 이단 여부를 살펴보아야한다' (기독교이단연구 47p)라고 정의했다. 탁소장의 주장대로 만일 윤리적 문제가 이단 판별의 기준이 된다면, 탁소장 자신은 이 문제에 있어서 자유했었는지 되묻지 않을 수 없다. 한 예로, 얼마전 예장 OO측의 대표적 지도자 가운데 한 사람인 증경총회장이며, 전통있는 교회를 담임하는 Y목사는 교인 성추행사건으로 교계를 떠들썩하게 했다. 감리교의 모 중진인사도 이런 문제로 진통을 겪었다. 이처럼 윤리적인 문제는 기성 목회자들 속에서도 비일비재하게 나타나고 있다. 그렇다고 이들 목사들이 이단인가? 그렇지 않다. 교리적 문제가 아닌, 윤리적인 문제가 이단 판별 기준 중 하나라면, 우리 한국교회는 모두가 다 이단일 것이다. 그러기 때문에 윤리 도덕적 문제는 이단 판별 기준이 될 수 없다. 오로지 교리적 측면에서만 이단 판별이 가능한 것이다.

한국교회 내에서 이단에 대한 정의를 내리고자 할 때, 반드시 용어의 적용과 해석에 주의하여 이단이란 용어를 사용해야 하며, 이단을 규정할 수 있는 분명한 잣대가 마련되어야만 한다. 그러나 대교단들이 그렇지 못한 현실이 애석할 뿐이다.

2. 성경적인 이단의 정의

이단은 본질적으로 '다른 신앙과 신학'을 말한다고 볼 수 있다. 다시 말하면 '본질적으로 다른 복음', '본질적으로 다른 이름'을 전하는 자들이다.

따라서 첫째, 이단은 예수 그리스도의 완전한 신성과 완전한 인성가운데 어느 한쪽을 부인하면 이단이다. 예수 그리스도께서 성부 하나님과 '동일본질'(Homoousios)인 '참 하나님'(vere Deus)임을 부정하거나 예수 그리스도께서 '참 사람'(vere homo)임을 부정하는 것이 이단이며, 적그리스도적인 사상이다.

둘째, 이단에 속한 무리들은 복음을 말하면서도 성경이 말하는 복음과는 다른 복음을 전한다. 가령 영지주의자들이 이에 해당한다. 순수한 예수 그리스도에 대한 믿음 외에 다른 행위를 첨가하여 구원을 얻는다고 말하면 이단이다.

셋째, 예수 그리스도 외에 다른 중보자를 세우는 것 역시 이단이다(딤전2:5, 히8:6). 즉 마리아나 다른 인간을 중보자로 세우면 이단이다.

넷째, 이단은 예수 이름 외에 다른 이름을 전한다(행4:12).

다섯째, 이단은 성령과 질적으로 다르고 예수의 영과도 다른 영을 전파한다.

3. 사이비의 정의

사이비(似而非)란 단어는 원래 맹자의 진심편(盡心編)과 논어의 양화편(陽貨編)에 나오는 말로서, '나는 사이비한 것을 미워한다'고 말하고 '사이비는 외모는 그럴듯하지만 본질은 전혀 다른 것, 즉 겉과 속이 전혀 다른 것을 의미하며 선량해 보이지만 실은 질이 좋지 못하다'는 말로서, 간단히 요약하면 '진짜같이 보이지만 사실은 가짜' 라는 뜻으로서 사이비란 단어가 기독교내에서 사용되어진다면 이단이란 용어와 같이 사용되어져야 한다. 이단이란 진짜같이 보이지만 사실은 가짜를 의미하기 때문이다. 이런 측면에서 볼 때 한국교회에서의 '이단'과 '사이비'에 대한 용어 의미가 다시 정리되어야 할 것이다.

이미 전자에서도 말했듯이 예장통합 측은 사이비에 대하여 "사이비는 이단이라고 할 수 없지만 이단과 다름없이 폐해가 큰 경우, 사이비성은 사이비보다는 덜 하지만 교류나 참여금지 등 규제가 필요한 경우에 사용하는 것이 좋다."라고 용어 규정을 하고 있으며, 예장 합동측은 "합동의 경우 사이비라는 개념 대신 이단성이라는 용어를 사용한다."고 말해 통합측과 개념차이는 별로 없으나 '사이비'라는 원래의 용어와는 맞지 않게 사용해오고 있다.

4. 국내.외 신학자 및 소위 '이단 연구가' 들의 견해

(1) 국내.외 신학자들 견해

외국의 신학자중 슐라이에르마허(F. Schleiermacher:19세기 대표적 신학사)는 그의 저서 그리스도교 신앙(Christian Faith, 1821~2)에서 "이단은 그리스도교의 '형태'를 갖추고 있으나 그리스도교의 '본질'과는 모순되는 것"으로 정의했다. 다시 말하면 하나님께서는 오직 예수 그리스도를 통해서 우리를 구원하는 것을 인정하느냐 혹은 부정하느냐에 따라 정통과 이단이 나누어진다고 주장했다.

헤롤드 브라운(Herold O.J.Brown)은 그의 저서 교회사에 나타난 이단과 정통(1984)에서 이단을 "초기 교회 기독교인들에게 있어서 이단은 거짓 믿음에서 나온 분리 또는 파당"으로 정의한다. 그리고 그는 초대 교회와 현대교회의 이단개념의 차이점을 다음과 같이 설명했다. "초대교회에서의 이단은 단순히 교리적 불일치라는 의미가 아니라 기독교 존재의 가장 기본적인 근저를 도려내는 그 어떤 것으로 받아들여졌다." 라고 주장한다.

장로회신학대학 학장을 역임한 이종성 박사는 그의 저서 현대사회와 신학의 대화에서 정통, 이단, 사이비에 대하여 다음과 같이 정의했다. "기독교의 기본 교리를 전적으로 믿는 입장을 정통이라 하고, 부분적으로 믿을 때에는 사이비라 하며 전체를 반대할 때는 이단이다."

김영재 교수는 "이단은 기독교의 진리를 왜곡하는 잘못된 교리를 가르치는 사람이나 그를 따르는 무리"로 정의했다.

총신대 교수를 역임한 신성종 목사는 "**이단이란 잘못된 교리를 주장할 뿐만 아니라 단순히 틀린 교리가 아니라 적그리스도의 교리**"라고 주장한다.

합동신학대학교 김명혁 교수는 그의 저서『한국교회 쟁점진단』에서 이단에 대한 정의를 다음과 같이 내렸다. "필자는 초대교회의 이단들을 연구하고 난 후 초대교회 이단들의 공통적 특징 한 가지를 발견했는데, 그것은 그들만이 구원의 참지식과 성령의 참계시를 소유하고 있다고 주장하는 배타적 독선이었다."

더 나아가 그는 "초대교회를 비롯한 교회사에 나타난 이단들의 공통적 특징은 기독교의 정통성과 보편성을 무시하는 종교적 이기주의와 배타성"이라고 말했다.

(2) 교단 및 소위 '이단 연구가' 들의 견해

장로교의 대표적 교단중 하나이며 한국교회 교단중에서 가장 많은 이단 사이비 규정을 해온 대한예수교장로회(통합)는 제82회 총회에서 "본 교단에서 연구한 '이단.사이비.사이비성에 대한 개념연구'의 내용을 다음과 같이 부기(附記)한다. (중략) 기독교의 기본교리 하나에 문제가 있다 하더라도 그것이 다른 교리에 영향을 끼쳐 기본교리를 훼손하게 된다면 이단이라 규정할 수 있고, 이단이라고 할 수는 없지만 이단과 다름없이 그 폐해가 매우 큰 경우에 '사이비'라 하고 '사이비' 보다는 덜 하지만 교류나 참여금지 등 규제가 필요한 경우에 '사이비성' 이라는 용어를 적용하는 것이 좋을 것으로 사료된다."라고 정리했다.

이미 전자에서 이단 판별 기준 등에서도 언급되었지만 다시 한번 정리해 본다. 지난 2004년 6월 9일 한기총 이대위와 한국장로교연합회 이대위는 공동으로 이단 사이비 기준과 용어에 대한 통일성 등을 만들기 위한 첫 모임을 가진바 있다. 이 세미나에서는 이단 사이비 대책과 판정기준 마련, 용어 정립 등을 위해 지속적인 교류와 세미나를 갖기로 결의했다.

여기에서 정행업(예장통합 이단사이비연구소장)목사는 "기독교 이단의 개념에 대해, 한국교회의 이단 관련 용어와 규정에 일관성이 없는 것은 사실"이라고 지적하고 "기독교의 기본 교리를 훼손할 때, 사이비는 이단이라고 할 수 없지만 이단과 다름없이 폐해가 큰 경우, 사이비성은 사이비보다는 덜 하지만 교류나 참여금지 등 규제가 필요한 경우에 사용하는 것이 좋다."는 의견을 밝혔다.

박충웅(합동이단조사위원장)목사는 "합동의 경우 사이비라는 개념 대신 이단성이라는 용어를 사용한다."고 말했다.

권혁봉(기침 이단위원)목사는 "침례회는 교리나 헌장 혹은 신조가 없어 다양한 성경해석을 할 수 있지만 이단별 기준을 만들어 경계를 삼고 있다."(국민일보 2004년 6월 11일자)라고 말했다.

2004년 이전까지 가장 많은 이단규정을 해온 예장통합측 교단의 경우, 전자에서 교단의 이단사이비연구소장이 솔직하게 밝혔듯이, 아직 통합측 교단내에서 소자 이단에 대한 용어, 규정이 일관성 없게 진행돼 온 것이 드러났다. 그렇다면 예장통합측은 그동안 이단사이비에 대한 용어나 기준이 제대로 만들어 있지 않았음에도 불구하고, 수십명에 대하여 이단 사이비 규정을 해왔는데, 어떤 기준(잣대)을 근거로 규정했는지 도무지 이해할 수가 없다.

앞에서도 자세히 언급되었지만 한국 교계에서 자칭 이단 연구가를 자처하는 무자격 이단 감별사 한두 명에 의해 만들어진 엉터리 조사자료를 토대로 하여, 교단 이대위가 세밀한 연구 조사없이 무차별 이단 사이비 규정을 해 온 것은 지탄받아 마땅하다. 이런 사례는 타 교단에서도 마찬가지이다.

이단의 정의에 대해 대한예수교장로회(합동정통)의 이단사이대책위원장인 김진신 목사는 교단을 대변하고 있는 기독교연합신문 2006년 3월 5일자 기고에서 교단의 이대위 기관사업을 소개하면서 매우 적절한 이단규정을 소개한바 있다.

"우리가 다 아는 것이지만 쉽게 한 가지를 예를 든다면, 이단이란 예수님 외에 다른 곳에 구원이 있다고 가르친다. 인간 스스로가 구원할 능력이 있다거나 자칭 예수라고 하면 이단임에 틀림없다고 봐도 좋다. '나와 함께 아니하는 자는 나를 반대하는 자요 나와 함께 모으지 아니하는 자는 헤치는 자니라'(마12:30). 그러나 '주는 그리스도시요 살아계신 하나님의 아들이심'을 믿는 자는 이단이 아니다. 쉽게 생각하면 이렇게 쉬운데도 넘어가는 사람들이 보여서 너무나 안타깝다. 이단이란 구원을 받을 수 없는 무리들을 말한다. 그러므로 이단은 예수 그리스도를 부정한다. 우리의 상식으로는 금방 알 수 있는 것임에도 빠져 드는 것을 볼 때 예방 교육의 중요성은 몇 번 강조해도 지나치지 않는다."

김진신 목사는 이 같은 기준으로 이단사이비 자료집을 만들어 배포할 계획이라고 밝혀 관심이 주목된다. 이대위원장이 밝힌 이단의 기준에 얼마만큼 충실하여 이단을 가릴 지, 아니면 그동안 무분별하게 나온 자료들을 대강 취합하여 짜집기 형태로 만들어질지는 지켜봐야 할 것이다.

박영관은 그의 저서 이단종파비판(1)에서 이단의 판단 근거를 웨스터민스터 신앙고백(Westminster Confession), 도르트 신조(synod of Dort) 종교회의 결정을 기준으로 삼았다. 즉, 그는 칼빈주의에 입각하여 정통과 이단을 구분한다고 주장했다.

탁명환(전, 국제종교문제연구소장)은 '**기독교의 근본적인 교의나 교리를 부인하면 이단**'이라고 전제했다.

> 제6부 한국교회 내 신학적 시비 대상자들 중 대부분의 대상자들이 보내온 교리적 답변서를 본회 이단 판단 기준과 대별한 결과 정통 교리와 일치하였습니다. 그러나 본서의 한정된 지면관계로 게재를 생략하였습니다.

제6부 한국교회내 신학적 시비 대상자들

왜 시비의 대상이 되었나?

　본서는 '누가 이단이냐 아니냐' 라는 문제보다는 이단규정 절차의 문제들, 기준에 대한 문제들, 이단 연구가들의 자질 문제 등을 집중적으로 살펴보았다.
　다음에 열거되는 인물이나 교회의 경우, 일부교단이나 단체에서는 이단, 이단성, 사이비, 사이비성, 집회 참여금지, 예의주시 등으로 판단하고 있는 반면, 또 다른 일부의 단체나 이단 연구가들은 이단아님, 이단성, 사이비성, 주의 및 개선권고 등으로 신학적 시비가 엇갈리는 단체나 인물들이다.
　본장은 신학적 시비 대상자들이 무엇 때문에 이단 시비가 발단되었으며, 이들에 대한 비판 내용, 대상자들의 답변이나 변증내용을 간단하게 객관적으로 기술하였다. 신학적 시비의 발단이나 답변, 변증은 대상자들이 공식적으로 필자나 필자가 관계하고 있는 연구 기관에 밝힌 내용들과 필자가 직접 조사 연구한 자료들을 참고, 요약하여 실었다. 본서에서는 이단(이단성,사이비성)이냐 아니냐는 판단을 내리지 않았다. 독자들께서 더 많은 연구를 해본 후 결론을 내려 주기 바란다. 이런 점에서 다음 내용들이 참고가 될 수 있을 것이다. 서술 순서는 가나다순으로 기술하였다.

1. 기독교복음침례회(기복침)

교세:전국 100여개 교회. 교인수 약 15만여명
기타 미국 등 여러 개 나라에 해외교회 있음

(1) 소위 <구원파> 시비의 발단
　이 교회에 대한 이단 시비 논란에 있어 왜곡된 부분이 많아 독자들의 이해를 돕기 위해 좀더 구체적으로 논란 부분을 다루어 보았다.

이 교회는 1960년대 대구지역을 중심으로 복음을 전하고 있던 외국인 선교사 딕욕, 길기수 등의 영향을 받아 1961년 11월 권신찬 목사가, 1962년 4월 유병언 씨 등에 의하여 시작되었다. 같은 믿음을 가진 두 사람은 선교사 양성학교의 신앙 운동에 참여하는 것을 계기로 점차 복음운동에 합류하게 되었고, 이 운동은 1961년 평신도 복음운동으로 시작되어 <한국평신도복음선교회>라는 이름을 사용하다가 1981년 정식으로 <기독교복음침례회>라는 이름으로 교단 발족을 하여 오늘에 이르고 있다. 처음 유병언 씨는 이 교단의 발족에 반대하여 참여하지 않았다. 권신찬 목사와 교리적 견해차이를 보였기 때문이다. 유씨는 권목사 소천 이후에 교회 설교를 맡아 왔다. 다음은 기복침이 공식적으로 밝혀온 내용이다. 이 문제는 중요한 문제중의 하나이기 때문에 구체적으로 기술하였다.

"교단 초기의 이단 시비"

A. 극동방송국과의 관계

1963년 <복음주의 동맹선교회 The Evangelical Allience Mission 즉 팀선교회>가 운영하는 극동방송국(당시 국제복음 방송국)에 권신찬 목사가 방송목사로 초빙되어 설교를 시작하게 되었다. 그 후 <팀선교부>와 한국평신도복음선교회 간에는 일부 방송(한국어방송) 운영 계약을 체결하고 유병언 씨가 부국장에 취임하여 경영에 관여하게 되었다.

당시 극동방송국의 선교사들은 권신찬 목사의 '거듭난 경험'에 대하여 매우 깊은 공감을 가졌고 방송을 통한 그의 설교에 적극 찬동을 보냈다. 특히 일년에 한두 번 일주일 단위로 실시하는 <극동방송 청취자 수양회>에는 수천 명의 청취자들이 모여 성황을 이루었다.

B. 방송 청취자들의 영향

이러한 집회에 참석한 사람들 중 "예수님의 흘리신 피로 말미암아 이제 내 죄가 사해졌고 구원을 받았노라"고 기뻐하면서 간증하는 사람들이 많이 생겨나게 되었다. 이러한 사람들 중에는 이미 일반 교회에 다니는 사람들도 많이 있었다. 그들 중에 일부 사람들은 구원의 확신을 갖게 된 기쁜 경험을 자기들의 교회에 가서 간증하게 되었고 다른 사람들에게 영향을 주기도 했으며, 심지어는 목사님에게까지 "목사님도 이런 구원의 경험을 하셨습니까?"라고 질문을 던져 목사님을 당황케 하기도 했다는 것이다. 물론 이런 질문을 요령 없이 목사님에게까지 마구 던져 의문을 자아내게 했다는 것은 실수일 수도 있다.

C. 이단의 시비

이러한 현상은 당분간 계속되었다. 드디어 지방 장로교회의 몇몇 교회들이 그 교회의 교단 본부에 질문을 보내게 되었다. "극동방송의 권신찬 목사는 어떤 사람이기에 그 집회에 갔다 온 사람들은 구원받았다고 하면서 교회를 시끄럽게 하니 그 정체를 알려달라"는 것이었다. 그리하여 <대한예수교 장로회 총회>는 극동방송국 국장에게 "권신찬 목사가 어떤 사람인가"라는 질의서를 보내왔다. 이에 대하여 당시의 극동방송국장 윈첼 목사는 답변서에 "권신찬 목사는 교리상 이상이 없고 우리의 신조와 맞는 사람이라"고 답변을 해주었다.(첨부자료 3. 대한예수교장로회 총회 질의서/팀선교부 답변서)

장로교 총회에서는 이에 만족하지 않고 권목사 등을 제거하라는 압력으로 팀선교부가 운영하는 <생명의 말씀사> 발행의 서적 불매운동과 극동방송 청취 거부를 하겠다는 통지를 보내왔다. 이로 인해 팀선교부에서는 내부적 갈등이 일어났다. 한국의 대(大) 교단인 대한예수교장로회의 지지를 받지 못하고는 선교활동을 할 수 없다는 것을 알기 때문이다. 그 후 소위 '구원파' 소속 직원의 해고와 이에 대한 해고 무효 가처분신청 등 법정투쟁 등이 계속되었고, 결국 11명의 직원들은 방송국에서 물러나게 되었다.

D. 명예훼손 고소사건

이러한 사건이 있기 전 극동방송 권신찬 목사의 설교문제가 <기독공보>에 보도되기 시작하자, 그 당시 극동방송에서 '신흥종교' 프로그램을 시리즈로 방송해 왔던 당시 신흥종교문제 연구소 소장 탁명환 씨가 돌연 방송을 중단하고 소위 극동방송 계열 권신찬 목사가 이단이라는 내용의 글들을 기독공보에 보도케 해 약 6개월간 매우 시끄러운 기사거리가 되었다. 이단 사이비 운운하면서도 그 내용들은 대부분 교리적인 비판은 거의 없이 어떤 사건들을 왜곡 보도하는 것들이었다.

그 후에 <기독공보>는 권신찬 목사에 의하여 허위사실로 인한 명예훼손으로 고발되었고, 기독공보는 당시 편집국장 고환규 씨 이름으로 5단 전행의 사과광고를 내면서 중요한 기사를 낱낱이 해명 사과하는 글을 실었고, 권신찬 목사는 고소를 취하했다.(첨부자료 4. 사과광고 별첨) 이러한 공방을 하는 가운데 동 교단은 '구원파'라는 별명이 붙게 되었고, 교리적인 이단 지적은 없이 몹쓸 어떤 사이비 집단인 것처럼 매도되어 가고 있었다.

"<신흥종교문제연구소> 탁명환 씨와의 시비"

(현재는 국제종교문제연구소(소장 : 탁지원)로 개명 - 편집자주)

기독공보와 이들 교회와의 문제는 이것으로 일단락되는 듯 했으나 대부분의 신문기사 내용을 직접 제보했던 탁명환 씨는 지난 기사 내용들을 종합하여 단행본으로 '구원파의 정체'라는 책을 냈다. 사실 그 내용들은 이미 잘못된 보도였다고 편집국장 이름으로 사과까지 했고, 기사의 대부분은 자기가 만들어 신문에 내게 했던 것인데, 마치 신문의 내용이기 때문에 사실인 것처럼 책을 만들었다. 이러한 방법은 탁씨가 흔히 쓰는 방법이었다. 이런 가운데 권목사는 탁 씨를 고소하고 탁씨는 권목사의 변증 내용에 탁씨의 명예가 훼손됐다고 하면서 맞고소를 하는 등 끊임없는 법정 공방이 계속되었다.

그러한 긴 과정에서 탁 씨는 소속 교단인 대한예수교장로회의 여러 교회들을 순방하면서 '구원파'를 이단 사이비로 비방하는 내용의 강연을 하고 다녔으며, 그의 이단에 관한 저서나 그가 발행하는 월간지 '현대종교' 등에는 언제나 '구원파'가 가장 큰 제목이 되기도 했다.

이처럼 한국에서 가장 큰 교단인 대한예수교장로회의 배경과 잡지, 신문 등 대중매체 등을 이용하여 맹공을 퍼붓는 탁 씨에 대하여 조그마한 교단인 기독교복음침례회는 당할 수가 없는 싸움을 한 것이다. 교단 관계자의 말에 의하면 그러한 내용들을 교계신문들이 기사화 하거나 다른 몇몇 사람들이 이단에 관한 저술 등을 할 때 한번도 본 교회의 설교자를 직접 만나서 직접 알아보려 하거나 권 목사의 저서 등을 진지하게 참고하려고 하지 않았고, 탁 씨의 글들이 그대로 전해지고 또 전해지곤 했다는 것이었다.

"오대양 연루 시비"

이처럼 탁씨는 구원파를 계속 비방하는 활동을 하는 중에 소위 오대양 변사 사건이 터졌다. 탁씨가 구원파와 오대양을 연결시키게 된 고리는 오대양사장 박순자 여인이 오대양을 창립하기 전에 한때 교단의 대전교회에 다닌 적이 있다는 사실을 알아낸 것이다.

그러나 대부분의 대전교회 식구들은 그 여인을 잘 모르며, 더구나 나간 다음 그러한 회사를 차리고 사업을 하고 있었다는 사실은 더욱 알지 못했다. 몇몇 아는 사람들은 그 여인이 교인들 몇 사람을 유인해 갔다고 알고 있는 정도였다. 어떤 고등학교 출신이 강도가 되었다고 해서 그 고등학교가 강도 학교인 것은 아니듯이, 박순자가 한때 그 교회에 나왔다고 해서 그 교회가 오대양 사건의 배후가 될 수는 없는 것이다. 어쨌든 탁씨는 그 한 가지만 가지고도 충분히 오대양사건은 타살이고 그 배후에는 유병언 사장이 있다라고 소설을 쓸 수 있는 사람이었다.

A. 5대양과는 무관한 재판

87년 오대양 변사사건 사체 부검의였던 황적준 박사와 사건 당시 현장감식을 했던 경찰대 부설 수사과학연구소 부소장 이삼재 경장은 91년 10월호 '월간조선'과의 인터뷰(오대양 변사현장 인터뷰 재구성-그들은 이렇게 죽어갔다)에서 '32명은 자의에 의해 집단 자, 타살했다'라고 밝힌 바 있다. 88년 12월에는 국회 5공 특위의 재수사 요구에 의하여 치안본부, 경기도 경찰국과 충남경찰국, 용인 경찰서 등이 관련하여 사건 기록을 전면 재검토하고 현장 재연을 실시하는 등 재수사를 실시한 결과, 1차 수사와 다른 점이 발견되지 않아 수원지방 검찰청에서는 '변사자 이외의 자의에 의한 살인의 점을 인정할 만한 자료가 없는 변사사건'으로 내사 종결했습니다. 또 91년 검찰의 재수사에서도 87년 변사사건 당시의 조사 결과와 마찬가지로 '집단 자살'이라고 결론을 내렸다. 정확하게 표현하면, '자의에 의한 집단 자, 타살'이었다.

오대양 사건에 대한 검찰의 최종 수사 발표문(1991년)을 꼼꼼히 보면, 발표문의 처음은 오대양 집단 변사 사건으로 시작되지만, 중간쯤에서는 세모와 오대양이 연계된 의혹 부분에 대해 수사 내용이 한참 이어진다. 그러다가 맨 마지막 사건 처리부분에서는 세모 유 회장의 구속 혐의가 딱 한 페이지 적혀 있다. 그리고 그 죄목은 오대양과는 관계없는 9년 전의 사기 혐의였다.

<유씨는 '32명이 집단 사망한 오대양 사건은 자살이 아니라 타살인데 그 배후에는 세모 유사장이 있는 것 같다'는 식의 의혹이 연일 신문과 방송을 통해 증폭되면서, 마치 엽기적 살인의 교사자 같은 이미지로 그려지다가 막상 기소되고 재판받은 것은 몇 년 전 한 번 수사했다가 덮었던, 오대양과는 무관한 사기사건의 공모자로서였다. 의혹과 실제의 간격이 현격하게 벌어져 있는 셈이다.>(인용/월간조선 1999년 9월 장원준 기자)

B. 사건의 조작

오대양 사건은 언론에 의해 걷잡을 수 없이 부풀려졌던 전무후무한 사건이었다. 첫 번째 이단시비에 휘말렸을 때에는 권신찬 목사가 집중공격을 당했다. 그러나 이번에는 권신찬 목사의 사위이자 한국평신도복음선교회 시절 신도들에게 종종 설교를 하다가 기업을 경영하는 유병언 사장이 비난의 초점이 되었다.

당시 그 끔찍한 오대양 사건을 상상력과 추리로써 더욱 끔찍한 사건으로 만들기 위해 동분서주하면서 그것을 자신의 사명으로 알았던 사람이 바로 국제종교문제연구소장 탁명환 씨였다. 그는 계속 여기저기 제보 및 기고를 통해 구원파와 세모를 오대양과 연결시켜 타살설을 부르짖었다. 그밖에 동 교단을 이탈해 적대 감정을 가졌던 사람들이 이에 합류했다.

또한 91년 7월 오대양에서 구타치사 사건을 저지르고 숨어 있다가 자수하는 사건이 생기자, 뒤이어 박찬종 의원이 기자회견을 통해 '오대양 사건은 타살이며 그 배후에는 (주)세모의 유병언 사장이 있다'고 돌출선언을 한 후부터 사건은 걷잡을 수 없이 확대되었다. 당시 대전 출신

김현 의원도 자신의 측근에게 '사건이 3개월 이상만 끌면 재선은 문제가 없다'고 공공연히 말하면서 이 사건의 타살설을 강력하게 주장했다. 검찰은 증폭되는 여론을 달래야 하는 딜레마에 빠져 있었다. 결국 91년 8월에 이르러서는 (주)세모의 유병언 사장이 오대양 사건 암매장 자수 사건과 연루되었다면서 구속되었다.

C. 오대양 재판은 없었다

그러나 유 회장이 구속, 기소되고 재판을 받는 과정에서 '오대양 사건'은 단 1회도 언급이 되지 않았다. 대법원에서 최종적으로 징역 4년을 선고받을 때까지 재판에서는 오대양을 한 번도 거론하지 않았다. 유 회장에 관한 공소장이나 증인 신문에서도 오대양과 연관된 아무 기록이 없었다. 검찰에서는 오대양 사건과 연관시켜 기소 자체를 할 수가 없었다. 검찰에서 기소하지 않은 내용을 재판부에서 다룰 수 없었다. 분명히 법으로나 모든 면에서 유 회장은 오대양 재판을 받지 않았다.

그리고 판결요지가 그려내고 있었던 죄목 또한 오대양 사건과는 전혀 관련이 없었다. 사실상 판결문에 나타난 유 회장의 죄목은 오대양사건과 별개의 사건인 82년과 84년에 걸쳐 발생했던 기독교복음침례회 내부의 '통용파' 사건이었다. 전혀 오대양 사건과 관련이 없다는 수사 결론이 났음에도 불구하고 유 회장은 엉뚱하게도 과거에 검찰 조사를 받고 89년 광주지법에서 무혐의로 처리되었던 통용파 사건으로 인해 형을 살아야 했던 것이다.

D. 왜곡보도의 기막힌 사연

오대양 사건은 매스컴이 저지른 불가사의한 왜곡과 경쟁 보도의 한 전형이었다. 예를 들면 당시 문화방송에서는 경쟁 상대 방송사가 먼저 자막으로 "오대양 신도 32명이 집단 시체로 발견되었다"는 보도를 내보내자 즉시 대응해야 했다. 저쪽에서 먼저 방송을 했지만 자막에 불과하니까 이쪽에서는 앵커가 나가야만 했다. 그래서 당시 보도국 사회부에 있던 손석희 아나운서는 단 두 줄짜리 정보를 들고 15분 동안 방송을 하라는 지시를 받고 카메라 앞에 앉아 자기 나름의 상상력을 동원하여 타살설을 주장하는 내용의 기상천외한 뉴스를 장장 십오 분 동안 내보낸 것이다. 손석희 씨는 박상원의 "아름다운 TV 얼굴"에 출연하여 이 사실을 밝힌 적이 있다.

E. 정치적 희생양

이 사건의 이면에는 정치적인 변수가 작용하고 있었다. 자수사건이 있기 5개월 전인 91년 2월 2일 6공 최대의 비리로서 수서지구 택지 분양특혜사건이 표면화되기 시작하고, 청와대 비서관 뇌물 수수 등 비난의 여론이 고조되기 시작했다. 설상가상으로 5·17 추모행사 과정에서 경찰의 진압에 밀리어 달아나던 명지대생 강경대 군이 사망함으로써 정국은 정부와 경찰의 과잉진압을 규탄하는 대규모 학생 가두시위가 일어나는 등 한치 앞을 내다볼 수 없는 안개 정국이 계속되는 형국이었다.

6월 24일은 수서사건의 관련자들에게 징역 3년에서 10년까지 각각 구형이 내려지고 있었다. 또 이때를 전후하여 5공측의 움직임이 심상치 않다는 보도들과 장세동 씨의 신당 창당설, 조춘자 부동산 사기사건 등으로 정국은 초긴장상태였으며, 지면은 날마다 그런 관련기사들로 채워져 있었다. 수서 사건은 뒤에 한보하고 관계된다. 91년 수서사건이 한참 문제가 생겨서 국회의원들이 계속 감옥에 들어가는 판인데, 묘하게 청와대의 장 모 비서관이라는 사람이 아주 중요한 위치에서 구속되었다. 그 후 청와대에서 줄줄이 들어갈 거라는 추측들이 있었다.

그래서 6공이 밑둥치부터 흔들릴 때였다. 돈 보따리가 오고 감으로써 일어났던 그 혼란을 정부로서는 막을 길이 없었다. 대선 바로 직전의 일이었기 때문이다. 당시 정권은 이 불을 어떻게 끌까 하고 우왕좌왕하고 있었다. 그럴 때 알맞게 오대양 암매장 자수 사건이 터졌고, 폭풍같이 일어나는 정치적 사건들을 잠재우기 위해서 오대양 사건을 부풀려서 떠들었다. 이처럼 크게 부풀려 뉴스 꺼리로 발표하는 역할을 한 사람이 박찬종씨였다. 가능한 한 희생양이 될 만한 사람을 찾아 죽여야 했고 그 목적을 치룬 것이었다고 생각된다.

이러한 과정으로 '구원파'는 '오대양 관련'이라는 억울한 누명을 쓰고 선교에 막대한 지장을 겪고 있는 와중에 정동섭이라는 사람이 "구원파 오대양 살인집단"이라는 식의 말을 만들어 유포하여 명예 훼손으로 피소 되기도 했다.

(2) 기복침에 대한 비판 내용 및 논란 부분에 대한 답변(요약)

A. "세칭 구원파는 자기네만 구원이 있다고 한다"는 말에 대하여

본 교회의 어떤 설교자나 저서에서 이런 말을 하는 사람은 없다. 전혀 근거 없는 말이다. 하나님이 지난 2천년 동안 잠자코 계시다가 이제야 본 교단 안에서 구원의 역사를 시작하셨을 리가 없다. 2천년 전 오순절 날 예루살렘에 성령이 오신 이후 예수 그리스도를 믿고 구원받은 사람들은 어느 시대에나 있었다. 이들은 현재 어느 교파, 어느 교단에 속해 있는 사람일지라도 성경을 사실대로 믿는다면 구원이 이루어진다고 믿는다. 실제로 이 교단에 속해 있는 상당수 사람들이 타 교회 또는 개인적으로 성경을 깨닫고 구원받았다고 간증하는 사람들이 많다.

B. "구원받은 후에는 무슨 죄를 지어도 좋다고 한다"는 말에 대하여

이런 비방을 하는 사람들은 실제로 아무런 증거를 제시하거나 문헌을 대지 못하면서 이런 말만 유포시키고 있다. 말도 안되는 소리이다. 소위 구원받았다고 하는 사람이 이런 말을 할 수는 없다. "그런즉 우리가 무슨 말하리요 은혜를 더하게 하려고 죄에 거하겠느뇨 그럴 수 없느니라 죄에 대하여 죽은 우리가 어찌 그 가운데 더 살리요"(로마서6:1~2)라는 말씀대로, 구원받은 성도라면 거룩하고 구별된 삶을 살아야 한다고 믿어왔으며, 그렇게 살고자 노력해 왔다. 그러므로 "구원받은 후에는 무슨 죄를 지어도 좋다"는 말은 "구원을 위한 회개는 단 한번으로 족하다"는 말을 그릇 해석하여 지어낸 거짓말이다. 회개란 사망의 길에서 돌이켜 하나님께로 향한 생명의 길로 방향을 바꾼 것이고, 고백이란 믿은 사실을 입으로 시인하는 것이며, 자백이란 구원받은 후 생활 속에서 묻어들어오는 죄를 하나님 앞에 내어놓는 것이다.

즉 구원을 위한 회개는 한번으로 족한 것이요,(히브리서 9:12 "염소와 송아지의 피로 아니하고 오직 자기피로 영원한 속죄러를 이루사 단번에 성소에 들어가셨느니라." 유다서 3절 "…단번에 주신 믿음의 도를 위하여…") 구원받은 후에는 육신 때문에 어쩔 수 없이 범하는 죄를 하나님 앞에 통회하는 마음으로 자백해야 한다. "만일 우리가 우리 죄를 자백하면 저는 미쁘시고 의로우사 우리 죄를 사하시며 모든 불의에서 우리를 깨끗케 하실 것이요"(요한1서1:9) 그래서 예수께서는 베드로가 온몸을 씻어달라고 청했을 때 "이미 목욕한 자는 발밖에 씻을 필요가 없느니라 온몸이 깨끗하니라"(요한복음13:10)고 말씀하셨다.

C. 정통교회의 제도와 예배형식, 주일성수, 십일조, 새벽기도 등을 무시한다는 데 대하여

모든 기독교(신교)의 공통된 교리는 "사도신경"에 요약되어 있다. 그리고 각 교단 교파마다 제도와 예배의 형식은 조금씩 다를 수 있다. 그것이 교리는 아니기 때문에 자기들 교회와 형식이 다르다고 해서 이단이라 할 수는 없다. 우리 교회 교인들은 물론 십일조를 열심히 하고 주일날 모여 예배를 드리고 동시에 성경강론을 듣는다. 그러나 새벽기도는 개인의 자유로 하고 전도인이 새벽 기도회를 인도하지는 않는다. 새벽기도회는 우리나라 기독교의 독특한 습관이지 교리는 아니다. 예를 들면 구세군이 그들의 독특한 군대식 조직으로 계급을 정하고 떠들썩하게 복음을 전하기 시작했을 때 그 당시 비난도 없지 않았다. 그러나 그 제도가 교리는 아니다. 이러한 제도에 약간의 차이가 있다고 해서 이단이라고 한다면 현실교회중 이단 아닌 교회가 어디 있겠는가?

2. 김기동 목사(21세기 서울성락교회)

교세:지교회 약 45교회, 신도수:약14만명.
기독교베뢰아교회연합 내 교회수:약150개

(1) 시비의 발단

서울성락교회 김기동목사에 대한 이단 시비 논란에 있어 대교단 등에서는 이단으로 규정하였으나, 일부에서는 이단이 아니라는 주장이 강하게 제기되었다. 그런가하면 대교단에 소속된 개교회의 상당수 목회자들은 개인적으로 김목사가 이단이 아니라는 견해를 가지고 있는가 하면,

지금도 김목사가 매년 주최하는 '목회자 성장대회'에는 대교단에 소속된 상당수의 목회자들이 참여하고 있다. 때문에 본서에서는 김목사에 대한 논란 시비를 좀더 자세히 기술해 보고자 한다.

김목사는 1938년 6월 충남 서산에서 출생하여 예산감리교회에 출석하였고, 63년 예산근처의 비봉에서 목회책임을 맡아 약 3년간 있다가 65년 3월 다섯 명의 성도와 함께 서울 서대문에서 교회를 설립하면서 성락교회가 시작되었다. 그후 69년에 영등포로 이전하였고 명지대에서 국문학을 전공하여 70년에 졸업하였으며 이후 대한신학교에서 신학을 전공하고 그후 침례신학대학에서 대학원 과정을 79년에 마쳤다.

이후 86년도에는 약 3만 명의 교인으로 급성장하였으며, 80년대에 베뢰아 아카데미에서 가르쳐 왔던 내용들을 책으로 출판하였고 이중에는 마귀론, 귀신론 등이 들어 있었다. 김목사는 침례교단에서 아무런 문제없이 잘 목회해 오다가 1985년 9월 대전 대흥교회에서 열린 교단총회에 제2부총회장으로 출마, 당선은 되지 않았으나 생각 외로 많은 표가 나온 것이 문제의 발단이 되었다. 당시 다른 후보들이 금전을 살포하는 등 금권선거가 되자 교단의 정체성을 회복해야 된다며 전국 교회에 여섯 차례 개혁을 촉구하는 서신을 보낸 것이 결정적이 문제의 도화선이 되었다.

다시말하면 김목사는 편목출신으로 차기 부총회장에 당선되면 자칫 편목출신에게 총회장까지 내어줄지도 모른다는 위기감이 침신 본과 출신들에게 압박감으로 작용하였고 이때부터 김기동 목사 죽이기가 시도되었다.(본서 제3부 한국교회내 이단 논쟁 무엇이 문제인가? 중 '소위 이단 연구가들의 문제들' 원세호 편 참조)

(2) 김기동 목사에 대한 비판 내용

> 다음의 비판내용은 본회의 견해가 아니며 기총연(한국기독교총연합회)자료집이나 각 교단 또는 소위 이단연구가들이 비판한 내용을 그대로 요약 전재한 것이다.(편집자주)

▲김기동 목사의 모든 사상의 근원과 출발은 귀신이다.
김씨가 말하는 귀신은 네 가지 조건으로부터 시작되는데, 소위 제명

이 차기전에 죽은 불신자의 사후의 영을 말한다. 그런데 모든 질병은 이 귀신이 우리 몸에 붙어서 생기는 것으로, 이 질병은 약이나 의술로는 궁극적으로 고칠 수 없고, 축사를 통해서만 고칠 수 있다고 한다.

▲김기동 목사는 이중아담론을 주장함으로 창조론과 인간론에 문제가 있다.

▲김기동 목사는 기독론에서 신성을 부정하고 인성을 제한한다.

▲김기동 목사의 삼위일체론은 양태론이다.

(3) 이단시비 논란 부분에 대한 답변(요약)

A. 귀신론에 대하여

우리 베뢰아의 인간 이해의 특징은 인간을 영적 존재(homo divinus)로 인식한다는 점이다. 불신자의 사후 존재를 귀신이라고 하는 것이나, 이후에 다루게 될 아담에 관한 것 모두 인간을 육체적 존재나 사회적 존재가 아닌, 영적 존재로 인식하고 있다.

귀신론은 베뢰아를 부정적으로 평가하는 가장 큰 주제일 것이다. 그 내용으로서는 첫째 귀신의 정체를 불신자의 사후 존재라고 주장한다는 것이고, 둘째는 그 귀신이 질병을 일으키는 원인이라고 주장한다는 것이다. 이런 귀신론이 대부분의 교회에서 일반적으로 받아들이는 견해는 아니지만, 이런 주장이 우리를 불신자 이상의 "이단"으로 정죄하는 이유로 제시되는 것은 한국교회의 성숙과 발전을 위해 바람직하지 않다고 생각한다. 왜냐하면 귀신에 대한 것은 신앙의 본질적인 문제가 아니기 때문이다. 이단으로 규정하는 근거가 신론과 기독론에 있어서 문제가 된다면, 그런 판단은 존중될 것이지만, 그 외의 부수적이고 주변적인 것을 전부인 양 확대 왜곡시키는 것은 올바른 태도가 아니다. 귀신론 내지 마귀론은 우리 베뢰아 신학의 전부가 아닌 일부분일 뿐만 아니라 하나님과 관련된 신앙의 영역이 아닌, 피조물과 관련된 지식의 영역이기 때문이다.

(가) 귀신의 정체

귀신의 정체에 대해서는 크게 세 가지 견해가 제시되고 있다. 첫째는 일종의 타락한 천사라는 것이다. 마귀와 함께 타락한 천사 중 일부가 귀신이라는 견해로 일반적으로 받아들인다. 그 천사는 일반적인 천사와는 달리 사람의 육신에 침입하여 질병을 일으키고 있다는 것인데, 이 견해는 "타락한 천사 들렸다"고 하지 않은 성경을 제대로 설명하지 못하는 단점이 있다. 성경은 "귀신 들렸다"고 말하고 있기 때문이다.

둘째는 아담 전 인류가 하나님의 심판을 받고 귀신이 되었다는 견해이다. 이는 아담 전에 있었던 영육이 분리된 무형적 영혼이라는 설이다. 창세기 1장 1절과 2절 사이에 제1차 타락이 있었는데, 그때의 인류가 현재의 귀신이라는 것이다. 이 견해는 인류의 역사를 수만 년 혹은 수억 년으로 추정하는 과학적 주장에 성경적으로 답하는 장점이 있으나, 하나님의 창조사역을 불완전한 것으로 설명하는 단점이 있다.

셋째는 우리가 타당하다고 여기는 악인 영혼설 혹은 불신자 사후 존재설이다. 이에 대해 헨리 디이슨은 그의 책 "조직신학 강론"(Lectures on Systematic Theology)에서 "이것은 필로와 요세푸스와 실제적으로 초대 기독교 저자들 모두의 견해"라고 말하고 있다. 헨리 디이슨은 이 견해가 "초대 기독교 저자 모두의 견해"라고 밝히면서도 그에 대해서는 "반대한다."고 하였다. 그가 반대하는 이유는 "성경은 구원받지 못한 영혼은 스올과 하데스에 들어가 있다고 했지, 땅 위를 배회한다고 말하고 있지 않기 때문이다."라고 하였다.

헨리 디이슨은 음부를 지옥과 동일한 개념으로 여기고 있으나, 음부를 지옥의 전단계라고 이해하는 것이 더 타당하다. 현재 마귀가 있는 곳이 음부이기 때문이다. 베드로후서 2장 4절은 "하나님이 범죄한 천사들을 용서치 아니하시고 지옥에 던져 어두운 구덩이에 두어 심판 때까지 지키게 하셨으며"라고 말하고 있는데, 여기서 말하는 "지옥"은 최후에 가게 될 지옥과는 구별된다. 이사야 14장 15절의 "그러나 이제 네가 음부 곧 구덩이의 맨 끝에 빠치우리로다"라는 구절에서 말하는 "음부"도 최후에 가게 될 지옥과는 구별된다. 또한 유다서 6절의 "또 자기 지위를 지키지 아니하고 자기 처소를 떠난 천사들을 큰 날의 심판까지 영원한 결박으로 흑암에 가두셨으며"라는 구절에서 말하는 "흑암"도 지옥에 던져 넣으시는 큰 날의 심판과는 구별된다.

이렇게 지옥과 구별되는 공간이 존재한다고 성경의 여러 곳에서 말하고 있기에 요한계시록 20장 14절은 "사망과 음부도 불못에 던지우니 이것은 둘째 사망 곧 불못이라"라고 말한 것이다. 일반적으로 말하는 지옥은 여기서 말하는 "불못"이요 "둘째 사망"인데, 음부는 그와 구별되는 곳이기에 큰 날의 심판 때 지옥에 던져질 것이라고 하였다. 이처럼 음부는 지옥의 전 단계이기에, 예수께서는 "내 교회를 세우리니 음부의 권세가 이기지 못하리라"라고 말씀하셨다(마16:18).

우리는 "하나님이 보시기에 좋았더라"하신 이 세상을 영적으로 음부라고 본다고 해서 하나님의 창조의 선하심이 훼손된다고 여기지 않는다. 인간에게는 이 세상이 구원받을 수 있는 세계요 하나님의 사랑을 받는 공간이기 때문이다. 그러나 마귀에게는 이 세상이 음부이므로 그의 남은 때에 있는 힘을 다하여 인간들이 받게 되는 사랑과 구원을 시기하여 방해하고 있다(계12:7~17). 마귀가 역사하고 있어서 하나님이 보시기에 좋은 이 세상도 영적으로는 하나님을 대적하는, 영적으로 악한 질서가 있게 된 것이다(요12:31, 14:17, 17:14).

사람에게 귀신이 들어올 수 있는가 하는 문제도 이와 같은 입장에서 이해해야 한다. 신자가 귀신 들렸다고 하는 것은 그가 불신자가 되었다는 말이 아니기 때문이다. 고린도전서 5장 5절의 "이런 자를 사단에게 내어주었으니 이는 육신은 멸하고 영은 주 예수의 날에 구원 얻게 하려 함이라"라는 말씀처럼, 영혼은 구원받을 수 있음에도 육신은 멸망당하는 자가 있다. 신자에게 귀신이 들어갔다는 것은 그의 육신에 귀신이 영향을 끼쳤다는 것이지, 그의 영혼이 지옥에 가게 되었다는 것은 아니다. 신자도 이 세상에서 여러 가지 시험을 받을 수 있는 것처럼, 귀신은 신자들에게 역사할 수 있다. 오히려 불신자에게보다 신자에게 더 역사할 수 있는 것은 신자의 신분은 하나님의 자녀요 하늘나라의 후사인 반면, 귀신 자신은 마귀에게 매여 있는 자이며 멸망받기로 예정된 자이기 때문이다.

마귀론으로 한국에 많이 알려진 메릴 F.엉거는 이와 관련하여, 신자들도 귀신 들릴 수 있다는 내용의 책을 발간하였다. 1952년에 발간한 "성서적 마귀론"(Biblical Demonology)에서는 불신자만 귀신 들린다고 주장하였는데, 1971년에 발간한 "현대 세계의 귀신들"(번역 도서명은 "악마"(Demons in the World Today)에서는 크리스천도 귀신 들릴 수 있을 것이라는 의견을 내놓았으며, 1977년에 발간한 "성도들을 향한 귀신들의 도전"(What Demons can do to Saints)에서는 크리스천이 중대한 죄를 지속적으로 범하여 마귀와 귀신들에게 마음을 개방하게 되면, 영적구원을 받은 신분은 영원히 변하지 않지만, 크리스천도 귀신 들릴 수 있다고 주장하였다.

귀신이라는 존재는 이 세상의 음부에 있다가 큰 심판의 날 곧 마지막 날에 지옥 불못에 들어가게 될 것이다. 성도는 육체 안에서 살면서 그리스도의 남은 고난을 감당하지만 불신자는 주 예수의 은혜와 공로를 거부하고 하나님의 사랑을 받아들이지 않았기에 불못에서 멸망하게 된다.

귀신론과 관련하여 조상제사에 대한 최신 연구도 참고자료가 될 것이다. 김정우(총신대 구약학) 교수는 구약에서 행해진 이방인들의 제사가 죽은 조상에게 한 것이라고 연구 발표하였으며("구약해석학 논문집Ⅰ" (1995:219~48), 우택주(침신대 구약학) 교수 또한 그의 논문 "구약성서의 조상제사", "기독교사상논단"(1999:97~129)에서 이스라엘을 포함한 고대근동의 제사는 죽은 조상에게 한 것임을 밝히고 있다. 이런 주목할 만한 연구는, 고린도전서 10장 20절과 시편 106편 28~29절에서 이미 제사는 귀신, 곧 죽은 자에게 하는 것이라고 말한 것과 일치한다.

불신자 혹은 악인이 사후에 귀신이 된다는 것은 복음서에도 그 증거가 있다. 죽은 자가 살아 있는 자에게 임하여 그의 특성을 나타낸다는 인식은 예수 당시의 일반적인 지식이었다. "이는 침례 요한이라 저가 죽은 자 가운데서 살아났으니 그러므로 이런 권능이 그 속에서 운동하는도다"라는 헤롯의 발언은 앞서 헨리 디이슨이 말했듯이 신약시대의 보편적 지식이었다는 추정을 가능케 한다(마14:1~2, 참조:마16:13~14)

귀신의 정체에 대해서는 원어로도 증명이 가능하다. 귀신의 명칭과 관련하여 많이 사용된 "더러운 영"($\pi\nu\varepsilon\upsilon\mu\alpha\ \alpha\kappa\alpha\theta\alpha\rho\tau o\nu$)에서 "더럽다"는 말은 '믿지 않는 자'라는 해석이 가능하기 때문이다. '아카타르톤'은 하나님과 천사에게는 사용한 적이 없고, 오직 육체가 있는 사람에게만 사용되었다. 또한 디도서 1장 15절에 사용된 '더러운 자'라는 표현을 "새번역 성경"에서는 '불신자의 영'을 가리킨다고 하였다(대한성서공회, 1984). 한글 개역성경에는 '더럽고 믿지 아니하는 자들'이라고 번역되어 있지만, 헬라어 특수문법으로 그 부분을 재해석하면 '더러워진

자들 곧 믿지 아니하는 자들'이라는 의미가 되기 때문이다. 성경의 '더럽다'라는 말은 예수의 피로 거룩함을 입지 못한 것에 사용되는 말이다.

뿐만 아니라 영($\pi\nu\varepsilon\upsilon\mu\alpha$)이라는 단어도 천사에게 사용되지 않았다. 성령에게 사용된 것 외에는 모두가 사람의 육체적 죽음 이후의 '영'을 지칭한다. 귀신의 정체가 타락한 천사라면 '더러운 영'은 더러운 천사일 것인데, 더럽다는 용어가 천사에게는 전혀 사용되지 않았으며, 영 또한 천사에게 전혀 사용되지 않았다. 따라서 더러운 영이라는 용어를 통해서도 귀신은 타락한 천사가 아님을 알 수 있다.

또한 천사 혹은 사자(使者)를 뜻하는 '앙겔로스'($\alpha\gamma\gamma\varepsilon\lambda o\varsigma$)가 귀신에게는 사용하지 않았다는 점이다. 마태복음 25장 41절의 "왼편에 있는 자들아 나를 떠나 마귀와 그 사자($\alpha\gamma\gamma\varepsilon\lambda o\varsigma$)들을 위하여 예비된 영영한 불에 들어가라"는 구절도 불신자는 "사자"들인 천사와 다른 자임을 말하고 있다. 불신자와 사자를 구분하고 있기 때문이다. 귀신은 마귀의 졸개임에는 틀림없으나, 그와 동등한 천사($\alpha\gamma\gamma\varepsilon\lambda o\varsigma$)가 아닙니다. 따라서 "용과 그의 사자들"(계12:7) 등의 구절을 통해 "그의 사자들"을 귀신이라고 하는 것 또한 논리의 비약이다.

(참조 : http://cuvic.chungnam.ac.kr/~jshun/serial/1.htm)

불신자의 사후 존재설은 김기동 목사만의 주장이 아니다. 초대교회 당시부터 현재에 이르기까지 그 주장은 유지되고 있다. 과거에 조상숭배를 비롯한 귀신론은 서구 교회의 목회자 및 신학자에게는 생소한 주제였을지라도 그 견해는 과거부터 이미 있었다. 그러나 오순절운동, '하나님 나라 신학', '제3의 바람' 등으로 표현되는 능력신학이 그들에게 새로운 영적 눈을 열어 준 것이다.

그래서 알렉산더 캠벨(Alexander Campbell)은 1841년 테네시 주 네쉬빌에서 열린 파퓰러 렉처 클럽(The Popular Lecture Club)에서 발표한 '귀신론 강연'(Address on Demonology)에서 귀신의 정체가 죽은 자의 영혼이라고 주장했는데, 그는 그리스의 음유시인인 헤시오드(Hesiod) 등의 기록에서 "인간의 영이 이 지상의 육체에서 분리되면 귀신이 된다."는 문구에 관심을 갖고 귀신이라는 용어의 사전적 정의는 불신자의 사후 존재라고 주장했다.

캠벨은 유대인 역사학자 요세푸스(Josephus)와 필로(Philo), 저스틴

마터(Justine Martyr), 이레니우스(Irenaeus), 오리겐(Origen) 등도 역시 귀신을 죽은 자의 영이라고 증언하고 있음을 지적했다. 라드너(Lardner)는 위의 사람과 교부의 글들을 주도면밀하게 조사한 후 "귀신 또는 죽은 사람의 영혼이 살아 있는 사람을 지배한다는 개념은 당시 이방인 사이에 보편적으로 만연되어 있었고, 많은 기독교인이 이것을 믿었다."고 말했다. 사도 요한의 제자인 이그나티우스(Ignatius)는 예수께서 베드로에게 직접 하신 말씀을 인용하고 있다. 베드로가 영이나 유령을 보았다고 여겼을 때 "나를 만져보라, 영은 살과 뼈가 없으되 너희 보는 바와 같이 나는 있느니라"(눅24:39)고 말씀하셨기 때문이다. 유령은 몸이 없는 영을 말한다. 이러한 예수의 말씀은 당시의 개념대로 귀신(demon)과 유령(ghost)을 동일한 용어로 이해한 것이다.

(나) 병의 원인과 관련해서

성경은 예수의 공생애를 이렇게 요약했다. "하나님이 나사렛 예수에게 성령과 능력을 기름 붓듯 하셨으매 저가 두루 다니시며 착한 일을 행하시고 마귀에게 눌린 모든 자를 고치셨으니 이는 하나님이 함께 하셨음이라"(행10:38) 우리가 병의 원인을 귀신이라고 하는 것은 이러한 성경을 근거로 한다. 예수께서 성령과 능력으로 병 고치신 것은 모두가 마귀에게 눌려 있던 것에서 자유케 함이었다. 크게는 마귀에 의해 병이 생긴 것이고, 그 세부적인 역할은 귀신이 한 것이다. 그러하기에 귀신을 쫓아내는 것은 마귀에게 눌려 있는 것에서 자유케 하는 능력이다.

예수께서 눈멀고 벙어리 된 자를 고치셨을 때 성경이 그 치료 역사에 대해 사단의 나라를 멸하는 하나님의 나라의 진격이라고 말한 것은 바로 그런 이유이다. "내가 하나님의 성령을 힘입어 귀신을 쫓아내는 것이면 하나님의 나라가 이미 너희에게 임하였느니라"(마12:28)

예수께서 70인의 제자를 파송하셨을 때 제자들은 병든 자에게 손을 얹으며 "천국이 가까이 왔다"고 전파하였다. 예수께서 명하신 대로 했을 때 병자들이 나을 뿐만 아니라 귀신들이 항복하는 것을 보고 제자들은 기뻐 돌아와 그 사실을 보고하였다(눅10:1~20). "주여 주의 이름으로 귀신들도 항복하더이다"(17절) 하는 제자들의 보고에 예수께서는 "사단이 하늘로서 번개같이 떨어지는 것을 내가 보았노라"(18절) 하셨다. 이렇게 귀신은 사람 속에 있는 질병의 원인이요, 사단 곧 마귀는 공중에서 역사하는 영임을 말하고 있다.

　귀신을 질병의 원인이라고 주장하는 또 다른 이유는, 귀신은 병이 있다는 것이다. 예수님은 벙어리 되고 귀먹은 사람 속에 있는 귀신을 꾸짖으실 때 "벙어리 되고 귀먹은 귀신아"(막9:25)라고 하셨다. 이 구절은 '벙어리 되게 하고 귀 먹게 하는 귀신아' 하신 것이 아니다. 그 의미는 귀신이 벙어리요 귀먹었다는 것이다. 귀신 자체가 벙어리요 귀먹었다는 것은 그가 육신을 가졌던 존재이며, 그의 활동으로 인해 그 귀신 들린 자가 귀신과 같은 질병을 갖게 되었다는 것이다.

　공관복음에 나오는 귀신을 쫓아내며 병 고친 내용을 보면(마8:16, 눅4:40~41), 동일한 사건을 마태복음에서는 병든 자들을 모두 귀신들린 자라고 직설적으로 기술한 반면, 누가복음에서는 "각색 병으로 앓는 자"라고 하면서도 그들에게 일일이 손을 얹을 때 귀신들이 나가더라고 설명하고 있다. 즉 누가는 귀신추방과 치유사건을, 순서를 따라 논리적으로 기록하였다. 의사 누가는 예수의 치유사건을 기술하면서 귀신이 떠나간 것이라고 결론지음으로 병의 원인이 귀신인 것을 증명하고 있다.

　마지막으로, 귀신론과 관련하여 밝히고자 하는 것은 우리 베뢰아에서 주장하는 것보다 더 설득력 있는 이론과 주장이 제시된다면 우리는 그것을 마다하지 않으며, 언제나 수용한다는 것이다. 그리고 이것은 본인의 성경해석상 견해이지 절대적 교리는 아니다. 구원문제와는 관련이 없음을 분명하게 밝혀둔다. 아울러 비판자들은 본인의 '모든 사상과 근원의 출발은 귀신이다'라고 말하고 있으나, 이는 본인의 설교, 또는 베뢰아 아카데미 강의나 저서들을 보거나 들어보지 않고 일방적으로 매도하기 위한 비판일 뿐이다. 본인은 귀신에 관한 설교나 강의는 1년에 몇 번 지 않는다. 본인은 철저하게 복음에 근거한 말씀만을 증거하고 있다.

B. 아담 창조에 대하여

　"여호와 하나님이 흙으로 사람을 지으시고 생기를 그 코에 불어넣으시니 사람이 생령이 된지라 여호와 하나님이 동방의 에덴에 동산을 창설하시고 그 지으신 사람을 거기에 두시고"(창2:7~8)

하나님이 아담을 지으실 때 영적 존재가 되게 하셨다. 영혼이 있는 아담은 하나님과 교제하며, 영적인 환경인 에덴에서, 선악과를 먹지 말라는 영적인 계명으로 살게 되었다. 흙으로 지으신 사람은 육체이기에 흙으로 돌아갈 뿐이지만, 생령이 된 사람은 비록 육신은 흙으로 돌아갈지라도 그의 영혼은 위로 올라가게 된다.

우리 베뢰아에서는 흙으로 지은 사람과 그 후에 생령이 된 사람을 구분한다. 두 사람 모두 아담으로 불리지만, 창세기 1장 26절의 사람은 흙으로 지음 받은 존재이지만, 2장 7절의 사람은 생령이기에 1장의 사람과는 구별된다. 앞의 아담은 보통명사로 전인류를 가리키지만, 뒤의 아담은 고유명사로 생령을 가리킨다. 생기를 받기 전의 사람은 보통명사의 아담이었는데, 그 사람이 생기를 받아 생령이 된 다음에는 고유명사의 아담이 된 것이다. 즉 고유명사의 아담은 "흙"을 재료로 하여 지음 받은 것으로 그치지 않고, 하나님의 생기를 받아 생령이 되었다. 생기를 받아서 사람이 된 것이 아니라, 사람이 된 후에 생령으로 발전한 것이다. 이는 육체의 호흡을 하는 사람이 영의 호흡을 하게 된 것이다.

우리는 창세기 2장 7절의 구절을 있는 그대로 받아들이려 한다. 하나님이 흙으로 '사람'을 지으셨다고 했으니, 그 사람은 사람이지, 사람 이상도 이하도 아니다. 흙으로 지음 받은 그 사람은 몸이 있고 생각과 감정이 있는, 사람으로서의 기능을 모두 갖춘 존재이다. 생령이 되었다는 것은 그제서 사람이 되었다는 말이 아니다. 그래서 성경은 생기를 불어넣음으로 사람이 생령이 되었다고 하였다.

이는 현재와 같은 생령으로서의 영적 존재 이전에 영이 없는 사람이 있었다는 말이다. 베뢰아와 일반 신학에서 차이점은 창세기 2장 7절에 나오는 사람과 생령을 구별되게 본다는 점이다. 베뢰아에서는 생령을 완성된 사람으로 여기지 않을 뿐더러, 그 사람을 생령이 되기 위한 과정이라고도 보지 않는다. 현재도 성령을 받은 자와 그렇지 않은 자가 외견상 구별되지 않는 것처럼 당시에도 그랬을 것이라고 추정한다. 사람으로서 완전함에도 성령이 거하지 않는 경우가 있는 것처럼, 창세기 2장에서도 그와 같았다는 것이다.

우리는 아무 것도 없는 것에서 새로운 것을 만들 때 사용하는 "아사" (עשה)로 지음받은 1장의 사람과는 달리, 2장의 사람은 기존에 있는 재료를 활용하여 새롭고 완벽한 것을 만들 때 사용하는 "야차르"(יצר)로 지음 받았다는 사실에 주목한다. 창세기 1장의 사람 창조는 최초의 창조이지만, 2장은 생령으로 완성해가는 과정이기 때문이다.

이것과 관련하여 혹자는 소위 '이중아담론'이니 '이중창조론'이니 하는 이름으로 우리의 창조론에 문제가 있는 것처럼 비판한다. 그러나 우리는 결코 하나님이 "아담"을 두 번 창조했다거나 '이중아담론'이라는 용어를 쓴 일이 없다. 이는 비판자들이 지어낸 말일 뿐이다. 창세기 1장의 인간은 여섯 째 날에 남자와 여자로 창조되었고 하나님은 그들에게 생육하고 번성할 것을 명하셨다. 그러나 창세기 2장에는 먼저 아담이 등장하고 일정한 시간이 흐른 뒤 하와가 등장하며, 하나님은 그들에게 에덴동산의 중앙에 있는 선악을 알게 하는 나무의 열매는 먹지 말라는 계명을 주셨다.

하나님은 자기의 형상을 따라 그 모양대로 완전한 인격적인 사람을 지으셨고(창1:26~27), 그들로 땅에 충만히 번성케 하신 후 그 충만한 수 가운데 한 사람을 택하여 그에게 생기(영)를 불어 넣어 생령(창2:7)이 되게 하신 것이다. 그리고 오직 유일한 생령인 아담의 갈빗대를 취하여 그의 배필을 지으셨으니, 그가 곧 하와이다. 그러니까 영이 없는 인간 중에서 한 사람을 택하여 그에게 영을 불어 넣은 것이지 또 다른 아담을 창조한 것이 아니다.

따라서 창세기 1장의 "사람"은 2장의 "사람"과 동일하나, 2장의 "생령"과는 동일하지 않으며, 또한 2장의 "사람"도 그 뒤에 나오는 "생령"과 동일하지 않다. 왜냐하면 사람은 흙으로 만들지만, 생령은 생기를 불어넣어야 존재하기 때문이다. 생령도 기본적으로는 사람이기에 외적인 형태와 존재는 사람과 동일하나, 영적인 상태는 전혀 다르다.

C. 생기와 생령

생기를 불어넣었다는 것은 호흡을 하느냐 하지 않느냐의 문제가 아니다. 사람은 생기가 있기 전부터 호흡을 하고 있었기 때문이다. 불어넣었기에 호흡을 하게 된 것이 아니라 이미 육신의 호흡은 하고 있었다. 따라서 여기에 나오는 "생기"는 목숨이 아니라 영이다.

"생기"를 뜻하는 히브리어 "니쉬마트 하임"(נשמת חיים)은 직역하면 "생명의 호흡"이다. 다른 피조물과는 달리 인간은 하나님으로부터 직접 나온 생명의 호흡을 하게 되었다. 사람이 동물처럼 단순히 육체적인 호흡만을 하게 되었다면 생령이 될 사람에게 하나님의 생기를 불어넣었다고 표현하지 않았을 것이다. 창세기 1장에 나오는 새와 물고기와 짐승들은 아담에게 불어넣은 것과 같은 생기를 불어넣지 않았어도, 이미 완전한 생명을 가지고 호흡을 하며 살아가기 때문이다. 하나님은 1장에서 흙으로 사람과 모든 생명체를 이미 완전하게 만드셨고, 그들은 숨을 쉬며 정상적으로 살고 있었다.

그래서 "하나님의 생기"는 사람의 "영"이라고 받아들인다. 생기가 사람에게서 유래했더라면 그 생기는 인간의 호흡이라고 할 수 있을 것이다. 그러나 하나님의 생기는 공기를 들이마시고 내쉬는 호흡이 아니다. 하나님은 사람과 같이 공기를 들이마시고 내쉬는 호흡을 해야 존재하는 분이 아니기 때문이다.

어떤 이는 하나님의 형상과 모양이 영혼이고 생기는 육신의 호흡이라고 말한다. 그러나 그런 주장은 설득력이 약하다. "영혼 없는 몸이 죽은 것"이라는 말씀처럼(약2:26) 영혼이 없으면 죽은 자인데, 하나님의 형상과 모양으로 영혼이 있게 된 자는 이미 육신의 호흡을 하고 있는 법이다. 그런데도 그에게 하나님의 생기를 불어넣었다는 것은 모순이 아닐 수 없다.

사람과 생령을 구별하지 못하는 또 다른 이유는 생령으로 번역된 "네페쉬 하야"(*won no*)가 새나 물고기나 땅의 짐승에게도 사용되었기 때문이다(창1:20~21, 24). 물론 "살아 호흡하는 생명체"라는 뜻의 네페쉬 하야가 사람과 동물 모두에게 사용된 것은 사실이지만, 그 단어가 사람에게 적용될 때는 짐승에게 사용된 의미와는 다르게 사용되었다는 점이다. 새나 물고기 등 일반 동물은 단순히 "있으라"는 말씀으로 네페쉬 하야가 되었으나, 인간은 하나님의 생기를 받아 네페쉬 하야가 되었기 때문이다. 네페쉬 하야를 단순 비교하면 인간과 동물을 동등하게 취급할 수밖에 없다. 동물과 사람이 영적 존재와 비영적 존재로 구분되듯이, 네페쉬 하야 중에도 영적 존재인 인간과 비영적 존재인 동물로 구분된다.

동물과 인간의 완전한 상태(네페쉬 하야)는 각각 다르기에 전도서는 이렇게 말하고 있다. "인생에게 임하는 일이 짐승에게도 임하나니 이 둘에게 임하는 일이 일반이라 다 동일한 호흡이 있어서 이의 죽음같이 저도 죽으니 사람이 짐승보다 뛰어남이 없음은 모든 것이 헛됨이로다 다 흙으로 말미암았으므로 다 흙으로 돌아가나니 다 한 곳으로 가거니와 인생의 혼은 위로 올라가고 짐승의 혼은 아래 곧 땅으로 내려가는 줄을 누가 알랴"(3:19~21).

인간에게 사용될 경우 네페쉬(헬라어로는 $\psi\nu\chi\iota\nu$)는 육체적 생명 이상의 의미를 가지고 있기에 구약과 신약 대부분에서 그 단어는 "영" 혹은 "영혼"(soul)으로 번역하였다. "기록된바 첫 사람 아담은 산 영($\psi\nu\chi\iota\tau\gamma\nu$ $\zeta\omega\sigma\alpha\nu$)이 되었다 함과 같이"(고전15:45) 인간은 동물과 구별되는 존재이기에, 하나님과 교제하는 존재로 설명할 때는 네페쉬를 사용하여 인간의 영적 특성을 강조하였다(눅12:20).

D. 아담과 네피림

우리는 창세기 6장에 나오는 네피림을 생령의 후손이 아닌, 사람의 후손이라고 하는 것이 더 설득력 있는 논리라고 생각한다. 하나님은 창세기 1장에서 남자와 여자를 만드신 후 그들에게 땅을 정복하고 다스리고 땅에 충만하라고 명하셨다. 2장에서 아담을 에덴동산에 살게 하기 전까지 그 남자와 여자는 생육하고 번성하여 땅에 가득하였을 것이다. 그 기간이 얼마일지는 알 수 없으나, 하나님은 그중에서 한 사람을 택하사 하나님의 생기, 즉 영을 불어넣으신 후 에덴에 거하게 하셨다.

생령이 된 아담은 영이 있는 자가 되었지만, 창세기 1장에서 창조된 영이 없는 사람은 영적 존재, 즉 생령이 되지 않았다. 생령이 되지 못한 그들은 에덴동산에 거하지 못하게 됨으로 네피림($\psi\nu\chi\iota\nu$)이라 불리게 되었다. 그들은 "탈락하다", "떨어지다"는 뜻의 히브리어 "나팔"($\psi\nu\chi\iota\nu$)에서 유래된 네피림이 된 것이다. 창세기 6장 4절에 "당시에 땅에 네피림이 있었고"라고 말씀한 것처럼, 그들은 창세기 1장에서 이미 지음받아 땅에 충만해야 할 사명을 가진 자들이었기에 땅에 가득하였을 것이다.

창세기 1장 27~28절을 보면, "하나님이 사람을 창조하시되 남자의 여자를 창조하시고 그들에게 복을 주시며 그들에게 이르시되 생육하고 번성하여 땅에 충만하라, 땅을 정복하라, 바다의 고기와 공중의 새와 땅에 움직이는 모든 생물을 다스리라"라고 하여, 첫 사람은 단수가 아니라 복수임을 말하고 있다. 이렇게 "그들"은 남자와 여자로서 동시에 창조되었고, 아담이 받은 명령과는 다른 명령을 받았다. 그와 달리 창세기 2장 7~19절에 나오는 생령이 된 아담에게는 '그 지으신 사람', '그 사람', '그를 위하여', '그에게로' 등 특정한 대상을 지칭하며, 분명하게 단수를 사용하였다.

1장과 2장의 남자와 여자는 서로 다른 존재이기에 히브리어 원어를 보더라도 구별된다. 1장은 인격적인 존재에게 붙이는 용어가 아니라, 동물적인 존재에게도 사용하는 용어를 썼다. 남자에게 사용된 "자카르"($\psi v \chi \iota v$)는 "남성"(male) 또는 "수컷"을 의미하며, 여자를 가리키는 "네케바"($\psi v \chi \iota v$)도 마찬가지로 "여성"(female) 또는 "암컷"을 의미한다. 그러나 2장 23~24절의 "남자"는 "이쉬"($\psi v \chi \iota v$)로, "여자"에게는 "잇샤"($\psi v \chi \iota v$)라고 하여 인격체에게 사용하는 용어로 표현하였다. 이렇게 두 존재는 원어로도 분명히 구별되고 있다.

따라서 2장의 아담이 최초의 사람이 아니기에 24절에서는 "남자가 부모를 떠나 그 아내와 연합하여 둘이 한 몸을 이룰지로다"라고 말씀하고 있다. 아담에게는 떠날 부모가 있으나, 하와에게는 그럴 부모가 없기 때문이다. 아담은 부모에게서 태어났기에 외견상 여느 사람과 다름없는 모습이었으나, 본질적으로는 네피림과 전혀 다른 영적인 사람이었다. 그래서 영적인 환경인 에덴에서 살고자 그의 부모를 떠나게 되었다.

만일 아담이 최초의 사람이라면 그 아들 가인과 아벨이 태어났을 때 이 땅에는 단 네 사람만 존재하고 있어야 한다. 그 후 가인이 아벨을 죽였으니, 세 사람만 있었을 것이다. 그런데 가인은 하나님께 쫓겨났을 때 "무릇 나를 만나는 자가 나를 죽이겠나이다"(창4:14) 하며 부모 외에 다른 사람의 존재를 말하고 있다. 문맥상으로 볼 때 가인이 두려워한 사람들은 아담과 하와가 아니었다. 아담과 하와 이전에 사람이 존재하고 있었기에 가인은 고향을 떠나 놋 땅에서 거하면서, 거기서 아내를 얻어 에녹을 낳았다.

"가인이 여호와 앞을 떠나 나가 에덴 동편 놋 땅에 거하였더니 아내와 동침하니 그가 잉태하여 에녹을 낳은지라 가인이 성을 쌓고 그 아들의 이름으로 성을 이름하여 에녹이라 하였더라"(창4:16~17)

어떤 이는 아담이 가인과 아벨 외에도 이미 많은 자녀를 낳았지만, 성경에 소개되지 않았을 뿐이라고 말하기도 하고, 또 다른 이는 가인은 농경민이고 아벨은 유목민이라고 하면서 당시에 많은 사람이 있었다고 말한다. 그러나 그것은 성경의 역사적 사실을 부인하는 것이며, 다른 구절과 맞지 않는 설명이다. 성경은 아담이 가인과 아벨 이후에 자녀를 낳았음을 기록하고 있다. 이후의 자녀를 기록했다면, 이전의 자녀에 대해서도 생략치 않고 기록하였을 것이 분명하다. 결국 가인이 두려워한 사람은 1장에서 창조된 남자와 여자로부터 출발하여 땅에 충만해진 사람들이다.

하나님이 네피림에게 땅을 다스리고 정복하고 지배하라 하셨기에(창1:28), 그들은 땅을 경작하여 잘 살기 위한 노력을 했고, 그 결과 발달된 문화를 가졌을 것이다. 그들은 짧게는 수천 년, 길게는 수십만 년에 걸쳐서 문명을 일구었을 것이다. 과학적으로 고대인 내지 선사인은 이들이었을 것이다. 그들의 문화는 노아 때 물속에 잠기기 전까지 절정을 이루며 발달하였을 것이다. 현대 고고학과 인류학이 밝혀내고 있는 고대 문명의 찬란함은 혹자의 억측처럼 외계인의 솜씨가 아니라, 네피림의 솜씨일 가능성이 크다. 그들은 영만 없었지, 하나님이 지으신 모든 것을 정복하고 다스리는 권리를 받았으므로, 장구한 세월 동안 지혜와 지식을 축적해 오면서 마침내 현대인도 상상하기 힘든 위대한 문명을 발달시켰을 것이다.

창세기 6장 4절에 "그들이 용사라 고대에 유명한 사람이었더라"고 하는 구절은 어떤 문명이 있었음을 유추케 한다. 어떤 업적이나 문명을 이루어냄으로써 유명한 사람이 되는 것이기 때문이다. 창세기 5장에서 말하고 있는 것처럼 그들은 성을 쌓았으며(17절), 육축을 치는 목축업을 발달시켰으며(20절), 수금과 통소를 만들어 연주할 정도로 음악적인 것도 발전시켰으며(21절), 동철(銅鐵)로 각양 날카로운 기계를 만들 줄 알았다(22절).

그러나 네피림은 영이 없는 존재이기에 노아 홍수 때 모두 멸절되었다. "방주에서 물로 말미암아 구원을 얻은 자가 몇 명뿐이니 겨우 여덟 명이라"(벧전3:20) 그들은 영이 없었으므로 내세가 없었다. 그들의 육신은 홍수 시에 물에 잠겨 사라졌다.

"사람이 땅 위에 번성하기 시작할 때에 그들에게서 딸들이 나니 하나님의 아들들이 사람의 딸들의 아름다움을 보고 자기들의 좋아하는 모든 자로 아내를 삼는지라 여호와께서 가라사대 나의 신이 영원히 사람과 함께 하지 아니하리니 이는 그들이 육체가 됨이라"(창6:1~3)

창세기 6장에는 "하나님의 아들들"과 "사람의 딸들"이 결혼을 했다는 내용이 나온다. 거기에 나오는 아들이든 딸이든 모두 사람일 텐데, 굳이 "아들들" 앞에는 하나님을 붙이고, "딸들" 앞에는 사람을 붙였다. 이에 대해 여러 가지 다른 견해가 나오고 있다. 어떤 이는 하나님의 아들들을 셋의 자손으로 보고, 사람의 딸들을 가인의 자손으로 보기도 한다. 또한 전자를 천사로, 후자를 사람으로 보기도 하고, 어떤 이는 전자를 전제군주 같은 지배자로, 후자를 힘없는 백성으로 보기도 한다. 그러나 우리 베뢰아에서는 하나님의 아들들을 영적 존재인 아담의 후손으로, 사람의 딸들을 영이 없는 네피림의 딸들로 본다.

하나님은 사람을 지으신 후 그들에게 생육하고 번성하라고 축복하셨다. 그래서 "사람의 딸들"로 불리는 그 후손들은 생육하고 번성하는 특성이 매우 강렬하였다. 당시 사람들은 최고 120년을 사는 현재의 인류와는 달리 300년에서 900년을 살면서 수많은 자손을 낳았다. 현재의 사람들이 20세 정도에서 50세 정도까지 출산을 하는 데 반해, 그들은 창세기 5장의 사람들처럼 65세에도 아이를 낳고, 187세에도 아이를 낳았다. "므두셀라는 일백 팔십 칠세에 라멕을 낳았고 라멕을 낳은 후 칠백 팔십 이년을 지내며 자녀를 낳았으며 그는 구백 육십 구세를 향수하고 죽었더라"(25~27절)

E. 하나님의 아들들과 사람의 딸들

영적 존재인 아담의 후손이 온 땅을 가득 채우고 있던 네피림의 딸들과 결혼을 하게 되자, 하나님은 사람 지으심을 한탄하셨다. 놋 땅에 가서 그 땅의 여자를 만나 결혼한 가인처럼, 아담의 다른 자녀들도 영적 존재인 자신의 신분을 망각하고 네피림의 딸들을 좋아하게 되었다.

영적인 혈통은 고려하지 않고, 단지 육체의 아름다움에 기준을 두고 여자를 취하게 되자, "여호와께서 가라사대 나의 신이 영원히 사람과 함께 하지 아니하리니 이는 그들이 육체가 됨이라"(창6:3) 하시고, 하나님의 신이 떠나게 되자 하나님의 아들들과 그 후손은 영적인 특성을 상실하고 육체적인 존재로 전락하게 되었다. 이로 인해 하나님은 땅에 사람 지으셨음을 한탄하사 마음에 근심하셨다(창6:6).

아담의 자녀와 육체의 사람이 결혼하여 자녀를 낳으면 하나님의 신은 거기에 더 이상 머물지 않겠다고 하셨다. 여기서 "신"은 아담과 그 후손 속에 있는 "하나님의 생기"를 말하는데, 신이 떠남으로써 그들은 더 이상 생령이 되지 않고, 네피림과 같은 육체의 사람이 되었다. 이는 수학의 곱하기 셈법과 유사하다. 즉 $1 \times 1 = 1$이 되듯, 생령과 생령이 결혼하여 자녀를 낳으면 생령이 태어나지만, $1 \times 0 = 0$이 되는 것처럼 생령과 육체의 사람이 결혼하여 자녀를 낳으면 영이 없도록 회수하신 것이다. 하나님의 아들들과 사람의 딸들이 결합하면 하나님은 그의 신을 거둬들여 그 후손들과 함께 하지 않겠다고 하셨다. 영적 존재의 존엄성을 망각하였기에 하나님은 사람의 죄악을 내버려 두지 않으시고 홍수로 벌하시기로 결심하셨다.

"그러나 노아는 여호와께 은혜를 입었더라 노아의 사적은 이러하니라 노아는 의인이요 당세에 완전한 자라 그가 하나님과 동행하였으며 그가 세 아들을 낳았으니 셈과 함과 야벳이라 때에 온 땅이 하나님 앞에 패괴하였으니 이는 땅에 있는 모든 혈육 있는 자의 행위가 패괴함이었더라"(창6:8~12)

하나님의 아들들이 사람의 딸들과 무질서하게 결혼함으로써 생령으로서의 본질이 파괴되자, 하나님은 이러한 타락을 묵인하지 않으시고, 그들을 멸하기로 작정하셨다(창6:7). 인류 전체가 육체의 사람이 되는 것을 중단시켜야 하므로, 노아의 가족에게만 은혜를 베푸시고 지면의 모든 사람을 쓸어버리게 된 것이다.

노아가 완전하다는 것은 성품이 훌륭하고 도덕적으로 흠이 없는 사람이란 뜻이 아니다. 그는 홍수 후에 술에 취해서 벌거벗고 누웠다가 자식에게 수치를 당하기도 한, 부족한 사람이었다. 그러나 사람의 딸들과 결혼하지 않고 하나님의 아들과 그 후손과만 결혼함으로 노아의 집안은 영적 혈통에 있어서는 순수했다. 그는 생령의 상태를 보존해야 하는 계명을 지킴으로써 하나님과 동행하고 있는 상태였다. 만일 하나님이 홍수 심판을 연기하시고 그대로 두었다면 노아의 집안조차 아담의 혈통에서 끊겼을지도 모를 일이었다.

 이를 위해서 하나님은 경건한 자손인 노아의 가족을 방주 안으로 불러들이고 땅에 홍수를 내려, 사람의 딸들과 같은 육체의 사람을 모두 멸하셨다. 이로써 네피림의 시대는 끝났고, 인류는 노아의 여덟 식구로부터 새로 시작하게 되었다.

 아담 이전에 사람이 있었다는 '아담전 인류설'(Pre-Adamite Theory)은 프랑스의 칼빈주의자 페이레르(Issak de la Peyrere, 1594~1676)가 처음으로 주장한 것인데(기독교대백과사전 제13권, p785 "전 아담파", 기독교문사), 존 스토트(John R.W.Stott)도 그의 저서에서 아담이 최초의 인류가 아니라는 것을 인정하였다(Understanding the Bible, 1972:49.). 또한 구약학자인 아처(Gleason L.Archer)도 영적인 아담 이전에 수많은 인류가 있었음을 주장했다(구약총론, 1989:224~25).

 아담 창조와 관련한, 이상(以上)의 주장은 창세기와 인류 역사에 대한 것을, 성경을 기초로 하여 최대한 논리적으로 설명한 것이라고 생각한다. 아담의 줄생연도를 주전 4004년으로 보는 견해로써는 과학시대의 여러 증거를 충분히 설명할 수 없기 때문이다.

 인류의 최초 조상은 아담으로 인정한다. 다만 위와 같은 해석은 어디까지나 해석상 견해차이로써 설대적 교리가 아니다. 끝으로 이런 설명은 신론과 관련된 부분이기에 진리가 아닌, 지식의 영역임을 다시 한번 더 밝힌다.

F. 김기동 목사는 기독론에서 신성을 부정하고 인성을 제한하며, 김목사의 삼위일체론은 양태론이다라는 부분에 대하여

 김기동 목사는 기독론에서 신성을 부정하거나 인성을 제한하지 않으며, 양태론을 거부하고 성부, 성자, 성령 삼위일체 하나님을 믿는다.

3. 김풍일 목사(새빛중앙교회)

교세:25,000여명 (지교회 47개교회, 예장(성경)총회)

(1) 김풍일 목사에 대한 비판내용

다음의 비판내용은 본회의 견해가 아니며 기총연자료집이나 각 교단 또는 소위 이단연구가들이 비판한 내용을 그대로 요약 전재한 것입니다.(편집자주)

• 김풍일 씨는 자신을 '가지 사명자' '보혜사' '또 다른 보혜사'로 명명하고 있는데 그의 '새 언약' 교리는 그의 주장의 핵심을 이루고 있다.
• 김풍일은 새 언약의 비밀을 통하여야만 구원을 얻을 수 있다고 주장한다. 그는 박태선 처럼 '가지 사명자'라며 자신의 사명을 강조하고 있다. 구원을 받은 성도들이 한국을 중심으로 천국을 이루게 되며 동방을 한국으로 보고 있다. (중략) 뿐만 아니라 구원의 처소는 '실로성전 즉 김풍일의 교회'라는 것이다. '실로'에 하나님이 오시는데 실로는 시온산에 있다는 것이며 보혜사 사명자가 출현하는 곳이라고 주장한다.(이대복. 이단종합연구)

(2) 시비 논란부분에 대한 답변(요약)

A. 자칭 보혜사에 대한 답변

본인은 예수격인 입장에서 "자칭 보혜사"라고 말한 사실이 전혀 없으며, 본인을 자칭 보혜사라고 믿는 신자들도 전혀 없는 것으로 믿고 있다. 고 탁명환 씨가 가지고 있는 자료들은 당시 총무로 있던 목사가 조작하여 만들어서 유출한 것이므로 인정할 수 없다.

다만 본인이 자칭 보혜사라고 지칭 받을 수 있는 요소가 전연 없는 것은 아니다. 본인이 주장하는 보혜사(保惠師)란, 대언자(代言者)적인 의미에서 보혜사라고 하였기 때문이다. 예수님이 대언자(주해기호③ 혹 보혜사)라고 요한1서 2장1절에 기록된 것과 같이 예수님은 하늘에서 보고 들은 것을 증거한 하나님의 말씀에 대하여 대언자이신 것이 분명하다(요3:32~33, 요17:17~19).

예수님은 하나님의 대언자가 되신 것 같이 그리스도인은 그리스도의 대언자(보혜사)가 되어야 한다는 것을 수차 논한바 있다. 오늘날 기독교 지도자들(목사)이 하나님이나 예수는 아니지 않느냐, 다만 예수의 대언자인 것이 분명한 것이다. 그러므로 예수의 대언자 모두가 보혜사에 해당하는 것이다.

본 교단에서 성경공부를 한 신도들 중 아무에게나 문의하여 보아도 보혜사성령(요16:13)을 받은 자라면 누구든지 보혜사가 될 수 있음을 알고 있으며 또한 그러한 보혜사가 되기 위하여 노력하고 있는 것이 현실이다.

B. 새빛중앙교회나 김풍일 목사의 가르침에만 절대 구원이 있는가?

한마디로 말해 새빛중앙교회나 김풍일 목사의 가르침만이 절대 구원이 있다고 주장한다면 본인(김풍일 목사)은 마귀새끼가 분명하다. 본인은 새빛중앙교회나 김풍일 목사의 가르침만이 절대 구원이 있다고 가르친 사실이 없으며 이러한 말을 하는 자가 있다면 이는 본인이나 본 교단을 저해하기 위한 마귀적인 사람들이라고 할 수 있다.

누구든지 저(예수)를 믿으면 멸망하지 않고 구원을 받을 수 있다고 하였고(요3:16) 예수의 이름으로만이 구원을 받을 수 있으며 예수 외에 천하에 구원 얻을만한 다른 이름을 주신 사실이 없다고 하였으므로(행 4:11~12) 이러한 질문자체의 답변을 쓰는 것이 주님 앞에 죄송할 뿐이다.

C. 본인은 '생명나무'를 텍스트로 한 적이 없으며 오직 성경만이 하나님의 절대적 말씀이다.

또한 본인은 본인의 가르침만이 절대 구원이 있다고 말한 적이 없으며 새빛교회(실로)만이 절대 구원이 있다고 말한 적이 없다. 이는 본인을 음해하려는 사람들이 꾸민 이야기로 일고의 가치조차 없다.

4. 김계화 원장(할렐루야기도원)

교세:교인수 – 119,470명, 유동교인수 – 370,844명
합 계 – 490,314명(2004년 4월 현재) 대한예수교장로회 할렐루야

총회(지교회수 : 국내외 약 107교회)

(1) 김계화 원장에 대한 비판내용

다음의 비판내용은 본회의 견해가 아니며 기총연자료집이나 각 교단 또는 소위 이단연구가들이 비판한 내용을 그대로 요약 전재한 것입니다.(편집자주)

• 김계화 씨가 만든 '성령수술'은 비성경적이다.

김계화 씨는 자신의 손톱으로 환자의 환부를 긁어 떨어진 살점과 그곳으로부터 흘러 응고된 핏덩어리를 가리켜 암덩어리라고 하는데 이는 자신의 손에서 불이 나가 빠져나온 것이라고 하며, 이를 '성령수술'이라고 한다.

김씨는 자신의 손을 사도행전 19:11의 '바울의 손'에 비유한다. 여기에서 말하는 '바울의 손'과 '김씨의 손'은 아무 관계가 없는 것이다.

• 김계화 씨가 주장하는 생수치료는 비성경적이다.

김씨가 주장하는 생수 교리는 그 물을 먹음으로 회개의 영이 들어가서 구원을 받게 된다는 것으로, 그 물은 곧 구원의 조건이 되기 때문에 도저히 성경의 지지를 받을 수 없는 교리이다.

• 김계화 씨의 계시론은 비성경적이다. 김씨의 입에서 나가는 말은 말씀이라고 한다. 김씨는 자신의 환상이나 환청 등을 계시라고 주장한다.

• 김씨는 자신을 신격화하고 있다.

기도원에서는 김씨를 '어머니'라 하여 '만세삼창'을 하고 있다.

(2) 시비 논란 부분에 대한 답변

A. 성령수술(聖靈手術) 문제

본 교단은 성령 하나님의 신유 은사를 믿으며 지금도 역사하고 나타나심을 확신하고 있다. 본 교단의 총회장인 김계화 목사는 신유를 위한 안수를 한다. 그러나 김목사는 다만 하나님의 도구로 쓰임을 받을 뿐이다. 신유집회 때마다 말하기를, "나는 단 한번도 병을 고쳐본 일이 없습니다. 오직 성령 하나님만이 하실 수 있습니다. 하나님이 고치시었습니다"라고 한다.

그럼에도 불구하고 소위 한기총의 연구 결과라고 지적한 성령수술에 대한 비판에서, "이는 자신의 손에서 불이 나가 빠져 나온 것이라고 하며 성령수술이라고 한다(꺼지지 않은 불, p108, 개혁공보 게재내용 중)"고 지적하고 있으나 그 책의 원문에는 "손에서 불이나가"라는 글귀는 눈을 씻고 찾아볼래야 없다. 그 책에는 이렇게 되어 있다. "손을 갖다 얹으며, 당신의 말씀을 이루소서, 살아 계신 하나님이라 기도했고, 그런데 놀랍게도 20여일이 지나 성령수술이 행해지기 시작했습니다. 손을 갖다 얹으니 암 덩어리가 녹아지기 시작하는 것이었습니다(p108.7~8줄 옮김)" 인데 터무니없이 왜곡된 표현을 하면서 마치 신격화하는 모습인양 주장하고 있다.

또 김계화 목사가 자신의 손을 바울의 손에 비유하고 있다고(외길가게 하소서, p153) 주장하나 그러한 일이 없다. 그 책 153쪽의 내용은 간암을 고침 받았다고 간증한 김평일 목사의 기고이다.

이와 같이 한기총은 왜곡을 자기 마음대로 하고 있다. 한번이라도 본 교단의 신유집회에 와서 보았다면 그런 실수는 하지 않았을 것이다. 질병으로 고생하면서 성령 하나님의 은사를 통해서 고침을 받고, 자신적 체험을 말한 것뿐이다. 질병으로 고생하면서 성령 하나님의 은사를 통해서 고침을 받고, 자신적 체험을 말한 것이 그렇게도 못마땅하고 잘못인가? 이것은 성령 하나님의 신유은사를 믿지 않은 어리석은 자들의 신앙적 중상모략이다.

본 교단과 본인(김계화)은 복음전파의 하나의 방법으로 성경적 안수를 하고 있다. 모든 이적과 기적으로 나타난 현실 체험에 대하여 '오직 하나님 그 분만이 하셨음을 고백' 하고, 모든 영광을 하나님께만 돌리고 있다. 본 교단은 예수 그리스도의 구원사역(마1:21), 신유사역(마8:17), 마귀를 박멸하는 사역(엡6:12)등을 하고 있다.

그러므로 본인과 본원에서 시행하는 치유 안수가 꼭 "성령수술"만 있는 것이 아니며 안수는 어디까지나 하나의 방법일 뿐이며 그 근본 내용은 피안수자의 믿음이요 본원에서의 치유는 믿는 자의 믿음에 의한 하나님의 은혜로 된 것이요, 본인(김계화)의 안수시행은 그 믿음으로의 안내 역할 이상이 아니다. 이렇게 안수 시행은 하나의 방법론이기 때문에 그 방법은 수시로 바뀔 수 있고 또 바뀌며 그때그때의 필요에 응하여 새로운 안수 방법이 주어져 왔다. 한기총이 언급한 그 "성령수술"의 안수 방법도 바뀔 수 있는 것이요 그래서 본원에서는 이미 사용되지 않고 있다.

B. 생수치료

생수 문제도 그러한 방법론적 차원이기에 이단 문제로 과장할 사안이 아니다. 생수, 곧 살아 있는 이 물은 경기도 포천 기도원 앞마당에서 한겨울 본원 원장 목사의 영감과 기도 가운데 그 지점이 지시되고 파여져 솟아난 물로 그 수질과 성분의 우수성이 과학적으로도 검증되었을 뿐 아니라 수많은 환자들이 마시고 치유를 체험한 귀한 물로 오늘도 수많은 사람들이 와서 거저 퍼 가는 이 물에 대해 시비하는 것은 남의 목회 봉사사역과 남의 기관 자원에 대한 무지하고 오만한 간섭이 아닐 수 없다.

한기총은 포천 할렐루야 기도원의 생수에 대해서 왜곡하고, 본 교단을 매도하고 있다. 그들은 그 생수가 능력의 생수 구원의 생수라고 유추하여 비판하였다.

김계화 목사의「외길가게 하소서(p80~92)」의 내용은 생수를 가져다가 마시고 먹은 성도들이 무좀, 위장병, 당뇨 등이 고쳐졌다는 간증을 하였을 때, 오히려 그물은 그냥 마시면 좋은 물일뿐이고, 하나님이 함께 하신다는 믿음으로 기도하면 역사 하실 것이라는 내용이다.

그리고 포천 할렐루야 기도원의 생수는 김계화 목사가 하나님께 구하기를 남녀노소, 건강한자나 병든자 모두에게 고루 줄 수 있는 것을 기도로 구하던 중 우물을 파게 되고 그 물을 교회를 다니는 자나 믿지 않은 누구이든 간에 거저 주기도 하고 먹을 수 있기 때문에 가족이나 이웃에게 전도하는 방법으로 활용하라고 했다.

그리고 "이 물은 복음을 위하여 주는 물이니 이물을 마시는 자마다 회개의 영을 받을 것이요, 복음을 전하는 영을 받으리라 이 물은 거저 받앉으니 거져 주라"고 하였다. 이것을 가지고 한기총은 본 교단을 왜곡하고 매도하고 있는 것이다.

이른바 한기총이 말하는 "생수론"에 대하여 우리는 논리적으로 일종의 의도적 "끌어들이기" 오류를 발견한다. 한기총은 '꺼지지 않는 불'에서 "박태선의 생수 은사가 자기에게 임했다고 한다"라고 주장했다는 내용에 대하여 저자는 결코 그런 뜻으로 말하지 않았으며 한기총의 그러한 해석은 무지의 오류일 뿐 아니라 본원과 박태선을 연결시키려는 의도적이고 악의적인 해석이다. 이는 상대방의 글을 부분 인용과 왜곡해석을 통하여 상대방의 진의를 반대로 전하는 논리자의 윤리에도 어긋나는 행위이다.

C. 계시(啓示)에 대하여

본 교단은 삼위일체 하나님께서 예나 지금이나 영원토록 역사하심을 믿는다. 하나님께서는 하나님의 종들과 백성들에게 지금 영적으로 신앙적 깨달음과 은혜를 주시기 위하여 간접적인 방법으로 환상과 꿈 그리고 예언 등을 통해서 역사 하신다고 믿는다.

우리는 이런 의미의 계시를 말한다. 그리고 김계화 목사의 소명은 하나님의 여종으로써 쓰임 받는 도구로서의 역할을 할 뿐이다. 결코 자신을 신격화 하거나, 신비주의적 언행을 하지 않는다. 또한 성경을 기록한 계시와 사도들이 받은 영감과 동일시하지 않는다. 오직 성령의 감동으로 주시는 마음을 선하게 행하는 것이 하나님의 기뻐하실 것임을 믿고 따르는 신앙이다.

D. 신격화

본 교단이나 김원장은 결코 신격화한 적이 없으며, 신격화를 절대 반대하며 복음전하는 사명자에 불과하다.

5. 기쁜소식선교회(박옥수 목사.대한예수교침례회)

교세:국내 229개교회, 해외 총 47개국 108개 교회. 교인수:약27만명

(1) 박옥수 목사에 대한 비판 내용

다음의 비판내용은 본회의 견해가 아니며 기총연자료집이나 각 교단 또는 소위 이단연구가들이 비판한 내용을 그대로 요약 전재한 것입니다.(편집자주)

• '깨달음'을 통해서 구원받고 회개를 계속하는 것은 구원받지 못한 증거라고 한다.

죄인이라고 고백하면 지옥으로 간다고 한다. 풍유적 성경 해석을 오용 남용하고 있다. 박옥수는 죄와 범죄, 회개와 자백을 구분하여 반복적 회개는 부인하고, 삶에서 나타나는 범죄는 하나하나를 일일이 고백하여 용서를 구할 필요가 없으며, 죄 자체를 인정(自白)하기만 하면 된다고 한다. 왜냐하면 회개로 죄가 사해지는 것이 아니라 예수의 보혈로 사해졌다는 사실을 깨달은 그 순간 죄가 해결되어 구원받았기 때문이라는 것이다. 그러므로 모든 죄가 용서되어 회개할 필요가 없으며, 회개하는 자는 구원받지 못한 자라고 주장한다.

또 믿음의 한 가지 기능인 깨달음으로 구원받는다는 이들의 주장은 영지주의적 사고임에 틀림이 없으며, 구원의 확신이 곧 구원이라고 생각하는 점은 구원의 역사에 대한 하나님의 주권(롬 9:16)을 무시하는 처사이다. 또한 구원을 위한 단회적 회개와 성화를 위한 반복적 회개를 구별하지 못하는 것이나, 스스로를 죄인이라고 하면 지옥에 간다는 주장은 성경의 가르침에 위배되는 명백한 이단으로 사료된다.(한기총, 이단사이비 종합자료 2004)

(2) 시비 논란 부분에 대한 답변(요약)

A. 구원은 전적인 하나님의 은혜와 예수 그리스도를 믿음으로 이루어진다.

다만 참된 믿음은 예수 그리스도와 성경 말씀에 대한 바른 이해와 깨달음을 통해 얻어진다.

"구원은 여호와께 있사오니 주의 복을 주의 백성에게 내리소서."(시 3:8)

"너희가 그 은혜를 인하여 믿음으로 말미암아 구원을 얻었나니, 이것이 너희에게서 난 것이 아니요 하나님의 선물이라."(엡2:8)
"그 안에서 너희도 진리의 말씀, 곧 너희의 구원의 복음을 듣고 그 안에서 또한 믿어 약속의 성령으로 인치심을 받았으니."(엡1:13)
"우리가 저희와 동일하게 주 예수의 은혜로 구원 받는 줄을 믿노라."(행15:11)

위의 말씀들처럼, 구원은 피구원자인 우리의 노력이나 행위로가 아니라, 전적인 하나님의 은혜로 받는 것이다. 즉 구원은 구원자이신 예수님께서 우리의 모든 죄를 사하기 위하여 십자가에 못 박혀 피 흘려주심으로써 우리를 의롭게 하신 사실을 믿음으로써 받는다. 그 믿음이 오기 위해서는 구원의 복음을 정확하게 알고 마음에 참된 깨달음이 와야 한다.

"너희가 성경도, 하나님의 능력도 알지 못하는 고로 오해하였도다."(마22:29)

유대인들은 오랫동안 나름대로 하나님을 섬겨 왔지만, 대부분 하나님이 보내신 예수님을 믿지 않고 거부했다. 당연한 결과로 그들은 구원을 받지 못하고 말았다. 그늘은 성경을 가지고 있었지만 성경을 오해하고 있었기 때문이다. 하나님의 말씀 속에 흐르는 하나님의 마음이나 뜻을 정확히 알지 못한 채 하나님의 말씀을 오해하면 참된 믿음을 가질 수 없다. 그러므로 말씀을 통해 예수 그리스도의 세계를 정확히 이해하고 깨닫도록 해주는 일은 아주 중요하다.

"너희로 나를 알고 믿으며 내가 그인 줄 깨닫게 하려 함이라."(사43:10)
"내가 너를 …파숫군으로 세웠으니… 나를 대신하여 그들을 깨우치라."(겔3:17)
"무리를 불러 이르시되 듣고 깨달으라."(마15:10)
"예수께서 가라사대 너희도 아직까지 깨달음이 없느냐?"(마15:16)
"너희가 듣고 참으로 하나님의 은혜를 깨달은 날부터…열매를 맺어

자라는도다."(골1:6)

성경은 위의 말씀들 외에도 참된 깨달음의 중요성을 수없이 역설하고 있다. 예수님은 자주 무리들에게 들은 말씀을 깨달으라고 하셨고, 당신이 전한 말씀을 깨닫고 있는지를 확인하셨으며, 깨닫지 못하는 것을 안타까워하셨다. 물론 이 깨달음은 우리의 지혜나 노력으로 되는 것이 아니라, 하나님의 주권과 성령의 역사로 말미암아야 한다. 그래서 사도 바울도 복음을 전할 때 아래와 같은 심정으로 하나님의 능력과 성령이 나타나기를 사모했다.

"내 말과 내 전도함이 지혜의 권하는 말로 하지 아니하고 다만 성령의 나타남과 능력으로 하여 너희 믿음이 사람의 지혜에 있지 아니하고 다만 하나님의 능력에 있게 하려 하였노라."(고전2:4, 5)

이처럼 성령으로 말미암은 참된 깨달음은 죄 사함의 구원을 받는 데나 주님과 동행하는 삶을 사는 데 있어서 매우 중요하다.
"육에 속한 사람은 하나님의 성령의 일을 받지 아니하나니 저희에게는 미련하게 보임이요 또 깨닫지도 못하나니 이런 일은 영적으로라야 분변함이니라."(고전2:14)
위의 말씀에서도 육에 속한 사람, 즉 성령으로 거듭나지 못한 사람의 특징은 깨닫지 못한다는 것이다. 참된 믿음은 진리나 사실에 대한 정확한 이해와 깨달음을 통해 오는 것이다. 우리가 무엇을 믿을 때 믿음의 대상을 보지 않고 믿을 수는 있지만, 믿음의 대상을 모르거나 이해하지 못하고 확실한 믿음을 가질 수는 없다. 막연하고 애매한 생각을 믿고 따르는 것은 미신이지 참된 신앙이 아니다. 하나님에 대한 참된 신앙은, 하나님의 말씀을 듣고 성령으로 말미암아 그 말씀이 의미하는 바에 대한 올바른 깨달음이 와서 그 말씀을 바르게 믿음으로 시작된다.
그런데 기독교인들 중에는 하나님의 말씀에 대한 정확한 이해와 깨달음 없이 막연히 신앙생활을 하고 있는 사람들이 많다. 본 선교회에서는 누구나 하나님의 은혜로 말씀을 정확히 깨달아 바르게 믿도록 인도해 주고 있다. 실제로 말씀에 대한 깨달음이 없는 채 거듭나지 못한 종교적인 삶 속에 머물러 있다가 본 선교회를 통해 분명한 말씀을 듣고 깨달아 죄 사함을 받은 후 밝고 새롭게 신앙생활을 하고 있는 분들이 참 많다. 혹자는 본 선교회가 깨달음만을 강조한다고 비방하기도 하는데, 이는 실제로 위에서 언급한 본 선교회의 입장을 크게 오해하는 것이다.

B. 반드시 거듭난 체험과 날이 있어야 한다.

"진실로 진실로 네게 이르노니 사람이 거듭나지 아니하면 하나님 나라를 볼 수 없느니라."(요3:3)

요한복음 3장에서 예수님은 니고데모에게 거듭나라고 하셨다. 거듭난다는 것은 영적 출생을 말하는 것으로 육적 출생처럼 반드시 태어난 날이 있다. 생일이 여러 날에 걸쳐 있지 않듯이, 거듭나는 것도 장기간에 걸친 점진적인 경험이 아니라는 데 이의가 없다면, 거듭난 날이 분명히 있다. 그렇기 때문에 그리스도인이라면 언제 어떻게 거듭났는지에 대한 분명한 간증이 있다.

혹자는 "갓난아이가 어떻게 자신의 태어난 날을 아느냐? 부모가 생일을 이야기해 주기 전까지는 모르는 것이 정상이다."고 하면서 스스로는 거듭난 날을 모르는 것이 당연하다고 주장한다. 그러나 육체적 출생과 영적으로 거듭나는 것(重生)에는 큰 차이가 있다. 육체적으로 출생하는 것은 이성(理性)이나 지적 능력이 발달하지 못한 상태에서 이뤄지지만, 죄 사함을 받고 거듭나는 것은 "영광의 아버지께서 지혜와 계시의 정신을 너희에게 주사 하나님을 알게 하시고"(엡1:17), "또 아는 것은 하나님의 아들이 이르러 우리에게 지각을 주사 우리로 참된 자를 알게 하신 것과"(요일5:19~20) 등의 말씀에서 보듯이, 하나님께서 지혜와 계시의 정신을 주시고, 지각을 주셔서 알게 하신다고 하셨다. 하나님이 알게 하시는데 어찌 모르는 것이 정상인가?

데살로니가전서 1장 5절에서도 이 복음이 마음에 임할 때는 능력과 성령과 큰 확신으로 된다고 했기에, 본인이 모르는 상태에서 거듭난다는 주장은 성경을 부인하는 것이다. 예수 그리스도의 크신 은혜와 영원한 생명을 얻는 것이 인생에서 가장 크고 놀라운 일임을 믿는 그리스도인이라면 어찌 자기 영혼이 죄악과 멸망에서 구원을 받아 귀하고 영광스러운 하나님의 자녀로 거듭난 날을 잊고 산단 말인가? 간음 중에 잡힌 여자가 주님을 만나 죄 사함을 받은 날, 십자가의 강도가 낙원의 약속을 받았던 그 날보다 그들의 생애 속에서 복된 날이 있었겠는가?

혹 어떤 사람들은 요한복음 3장의 "바람이 임의로 불매 네가 그 소리를 들어도 어디서 오며 어디로 가는지 알지 못하나니 성령으로 난 사람은 다 이러하니라."(요3:8)는 말씀을 인용해서 거듭나는 것은 본인이 모를 수도 있다 라고 주장한다. 성경을 조금만 읽어 보면 그것은 성경에 대한 무지를 스스로 입증하는 말이다. 요한복음 3장에 나오는 니고데모는 거듭나지 못한 사람이다. 그래서 그는 "거듭나야 한다."는 주님의 말씀이 기이했고, "어찌 이러한 일이 있을 수 있나이까?"하며 의아해 했다.

니고데모는 바리새파의 종교인으로서 예수님이 행하는 표적도 보고 믿었고, 예수님이 하나님께로서 오신 선생인 줄도 아는 사람이었는데, 예수님은 그에게 "바람이 임의로 불매 네가 그 소리를 들어도 어디서 오며 어디로 가는지 알지 못하나니"(요3:8)라고 말씀하셨다. 그런데 사람들은 이 구절을 오해하여 정반대로 '사람은 거듭났는지 안 났는지를 알 수 없다'는 식으로 왜곡하고 있으니 얼마나 잘못된 일인가? 예수님은 '거듭난다'는 것이 어떤 영적 경험을 의미하는지를 모르는 니고데모에게 "네가… 알지 못하나니"라고 하셨지, "성령으로 난 사람이 모른다."라고 하지 않으셨다. 그래서 요한복음 3장 10절에서 주님은 마땅히 알아야 할 것을 모르는 니고데모에게 "너는 이스라엘의 선생으로서 이러한 일을 알지 못하느냐?"라고 말씀하시지 않았는가? 우리가 구원받았는지 안 받았는지는 죽어봐야 아는 것이 아니다. 하나님의 말씀 안에 있는 증거를 통해 분명히 알 수 있고, 또 반드시 알아야 하는 것이다.

"주의 말씀 받은 그날 참 기쁘고 복되도다. 이 기쁜 맘 못 이겨서 온 세상에 전하노라. 기쁜 날 기쁜 날 주 나의 죄 다 씻은 날"(209장)

위의 찬송가사도 그 주제가 거듭남이라고 찬송가에 적혀 있고, 고린도후서 6장 2절에 나오는 구원의 날을 근거로 지은 가사라고 기록되어 있지 않은가? 사도행전 2장 41절에서도 초대교회는 복음을 들은 사람들 중에 하루에 3,000명이 제자가 되고 안 되는 것을 정확하게 분별해

내지 않았는가? 빌립보서 4장 3절을 보면 "그 이름들이 생명책에 있느니라."는 말씀도 있다. 즉, 사도 바울은 어떤 사람들의 이름이 생명책에 기록되었는지도 정확하게 밝히고 있는데, 어찌 자기 영혼이 거듭났는지 안 났는지, 자기가 천국에 갈지 지옥에 갈지도 모르고 신앙생활을 할 수 있겠는가?

혹자는 본 선교회가 거듭난 일시를 정확히 알아야 거듭나는 것으로 인정한다고 왜곡하는데, 거듭 말하지만 본 선교회는 "예수님을 믿는다면 반드시 거듭나는 은혜를 입어야 하며, 분명하게 거듭난 사실이 있어야 한다."는 성경의 진리를 강조하는 것이지, 그 날과 시간 자체를 기억해야 한다는 주장을 하는 게 아니다. 다만 기독교인으로서 거듭난 체험이 없거나, 아니면 엉뚱한 체험을 거듭난 것으로 잘못 인식하고 있는 부분은 성경적으로 반드시 바로잡혀야 한다.

C. 진정한 회개와 자백이 필요하나, 회개 기도로 속죄가 되는 것은 결코 아니다.

본 선교회에서는 회개를 신앙생활에 가장 중요한 부분 중 하나로 여기지만, 비성경적이고 변질된 회개 기도는 개혁되어야 됨을 강조한다. 특히, 본 선교회가 기도하지 않는다는 주장은 사실무근한 것으로, 본 선교회에 속한 모든 교회에서는 새벽기도회, 수요기도회, 철야기도회가 공식 예배 순서로 지정되어 있으며, 성도 개인의 기도 생활도 강조하고 있음을 밝히면서 성경적인 회개에 대해 살펴보기로 하겠다.

성경에서 회개는 구원의 필수적인 과정이고 조건이기 때문에 구원을 받기 위해서는 반드시 회개가 필요하다. 회개는 한자어로는 '悔改'로 '뉘우치고 고친다.'는 의미며, 헬라원어로는 '메타노이아'로 '가던 길에서 돌이키다. 마음을 고치다.'이다. 그러므로 참된 회개는 자신이 무엇이 잘못되어 있는지를 정확히 발견하는 데서부터 시작된다. 우리는 하나님을 떠나 범죄한 아담 안에서 태어났기 때문에 우리의 부분적인 행위가 잘못된 것이 아니라, 우리의 근본, 본질, 소속, 길이 처음부터 잘못되었다. 회개에는 먼저 그 자각이 와야 한다. 그 후 근본적으로 하나님을 떠나 있는 자기를 부인하고 하나님께로 돌아와야 하는데, 문제는 몇몇 가지 잘못된 행위를 고백하고 용서를 비는 것이 회개인 줄로 잘못 알고 있는 사람들이 많다는 것이다.

"내 아버지에게는 양식이 풍족한 품군이 얼마나 많은고? 나는 여기서 주려 죽는구나!…이에 일어나서 아버지께로 돌아가니라." (눅 15:17~19)

누가복음 15장에 나오는 탕자의 비유는 진정한 회개를 잘 설명해주고 있다. 둘째 아들은 아버지를 떠나 자기 생각과 욕망을 따라 먼 나라로 갔다. 그 결과로 허비와 궁핍, 수고와 고통, 실패와 죽음을 맞게 되었다. 아버지의 눈에는 탕자가 아버지를 떠날 때 이미 죽었는데, 둘째 아들은 주려 죽는 형편이 왔을 때 비로소 그 마음에 죽음을 깨닫게 되었다. 그때 둘째 아들은 어떻게 돌이켰는가? 허랑방탕한 삶에서 성실한 삶으로 돌이켰는가? 아니다. 아버지를 떠나 자기를 믿고 산 삶의 결국이 멸망임을 깨닫고, 자기 자신에게서 돌이켜 아버지께로 돌아왔다. 그 돌이킴이 참된 회개이며, 구원과 거듭남의 필수조건인 것이다.

하지만 기독교인들 중 상당수가 자기를 부인하는 마음의 변화 없이 부분적인 행위를 고치고 다듬는 데에만 애를 쓰고 있다. 그러니까 하나님을 떠나 사망과 저주 아래 있는 자기 영혼의 상태를 발견하고 하나님의 은혜와 긍휼 앞에 나아가는 것이 아니라, '죄를 지었지만 회개기도를 했으니까 용서해 주시겠지' 하는 생각 뒤에 숨어 회개 기도가 오히려 범죄한 자신을 스스로 위로하는 방패가 되어 있는 사람들이 허다하다. 그런 사람들은 마음 중심으로 돌이키고 죄에서 벗어나는 은혜를 입는 것이 아니라, 마음은 여전히 죄 가운데 머물러 있으면서 양심의 정죄와 가책에 얽매여 살고 있다. 사실 범죄나 허물은 마음이 하나님을 떠난 데서 나타나는 결과요, 열매이다. 그렇기에 죄를 짓지 않으려는 노력보다 먼저 하나님께로 돌아와 하나님의 마음을 만나고, 받아들여야 한다. 그 마음이 우리를 주장할 때 우리가 거룩한 삶을 사는 것이다.

회개에 있어 더 큰 문제는, 많은 사람들이 회개를 '죄를 지은 후 하나님께 용서를 구함으로 죄 사함을 받는 방법'으로 인식하는 것이다. 즉, 죄 용서를 구하는 회개기도를 함으로써 죄가 씻어진다고 믿는 것이다. 그래서 참 많은 교인들이 죄를 짓고 나면 자기가 지은 죄를 고백하고 용서를 구하는 회개기도를 하고 있고, 그러한 기도를 하지 않으면 이단시 한다.

"…생명이 피에 있으므로 피가 죄를 속하느니라."(레17:11) "…피로써 정결케 되나니, 피흘림이 없은즉 사함이 없느니라."(히9:22) "염소와 송아지의 피로 아니하고, 오직 자기 피로 영원한 속죄를 이루사"(히9:12) "이것은 죄 사함을 얻게 하려고 많은 사람을 위하여 흘리는바 나의 피 곧 언약의 피니라."(마26:28) "피 없이는 아니하나니 이 피는 자기와 백성의 허물을 위하여 드리는 것이라."(히9:7)

위의 말씀들처럼, 우리의 모든 죄는 무슨 죄든지 예수 그리스도의 보혈만을 믿는 믿음으로만 씻어지는 것이 진리인데, 행위적인 차원의 회개기도는 그리스도의 보혈을 믿는 믿음을 대신하는 하나의 속죄 방법으로 대체되어 결국 그리스도의 보혈만을 믿지 못하게 한다. 그래서 많은 교인들이 죄를 지으면 회개기도를 하려고만 하지, 예수 그리스도의 보혈이 어떻게 우리의 모든 죄를 사하셨는지를 정확히 깨닫고 믿음으로 온전한 죄 사함을 받지는 못하고 있다.

"때가 찼고 하나님의 나라가 가까왔으니 회개하고 복음을 믿으라."(막1:15) "베드로가 가로되 '너희가 회개하여 각각 예수 그리스도의 이름으로 세례를 받고 죄 사함을 얻으라. 그리하면 성령을 선물로 받으리니"(행2:38)

예수님은 회개만 하라고 하지 않으시고 회개하고 복음을 믿으라고 하셨다. 또한, 베드로도 회개의 세례를 받은 후 죄 사함을 얻으라고 했다. 즉, 회개하는 것과 죄 사함은 별개인 것임을 분명히 밝히고 있는 것이다. 그러므로 회개는 죄 사함을 받기 이전에 죄에서 돌이키는 것이라면, 실제 죄를 사함 받는 것은 복음 곧 예수 그리스도께서 우리의 모든 죄를 사하신 사실을 믿는 믿음으로 되는 것이다. 그런데도 복음을 정확히 알고 믿으려고 하기보다 회개기도로 죄 사함을 받으려는 사람들이 얼마나 많은가!

본 선교회에서는 이처럼 비성경적이며 잘못된 회개기도에 문제점이 있다는 것이지, 본질적이고 근본적인 회개의 무용론을 주장하는 것이 아니다. 오히려 진정한 회개가 필요함을 역설하는 바이다. 그래서 본 선교회에서는 어느 교단보다 회개를 강조하며, 사람들의 마음에 참된 회개가 되었는가를 살펴 신앙 상담을 해주고 올바른 신앙의 길로 인도해 주고 있다. 물론, 거듭난 후에도 회개가 필요하다. 그러나 그 회개는 죄 사함 받고 거듭나기 위해 반드시 선행되어야 하는 근본적인 회개와는 성격이 다르다.

첫 회개는 탕자가 자기 길을 버리고 아버지께로 돌이킨 것과 같은 단회적인 회개로 하나님을 떠나 사단이 주는 마음을 따라 죄인으로 살던 사람이 마음을 돌이켜 하나님 앞에 돌아옴으로써 모든 죄를 사함받고 하나님의 자녀로 거듭나는 데 필요한 회개라면, 두 번째 회개는 구원을 받은 하나님의 자녀가 죄를 범함으로 하나님과의 사귐이 끊어졌을 때, 자신의 죄를 자백하고 돌이킴으로 다시 하나님과 사귐을 회복하는 데 필요한 회개다.

"만일 우리가 우리 죄를 자백하면 저는 미쁘시고 의로우사 우리 죄를 사하시며 모든 불의에서 우리를 깨끗케 하실 것이요"(요일1:9)

요한일서를 보면, 죄를 자백할 수 있는 자격과 대상은 반드시 하나님의 자녀로 거듭난 의인이어야만 한다. 이미 온전한 속죄를 받은 의인에게는 죄에 대한 용서가 끝나 더 이상 심판은 없지만, 사단의 미혹과 연약한 육신으로 말미암아 범죄를 할 수 있고, 범죄를 하게 되면 하나님과의 사귐은 끊어진다. 그때 성령은 우리 마음 안에서 죄를 책망하시고 돌이키게 하시는데 이때 하는 자백은 속죄가 아니라 사귐을 위한 것이다. 그래서 요한일서가 기록된 목적도 아래 말씀처럼, 죄에 대한 용서가 아니라 범죄치 않게 하려는 것이다.

"나의 자녀들아 내가 이것을 너희에게 씀은 너희로 죄를 범치 않게 하려 함이라."(요일2:1)

분명한 사실은, "염소와 송아지의 피로 아니하고 오직 자기 피로 영원한 속죄를 이루사"(히9:12절) "이것을 사하셨은즉 다시 죄를 위하여 제사드릴 것이 없느니라."(히10:18)는 말씀처럼, 우리의 모든 죄는 그리스도의 피로 말미암아 이미 영원한 속죄가 이루어졌기에, 다시 죄를 용서받기 위한 제사가 필요 없다. 그러나 우리가 구원받은 후에도 죄를 범할 때가 있는데, 이 부분에 대해서는 아래에서 좀더 명료하게 단계별로 설명해 보겠다.

① 하나님 앞에 심판 받을 죄인임을 발견함
② 죄인이 죄를 깨닫고 긍휼을 바라며 회개함
③ 죄 사함의 복음을 듣고 믿어 거듭난 성도가 됨
④ 거듭난 성도가 죄를 범하여 어두움에 거함
⑤ 성도가 죄를 자백하고 뉘우침으로 하나님과 사귐을 가짐.

위의 ①번 단계는 거듭나지 못한 죄인의 단계며, ②번 단계는 죄인이 거듭나기 위한 마음의 회개 단계며, ③번 단계는 거듭난 의인의 단계며, ④번 단계는 의인이 죄를 범하여 하나님과 사귐이 끊어진 단계며, ⑤번 단계는 의인의 회개 단계 곧 자백이다. ②번 단계의 회개는 반복될 수 없는 일생에 단 한번뿐인 것으로 죄인만이 행하는 회개 단계인 반면에 ⑤번 단계의 회개는 하나님과 멀어졌을 때마다 돌이키는 것으로 의인만이 행하는 회개 단계이다.

분명히 알아야 하는 것은 죄인이 죄를 짓는 것과 의인이 죄를 짓는 것에는 차이가 있다. 죄인의 범죄는 범죄 자체보다 그 죄인의 위치가 문제이다. 하지만 의인의 범죄는 위치의 문제가 아니라 범죄로 인한 하나님과의 사귐의 문제이다. 그렇기에 죄인은 범죄한 후 심판 받을 자신의 영적 상태를 발견한 후 단번에 그리스도의 보혈로 그 모든 죄를 온전히 사함 받아 의인으로 거듭나야 되지만, 의인은 죄를 지은 후 그때그때 자백함으로 육신의 생각과 어두움에서 벗어나 하나님과의 사귐이 이어져야 된다.

문제는, 한국의 많은 교인들이 ②번 단계인 죄인의 상태에서 ⑤번 단계의 자백을 회개기도로 변질시켜 반복해서 하고 있는 것이다. 즉, 죄인의 위치에서 날마다 짓는 범죄를 용서받기 위해서 자백하듯 기도하고 있는 것이다. 그렇기에 죄인의 위치에서 벗어나지 못한 채 늘 죄 용서를 구하지만 영원한 속죄를 받은 의인의 위치에 이르지 못하는 것이다.

결론적으로 오늘날 일반적으로 행해지고 있는 회개 기도는 죄인이 거듭나기 위해 행하는 회개도 아니고, 거듭난 의인이 하나님과 사귐을 갖기 위해 행하는 자백도 아닌 비정상적이고 비성경적인 것이라는 데에 큰 문제점이 있다.

본 선교회에서는 그렇게 비성경적으로 혼돈되고 변질된 회개기도에 대해 문제를 삼고 성경적인 회개를 할 수 있도록 이끌어주려고 하는 것이지, 회개의 불필요성을 주장하는 것이 아니다. 이 부분에 대해서는 성경적으로 많은 사례를 들어 충분히 설명할 수 있지만, 한정된 지면 사정상 여기에서 줄인다.

D. 죄인은 지옥에 갈 수밖에 없고, 구원받으면 의인이 된다.
"사람이 마음으로 믿어 의에 이르고"(롬10:10)
"그러므로 우리가 믿음으로 의롭다 하심을 얻었은즉"(롬5:1)

위의 말씀처럼, 하나님은 믿음의 결과가 '의에 이르고, 의롭다 함을 얻는 것'이라고 말씀하신다. 그러므로 하나님을 믿는다면서 그 마음이 의에 이르지 못했다면 그 믿음은 잘못된 믿음이다. 예수님을 믿는다는 것은 단순히 예수님이 하나님의 아들이며 우리 죄를 위해 십자가에 못 박혀 죽으신 분이라는 사실만 믿는 것이 아니다.

밥을 먹으면 배가 부르고, 물을 마시면 갈증이 해소되듯, 예수님께서 이 땅에 오신 진정한 목적, 즉 예수님의 죽음과 부활의 의미를 밝히 깨달아 참된 믿음이 들어오면 그 심령이 바로 죄에서 벗어나 의에 이르게 된다. 그 믿음으로 마음이 의에 이른 사람이 구원받은 사람이다.

혹자는 "의인은 없나니 하나도 없으며"(롬3:10)라는 말씀을 인용하여 의인은 세상에 존재하지 않으며, 의인이라고 고백하는 사람을 교만하다며 이단시하는데, 그것은 성경이 말하는 두 가지 의(義)를 구분하지 못하는 데서 온 잘못이다. 로마서 3장 20~21절이나 로마서 10장 3절에 보면 두 가지 의가 나온다. 그래서 성경에는 두 종류의 의인이 있다. 첫째는 전혀 죄를 짓지 않은 의인이고, 둘째는 죄를 지었지만 죄 값을 지불함으로써 의롭게 된 의인이다. 물론 죄를 짓지 아니한 의인은 예수 그리스도뿐이다. 그러나 죄 사함을 받은 의인은 많이 있다.

"노아는 의인이요"(창6:9) "의인 아벨의 피로부터"(마23:35) "의로운 롯을 건지셨으니 이 의인이"(벧후2:7,8)

로마서 3장 23절이나 5장 12절을 보면, 하나님은 모든 사람이 죄를 범하였다고 말씀하셨기 때문에, 이 지구 위에서 죄를 범하지 않은 사람은 단 한 명도 없다. 그럼에도 불구하고 성경에 의인들이 많이 나타나는 것을 보면(의인이라는 단어는 성경에 약 200번 가까이 나옴) 죄를 지었는데도 불구하고 의롭게 되는 길이 있다는 것이 분명하다. 그런데 사람들이 죄를 짓느냐 안 짓느냐에 따라 의인이 되고 안 되는 줄로 아는 길 하나밖에 모르기 때문에, 죄를 지었는데도 불구하고 의인이라고 하면 이해를 못하는 것이다.

성경에는 우리 행위와 상관없이 하나님의 은혜로 의롭게 되는 길이 있다. 로마서 4장을 보면, 아브라함이나 다윗이 그들의 행위로써는 결코 의롭게 될 수 없는데, 그들이 어떻게 의롭게 되었는지를 상세하게 설명해 주고 있다. 부산서 서울까지 가는데 버스로 가는 길 하나밖에 모르는 사람은 비행기로 버스보다 더 빨리 서울에 간다는 말을 이해 못할 것이다. 성경에 나오는 수많은 의인들, 예를 들어 아브라함이나 다윗이나 베드로와 같이 신령한 하나님의 종들은 죄를 짓지 않아서 의롭게 되었던가? 우리는 아브라함의 허물과 다윗이 범죄한 사실, 그리고 베드로가 예수님을 저주하고 맹세하면서 예수님을 부인한 사실을 알고 있다. 그런데 성경은 어떻게 그들을 의인이라고 하는가? 그 이유는 간단하다. 그들은 자기 행위로 의로워지는 길 말고 하나님의 은혜로 의롭게 되는 다른 길을 발견했기 때문이다. 자기 행위와 상관없는 의, 영원히 변치 않는 하나님의 의를 얻었기 때문이다.

"내가 가진 의는 율법에서 난 것이 아니요, 오직 그리스도를 믿음으로 말미암은 것이니, 곧 믿음으로 하나님께로서 난 의라."(빌 3:9)

6. 나운몽 목사(용문산기도원)

교세:약 25여 교회

연구

나운몽 목사는 우리나라 초기 기도원의 모체라 할 수 있는 용문산기도원의 설립자이며, 93세라는 고령에도 불구하고 지금도 강단에서 설교를 하는 등 왕성한 목회활동을 하고 있다. 나목사는 그들의 답변서 등에서는 정통교리를 따르고 있는 것처럼 보여진다.

그러나 나운몽 목사의 저서인 '기독교 도리학'이나 '구국설교집', 또는 '2000년 전통교리 이상 있다', '성경난제 백문백답' 등에서 주장한 내용들을 보면 지나치게 동방사상(한국지칭 또는 동양)이 강하고 따라서 극단적 민족주의를 곳곳에서 엿볼 수 있다. 이런 측면을 부각시키다 보니 단군이나 공자, 석가 같은 인물이 이방 선지자가 된다는 등의 주장이 나오고 있으며 세대주의 사상이 깊이 배어 있다. 나목사는 구국설교집 제5집(pp134~139)에서 다음과 같이 말했다.

'높은 진리를 설명한 공자도, 자비의 이름으로 하나님의 사랑을 나타낸 석가도, 정의의 덕을 가르치다가 닭 한 마리의 빚까지 청산해 버리고 간 소크라테스도 영원한 지옥나라로 몰아 넣어버리는 신학사상에서 우리는 그대로 만족하고 있을 것인가?'

'…유대나라 선지자는 정통이고 동양의 선지는 이단이라고 몰아쳐야 할 것인가? 분명히 이방 선지자도 하나님을 증거했고 구원의 길을 증거했다. 많은 선지자들 중에도 공자나 석가같은 이들은 대선지였다. (중략)… 오늘날까지 2천5백년이 지나오는 동안 계속되고 있는 공자의 교훈이나 석가의 교훈을 어찌 이단이라고 단정할 수 있는가? 엄연히 공자는 하나님의 교훈 공의를 들고 나와서 도덕률을 선포하는 교훈은 율법 역할을 했고 석가는 자비를 들고 나와서 내세를 증거하는 교훈은 예언 역할을 했다.' ('2000년 전통교리 이상 있다', pp119~120)

따라서 나목사의 이런 여러 가지 주장이나 강조점이 결국 성경 이상의 범주를 벗어나는 오류를 범하고 있다.

'기독교에서 부활을 말하는 것이나 불교에서 불타가 된다는 것이나 유교에서 신선이 된다는 것'은 동일하다는 것과 공자나 석가는 하나님께서 보내신 이방선지 중의 하나라는 것은 분명한 비성경적 교리이다.(예장통합 경남노회 제38회 제3차 임시노회(1968. 7. 22)' 경남노회의 결의에 대하여 본회는 동감한다. 결국 이에 대해 답변을 거부한 것은 이같은 주장을 취소할 의사가 없다는 것으로 밖에 받아들일 수 없다.

따라서 나운몽 목사의 이같은 혼합주의적인 신앙관은 분명 정통교리가 아니며 매우 경계해야할 교리이다. 아울러 본회는 나운몽 목사가 하루속히 이같은 비성경적 주장을 버리고 정통교리로 회귀할 것을 권고 드린다.

7. 대한예수교침례회(이요한 목사. 서울중앙교회)

교세:전국 98개 교회에 약 6만명. 해외 약 20개국에 60여교회

(1) 대한예수교침례회에 대한 비판 내용

> 다음의 비판내용은 본회의 견해가 아니며 기총연자료집이나 각 교단 또는 소위 이단연구가들이 비판한 내용을 그대로 요약 전재한 것입니다.(편집자주)

(비판내용은 기독교복음침례회 편을 참조바람.

(2) 시비 논란 부분에 대한 답변

A. 기독교 복음 침례회(세칭 구원파)와의 관계

기독교복음침례회에 소속해 있었으나 몇 가지 이유가 있어(상대에 대한 인신공격 오해가 있어 구체적 내용은 밝히지 않음) 나올 수밖에 없었다. 그후 지금까지 어떠한 교류도 연관도 없다. 그러므로 과거에 어디에 연관이 있었는지 여부보다는 현재 전하고 있는 복음의 주요 내용과 방법이 어떠한지를 근거로 이단여부를 가려야 할 것이다.

B. 구원문제에 대하여

우리가 복음을 전하는 주요대상은 하나님을 알지도 못하고 성경도 알지 못하는 일반인들이다. 그러므로 6일간의 성경강연회(전도집회)의 내용을 보면 4일간은 성경이 하나님의 말씀이고, 하나님이 살아 계신다는 것을 증거하고, 나머지 2일 동안 하나님의 은혜의 복음에 대해서 설명하는 것이다.

그리고 우리가 남의 믿음을 판단하고 우리와 같지 않으면 구원받지

못한 것으로 단정한다고 하는데 그렇지 않다. 구원의 여부는 하나님이 알고 자신이 알기 때문에 상대방이 함부로 판정할 수 없다. 그리고 교파를 초월해서 누구든지 하나님의 은혜를 깨닫고 믿으면 구원을 받습니다. 구원받은 사람들은 세계적으로 많이 있다(요3:16; 딛2:11).

혹, 하나님이나 성경에 대한 확실한 믿음도 없고 아직은 천국에 갈 만한 믿음이 없는 경우에는 성경을 배워 보게 해서 정말 하나님이 살아계신다는 것과, 주 예수께서 자기의 죄를 대신 짊어지고 친히 죽어주심으로 모든 죄를 사하여 주신 구주라는 사실, 그래서 영원한 생명을 주셨다는 사실을 가르쳐 줍니다.

C. 구원받은 후에 하는 회개에 대한 문제

(「모든 해답은 성경에 있다 II - 복음에 합당한 생활」이요한 저, p20~24 참조)

자신이 구원받았다고 주장하면서 잘못 행하는 사람은 그 믿음이 진실치 못한 것이며, 거듭난 사람은 반드시 성령의 능력으로 마음과 생각이 변화되게 된다.

성령으로 말미암아 거듭난 하나님의 자녀는 그 행실 문제로 구원이 취소되는 것은 아닙니다. 만약 구원받은 이후에도 그 거듭난 사람의 행동에 따라 구원이 취소될 수가 있다면 구원은 영원하고 완전한 것이 될 수 없습니다. 성경에는 분명 과거, 현재, 미래의 모든 죄를 영원히 대속했다고 말씀하고 있다.

구원받은 그리스도인이 죄를 짓는 것은 당연히 안 되지만, 죄를 짓는다 하더라도 이미 받은 구원에는 영향이 없습니다. 신자가 혹 죄를 범한다면, 이는 지옥의 형벌과 관련된 것이 아니라 아버지와 아들간의 사귐과 교제에 관계된 것입니다. 따라서 아버지가 아들을 대함과 같이 책망과 징계는 받지만 영원한 멸망을 당하는 것은 아니다(요10:28; 히12:5~8; 고전5:5).

그러므로 구원받은 사람은 하나님과 교제하며 성장해야 하는데 죄가 있으면 하나님과의 교제가 끊어지게 되므로 죄를 자백하고 돌이키는 회개를 계속 해야한다. 그래야만 하나님과의 교제를 유지할 수 있고 거룩한 생활을 통해 세상의 빛과 소금이 될 수 있다.

D. 하나님의 은혜를 깨닫고 믿음으로 구원받는다는 말에 대하여

깨닫는다는 말은 특별한 말이 아니다. 복음을 깨닫는다는 말이나 죄 사함을 받는다는 말이나 거듭난다는 말이나 주님을 영접한다는 말이나 회개하고 믿는다는 말이나 다 같은 의미이다(마13:13~23; 눅24:45; 행 8:30; 골1:6, 2:2). 구원은 회개하고 하나님의 복음을 믿음으로 받아들일 때 이루어지는 것이다.

믿는다는 것은 보편적인 지식으로 알고 있는 것이 아니라 정확하게 자기의 것이 되는 것이다. 깨달았다는 말은 이처럼 알고 있는 사실이 믿음으로 이루어졌다는 의미이다. 이는 이론적인 지식, 교리적인 문답 정도가 아니라 개인의 마음에 체험되는 확실한 믿음을 의미한다. 그러므로 깨달음과 믿음은 같은 의미이지 절대 다른 뜻으로 사용하고 있지 않다.

E. 거듭난 날을 기억하는 문제

(「모든 해답은 성경에 있다 Ⅰ- 진리를 아는 지식」 이요한 저, p124~125 참조)

구원을 받는 것은 영혼이 하나님 앞에 새롭게 태어나는 사건이다. 하나님 앞에 지옥에 갈 수 밖에 없는 비참한 죄인이 하나님을 믿고 그 사랑을 감사함으로 받아들일 때 모든 죄가 용서함을 받는 체험이다(골 1:6). 지식과 감정과 의지가 함께 작용하며, 성령이 역사하심으로 마음 문을 열고 들어오시는 사건이다.

우리는 그 날을 꼭 알아야 한다고 주장하지 않는다. 구원받은 날을 기억하지 못할 수도 있으므로 날짜가 중요한 것이 아니라 하나님의 은혜를 확실히 깨닫고 믿는 것이 중요한 것이다. 하나님의 말씀으로 자신의 모든 죄가 사해지고 예수 그리스도를 구주로 받아들인 경험은 있어야 한다고 믿는다.

F. 주기도문과 사도신경에 대하여

(「모든 해답은 성경에 있다 Ⅱ- 복음에 합당한 생활」; 이요한 저, p89~102 참조)

우리는 주기도문을 집회 시마다 외우지는 않지만 주님께서 가르쳐주신 기도의 본으로서 그렇게 기도하도록 가르친다. 예수님께서 단순하게 반복해서 암송하라고 가르쳐주신 것이 아니라 우리가 마땅히 하나님께 구하고 부르짖어야 할 기도의 내용과 제목을 가르쳐주신 것이라 믿기 때문이다. 당연히 이 기도는 그리스도인이 매일 해야하고 그의 삶을 통해서 나타나야 한다. 사도신경도 마찬가지로 집회 때마다 외우지는 않지만 그 주요내용은 다 믿고 있다.

G. 기도에 대하여(새벽기도, 철야기도 등)

(「모든 해답은 성경에 있다 II - 복음에 합당한 생활」이요한 저, p102~104)

기도의 중요성은 성경에 가르치신 대로 믿으며 공중기도나 개인기도를 중요시한다. 도시생활의 여건상 함께 모여서 하는 새벽기도회를 갖지 않으나 각자가 새벽에나 조용한 시간에 기도할 것을 강조한다. 필요한 경우 밤을 새우며, 때로는 금식하며 기도하는 것이 타당하다.

성도들이 기회가 되는 대로 자주 모여 기도모임시간을 가지거나 Q.T.를 하게 하는 것도 개인 경건의 시간이 필요하기 때문이다.

H. 주일성수, 십일조에 관하여

(「모든 해답은 성경에 있다 II - 복음에 합당한 생활」; 이요한 저, p84~87, 115~117 참조)

그리스도인이 주일에 교회에 나와서 말씀을 배우고 성도들과 교제를 나누는 일은 당연한 것이다. 주일에는 육신의 일을 쉬고 말씀을 배우며 성도가 교제하고 전도하는 일을 위해 모여야 한다고 가르친다. 그러므로 주일은 종일 하나님께 드리고 또 신앙이 성장하는 기회로 삼기 위해서 모인다.

또한 십일조와 헌금을 하는 것도 당연한 일이다. 구원받은 그리스도인은 자기의 모든 것을 주님이 피로 사셨음을 알고 청지기로서의 삶을 사는 것임을 강조한다. 그러므로 십일조는 하나님의 것으로 마땅히 바쳐야하며 그것은 복음 전하는 일과 성도 섬기는 일에 거룩하게 사용해야 한다.

I. 거룩한 생활에 대하여

([모든 해답은 성경에 있다 II - 복음에 합당한 생활] 이요한 저, p18~19 참조)

구원받은 사람이 마음대로 살 수 없다. 하나님의 그 십자가의 사랑을 받은 그리스도인이 아무렇게나 살거나 마음대로 죄를 짓는다면 그 믿음에 문제가 있다고 볼 수 있다. 그리스도인은 당연히 거룩하라고 말씀하신 그리스도의 명령을 따라 죄로부터 멀어지며 거룩한 생활을 해야 한다(살전4:7; 벧전1:15~16). 그래야만 하나님과의 교제가 지속될 수 있고, 깨끗한 그릇이 되어 복음을 전할 수도 있다.

8. 대복기도원(황판금)/소원의 항구기도원(이옥희)

대복기도원의 황판금 씨는 1948년 경북 경주에서 출생했으며, 1990년대 초에 기도원을 설립하였다. 방언, 영서, 예언, 계시에 치우치고 계시 축복을 빙자한 신앙으로 주변 교회들과 갈등이 야기되고 있는 것으로 파악되고 있다.

황판금 씨의 계시와 환상에 전적으로 의존하며, 비성경적인 예언과 방언, 안찰, 투시, 영서, 입신 등의 방법으로 집회를 인도하고 있다. 1993년 예장 통합측 제78차 총회에서 '사이비집단'으로 규정되었다. 소원의 항구기도원은 이옥희 씨가 강원도 영월에 '태백기도원'을 세워 운영하였고, 최근 기도원의 명칭을 '소원의 항구기도원'으로 변경하여 운영하고 있는 것으로 나타났다.

주로 방언과 통역을 통한 예언과 치유를 하고 있으며, 두 손가락으로 눈을 찌르는 '안수' 행위를 할 때 불이 눈을 통해 들어가서 모든 것을 소멸하고 '욕심보, 죄악보'를 터뜨려 구토, 설사 등의 증세가 나타난다고 주장한다. 이 기도원도 예장 통합측 제78회 총회에서 '비성경적인 집회'로 규정받았다.

9. 뜨레스디아스

뜨레스디아스란?

뜨레스 디아스(Tres Dias)는 원래 그 기원이 스페인에서 시작되었다. 뜨레스 디아스 탄생 배경은 19세기 말 스페인은 세 차례의 내전을 겪게 됨으로 인하여 사회적, 정신적 질서를 잃고 혼란에 빠져 있었다. 내전의 결과는 국민의 이념을 극좌와 극우로 나누어 놓았고, 군사 독재 정부는 무신론적 경향을 가진 좌익 혁명 세력들의 공격을 받고 있는 상황이었다.

가톨릭교 국가인 스페인의 신부들은 이념적 갈등을 가톨릭교 신앙으로 극복 시킬 방법을 모색했고, 그런 가운데 찾아낸 것이 가톨릭교에서 성인으로 인정한 야고보의 무덤이 있는 성지 산티아고 테 콤포스테라로의 순례 행진을 떠나는 것이었다.

순례행진 과정에서 신부들은 서로가 서로를 먼저 배려하고, 양보하는 모습에서 감각적인 위로가 사람을 하나 되게 한다는 것을 경험하게 된다. 순례에 참석한 신부들은 이와 같은 훈련이 가톨릭교내에 있어야 함을 동감했고, 성지 순례 후 33차의 단체 집중 훈련을 시행하면서 개발되어 나온 것 이 현재 가톨릭교에서 시행되고 있는 꾸르시오운동이다. 이후 꾸루시오 운동은 1966년 교황이 이 프로그램에 참여한 후 격찬함으로 세계 가톨릭교회들의 중심적인 신앙훈련 프로그램으로 번져 갔고, 한국 가톨릭교에서는 1967년 5월 4일 필리핀 가톨릭교인들이 와서 시작함으로 시행되었다.

가톨릭교의 꾸르시오 운동이 개신교로 넘어와 뜨레스 디아스란 이름으로 자리잡기 시작한 것은 1960년대 초로써 미국 가톨릭교인들이 미국 텍사스에서 꾸르시오 행사를 거행함으로 이루어졌다. 1960년대 이후 미국에서 영어로 실시한 꾸르시오 행사에 개신교인들의 참여의 폭이 커지자 가톨릭교에서는 개신교인들도 참여할 수 있도록 하자는 의견들이 대두되면서 급기야 꾸르시오를 초교파 운동으로 확대하기 위해 스페인어로 '3일'을 뜻하는 「뜨레스 디아스」란 이름으로 탄생시켰다.

초교파 운동으로 확대된 뜨레스 디아스의 최초 행사는 1972년 11월 2일 미국 뉴욕주 뉴퍼스에서 개최되었고, 이후 뉴잉글랜드, 뉴저지, 펜실바니아 등 미국 동부 지역을 중심으로 퍼져 나갔다. 뜨레스 디아스 행사는 급기야 1980년 7월 11일에 가톨릭교적 요소를 개신교적 요소로 발전시킨 가운데 미국 전체를 연합한 뜨레스 디아스란 이름의 조직을 갖춘 후 전 세계로 이 운동이 확산시켜 나갔다.

한국에서의 시작은 미국의 초교파적 이 운동에 레마성서연구원의 이명범교수가 병행 훈련 프로그램으로 1984년 7월에 한국 남자 1기 56명이 훈련받은 것이 한국 TD운동의 시발이었다.

그러나 이 운동은 이씨뿐 아니라 미국의 영향을 받았거나 아니면 미국과 연계되어 자생적인 단체들이 생겨나기 시작하였다. 서울 뜨레스 디아스, 아가페 뜨레스 디아스, 골든 뜨레스 디아스, 여의도 뜨레스 디아스 등이 있으며 금호제일감리교회의 장광영감독이 독자적으로 이 운동을 해오고 있다.

이 운동의 본질적 목적은 그리스도인들을 주 예수 그리스도와 보다 가까이, 보다 친밀하게 하고자 하는 운동이며 그리스도인들의 생활환경 속에서 지도자적 자질과 사도적인 능력을 함양케 하는데 목적을 두고 있다고 밝혔다. 이 행사는 3일간 특정 장소(호텔이나 기도원, 수양관, 교육관 등)에 입소하여 각종 프로그램으로 진행되는 프로그램으로 이단적 또는 신학적 의미를 담고 있지 않는 일반적인 프로그램이다. 주관하는 단체나 교회 또는 개인에 따라 프로그램이 만들어지는데 이런 모임에 특별한 의미를 부여하는 것은 옳지 않다고 보여진다. 그러나 최근들어 인기를 끌고 있는 알파 등에서 주말수양회 프로그램에 성령은사체험이란 시간에서 뒤로 넘어짐, 금이빨사역, 팔다리 길어지는 등의 은사체험이 강조되고 있어 신학적 검토가 필요하다는 지적이다.

이런 운동에 대해 한기총은 '2004 이단사이비 자료집'에서 이단사이비 단체나 운동으로 분류하여 취급하고 있다. 현재 TD를 실시하는 교회는 대형 교단 내에서도 많이 있으며 특히 예장통합측에 소속된 교회들도 상당수 있는 것으로 조사됐다.

현재 이 운동은 여의도순복음교회, 온누리교회, 일산한소망교회, 서울연동교회 등에서 유사하게 실시하고 있다. 다음 자료는 인터넷에 공개된 예장 통합측 소속의 교회들(이중 3개 교회만 합동등 타교단)이며 실질적으로는 이보다 훨씬 많은 교회들이 TD를 실시하고 있다.

10. 류광수 목사(다락방, 전도총회)

교세:대한예수교장로회 총회(전도) (교회수:500개 교회,목회자수;758명)

(1) 류광수 목사에 대한 비판 내용

다음의 비판내용은 본회의 견해가 아니며 기총연자료집이나 각 교단 또는 소위 이단연구가들이 비판한 내용을 그대로 요약 전재한 것입니다.(편집자주)

• 예장통합은 다음과 같은 연구 결론을 총회에 제출해 통과시켰다.
류광수 씨의 다락방 전도운동은 비록 전도운동이라 주장하지만, 그 가르침 가운데 마귀론에서 오류를 범하고 있는 것으로 밝혀졌고, 교회를 어지럽히고 성도들을 혼란케 하는 등 사이비성이 있으므로 제81회 총회 이후로는 본 교단 소속 목회자들과 교인들이 이 운동에 참여하거나 이 운동을 그대로 답습하는 일이 없어야 될 것이며, 본 교단에서 운영하고 있는 총회 전도학교를 적극 활용토록 함이 좋을 것으로 사료된다.

• 성령은 지금도 환상, 꿈, 말씀 등으로 인도한다는 성경이외의 계시를 주장하고, 마귀가 계시하는 것을 알아야 한다고 주장한다.

• 천사동원설과 죄와 사단의 일체설, 그리고 성도와 삼위 하나님의 연합을 강조한다. 또 예수 그리스도의 십자가의 죽으심을 우리의 실패의 대가를 사단에게 갚는 것이라는 '사단 배상설(보상설)'을 주장한다.

• 이 외에도 사단의 결박권, 축복권과 저주의 권세권, 그리스도의 대행권, 세계복음화의 권세. 기도 청구권 등이 성도의 권세라고 주장한다.

(2) 시비 논란 부분에 대한 답변

A. 천사동원설에 대한 답변

저는 올바른 교단에서 자라고 배웠다. 이단 사상을 가질 이유도, 가르칠 이유도, 또한 이단 집단에 대한 경험도 전혀 없었다. 다만 전도현장에서 일꾼들에게 성도의 축복을 강조하는 중 성삼위일체 하나님의 역사와 말씀의 역사를 강조하였으며, 성도가 기도하고 전도 할 때 성령의 도우심이 있으며 흑암권세는 결박되며, 천사의 도움이 있음을 성경에 나타난 것만 증거 하였다.

B. 사단배상설에 대한 답변

제가 대학 3학년 때 한국학을 신학교에서 학습하던 중 무당에 관한 연구를 하였다. 그때 당시 한국에 무당 50만과 역술인 40만이 활동하고 있었다. 그들이 전부 사단에게 잡혀 있다고 깨달았다. 그래서 그 부분에 대한 전도의 필요성을 강조하게 되었다.

사단배상설에 관한 비난을 받고 제 설교를 조사해 보았다. 부산 수영로교회 집회시(Tape2) 설교하던 중 20년간 무당 생활 하다가 돌아온 교인을 소개하면서 '더 이상 사단에게 굴복 할 이유가 없다. 주님께서 십자가에서 지불하셨다'고 격려한 내용이 그렇게 와전되었다. 그것도 단 한번 그런 표현을 한 것 같다.

C. 김기동 목사 귀신론에 대한 견해

솔직히 저는 김기동 씨를 잘 알지도 못하고 언급할 지식을 갖고 있지 못하다. 그 부분에 대한 답변은 제가 드릴 자료가 없으며 김기동 씨의 베뢰아 아카데미 수료설은 절대로 헛소문이다.

D. 재 영접설에 대한 답변

저는 구원의 은혜가 너무 고마워 학원, 공단, 군 현장에 직접 들어가 전도하게 되었다. 저를 다른 사람으로 보지 마시고 전도자로 보아 주시면 더 바랄 것이 없겠다. 전도현장에서 전도하다 보니 예수 그리스도에 대한 증거를 듣고 믿음을 가지겠다고 고백하는 사람들이 많았다. 그 사실을 간증하니 많은 분들이 전도현장에 뛰어 들게 되었다. 공단, 대학, 군부대에서 예수가 그리스도임을 소개하고 그 분을 영접하라고 소개 했다. 그리고 영접 곧 믿음이라고 요1:12을 소개 했다.

그러나 믿는 자에게 재 영접해야 한다는 말은 도저히 저로서는 이해가 안 되는 상식 밖의 이야기임을 하나님 앞에서 양심적으로 고백한다. 혹시 다른 사람이 지나친 강조를 했는지에 대해서는 알 수는 없으나 저의 설교나, 강의에서 한 번도 그런 적은 없다. 혹 어떤 분이 그리스도에 관한 말씀을 듣고 지금까지 교회당에만 다녔지 예수님을 믿지 않았으니 지금부터 예수님을 믿고 그 분을 나의 구주로 영접하겠다고 하면 그것은 그분 개인의 사정이지 다른 사람과의 관계가 아니라고 생각한다.

"다락방운동 이단성 없는 정치 문제"

합동측 당시 이상강규명위원장 책자서 밝혀

대한예수교장로회 합동측 총회 '류광수 다락방 방지 및 이단성 규명위원장'을 지낸 이상강목사(대구 동산교회)가 류광수 다락방운동 사상에 이단성을 발견하지 못했고, 정치적으로 이단으로 몰았다고 주장해 관심을 모으고 있다. 이목사는 지난 5일 발행된 〈대한민국이 잘사는 길〉(쿰란출판사 간)에서 이같은 사실을 상세히 기술했다. 〈관련기사 9면〉

이상강목사는 "류광수 다락방 운동은 기존 교회의 전도하지 않고 하나님 앞에서 나태함을 비판하며 성경공부와 전도하는 운동으로, 당시 합동 총회 소속 목사만 3천명 이상이 참가하여 교육받고 수많은 성도들이 참여하여 총회의 큰 이슈가 되었다"면서 "총회에서는 큰 위기감을 느끼고 류광수 다락방운동에 대해 총회 차원에서 조사하기로 결정하고 저를 위원장으로 선출했다"고 설명했다.

이어 이목사는 "저는 책들과 테이프들을 검토해 보고, 류광수목사가 1996년 2월 15일 보내온 답변서를 철저하게 검토하였으나 신학사상에 대한 이단성을 발견하지 못했다"면서 "노회, 총회가 하나님 뜻대로 처리하지 아니하고 인본주의로 처리하는 것과 같이 류광수 다락방운동은 정치적으로 처리됐다"고 주장했다.

이목사는 "1996년 7월 27일자 교단 기관지 1면과 9면에 '신학부장 이재영목사가 1996년 7월 19일 신학부 실행위원회 결정대로 다락방 운동 연구 작업 종결, 신학부에서 총신대 교수 연구보고서를 받기로 가결하다. 이단성 규명위원장 이상강목사가 신학부 결정이 법적 효력이 없는 무효임을 주장하다, 총회 산하 교역자 다락방 집회 참석 불허하기로 가결하다' 등을 보도하여 전국교회 교역자들과 성도들이 류광수목사가 이단인 것으로 잘못 알게 되었다"고 밝혔다. 결국 합동측 총회는 다락방운동이 문제 없다고 보고하는 이상강목사에 대해 그해 신학부 실행위원회에서 위원장직을 경질하고, 기독신보에 위원회 서기를 대리로 결의하여 류광수 다락방을 이단공고했다.

이후 총회의 불법성과 잘못된 행정처리를 계속 제기해 온 이목사는 "1998년 9월 제83회 총회 재판국 보고까지 대성교회 위임목사 신분이 보장되는데도 대구중노회 재판국원과 대성교회 장로들이 공모하여 무력으로 저를 쫓아냈다"면서 "1997년 5월 대구 동산중앙교회를 개척하여 시무할 때도 예배시간에 대성교회 장로들과 집사들이 몰려와서 입에 담지 못할 욕설을 퍼붓는 등 피해를 입혔다"고 주장했다. /1832호

이에 나는 총회에 상소하며 힘겨운 싸움을 할 수 밖에 없었다. 결국 1998년 8월12일 총회 재판국에서 진실된 판결을 받았다. "이상강 목사는 류광수 다락방과 관계없고, 류광수로부터 금전받은 사실도 없고, 대구중노회가 재판절차 없이 시벌하였으므로 시벌 이전의 신분으로 회복한다."

총회가 이단으로 결정하는 모든 사건들은 성경66권과 칼빈주의 신학에 근거하여 하나님 앞에 신중해야 한다.

이단성 여부를 철저하게 조사하고 연구하여 이단이 아닌 자를 이단으로 결정 실족시키는 일은 없어야 한다. 또한 이단을 눈감아 주는 일이 있어서도 안 될 것이다.

"내가 이 책의 예언의 말씀을 듣는 각인에게 증거 하노니 만일 누구든지 이것들 외에 더하면 하나님이 이 책에 기록된 재앙들을 그에게 더하실 터이요 만일 누구든지 이 책의 예언의 말씀에서 제하여 버리면 하나님이 이 책에 기록된 생명나무와 및 거룩한 성에 참예함을 제하여 버리시리라"(계 22:18-19절). 이단자는 하나님의 말씀인 성경을 더하든지 제하든지 하는 자이다. 자기주장을 끝까지 사수하는 자이다.

그러나 류광수 목사는 총회에서 잘못된 부분을 지적하면 당장 고치겠다는 겸한 자세였고, 현재까지 총회는 류광수목사에게 잘못된 부분을 지적한 사실이 없다. 라고 밝히고 있다.

한편 김남식 박사는(기독신문 편집국장과 주필역임) 세계전도운동사(베다니출판사,2006년,P429-431)에서 다락방에 관해 다음과 같이 서술하고 있다.

(1) 지금까지의 다락방 신학과 전도이론에 대한 비판에 관해

이러한 지적과 비판에 대해 다락방의 입장은 아래와 같다.

첫째, 다락방이 김기동 귀신론과 같다는 주장은 완전히 오해임을 강조한다. 오히려 김기동 귀신론은 "불신자가 죽어서 귀신이 된다"는 샤머니즘적인 귀신론 일뿐, 올바른 귀신에 대한 이해가 아니라는 것이다. 다락방에서 말하는 "마귀"와 "귀신"은 기존교회의 입장과 다를 바 없는 "타락한 천사로서, 창세기 3장에서 출현하여 지금까지 모든 불신자의 아비 노릇을 하며(요 8:44), 세상의 임금 노릇을 하는 자(요 16:11, 엡 2:2)"임을 강조한다.

다락방에서 귀신과 마귀에 대해 자주 말하는 것은 전도현장에 가면 실제로 귀신에 잡혀 영적 문제에 시달리는 사람들을 만나게 되고, 이들에게 요일 3:8에 "하나님의 아들이 나타나신 것은 마귀의 일을 멸하러 오심이니라"는 말씀에 근거해서 그리스도의 3대 사역 중에 이 귀신의 권세를 꺾고 승리하신 그리스도의 왕적 사역을 강조하여 그들을 치유하게 됨으로 시작되었다고 말한다. 실제로 그것이 올바른 전도가 아니냐고 항변한다.

둘째, 다락방에서 가르치는 "천사동원권"은 비판하는 내용과는 사실이 다르다고 한다. "천사동원권"이란 하나님의 자녀가 된 순간 성도가 반드시 누려야 할 축복으로서, 히브리서 1:14을 근거로 구원받은 하나님의 자녀는 항상 천사가 동원되어 보호하고 있고, 성도가 기도할 때 하나님께서 천사를 동원하여 일한다는 점을 가르친 것이 마치 성도가 천사를 마음대로 오라 가라 하며 부린다는 점으로 오해된 것으로 설명한다. 이는 "동원권"이라는 표현을 사용해서 나온 오해이므로 시정하고 더 이상 사용하지 않겠다는 입장을 분명해 했다.

셋째, 다락방을 통해서 영접해야 구원 얻는다고 가르친다는 비판에 대해서, 그것은 전도현장에서 구원의 확신이 없는 기존 신자를 만날 때 구원의 확신을 갖도록 돕기 위해 영접을 시킨 것이 그렇게 오해되었다고 답변한다. 그것은 마치 전도폭발이나 사영리를 통해서 구원의 확신이 없는 기존 신자를 영접시키는 것과 같은 수준으로 이해해 달라는 입장이다.

넷째, 기성교회를 비판함으로 자신들만 구원이 있다고 가르친다는 점에서는 전도 현장에서 자신의 구원에 대한 확신이 없고, 그리스도와 전도의 축복을 이

해하지 못하는 교인들을 많이 만나다 보니 오늘의 교회가 각성해야 한다고 가르친 것이 그렇게 오해 되었다고 설명한다. 특히 이 부분에 대해서는 스스로 자제할 것과 피해를 입은 한국교회에 사과한다는 입장을 표명한 바 있다.

다섯째, "전도가 모든 것"이라고 가르침으로 교회의 다른 기능을 약화시켰다는 점에 대해서는 이렇게 말한다. 전도가 되어지기 위해서는 필수적으로 복음을 깊이 이해하고 누려야하며, 복음을 이해하면 예배와 교육, 봉사 등의 교회의 모든 기능도 당연히 활성화 될 수밖에 없기에 "전도가 된다는 말은 모든 것이 다 된다"는 뜻을 강조한 것이라고 말한다.

실제로 전도는 복음을 이해하고 누리는 성도들이 당연히 누려야 할 축복인데(행 1:8, 마 28:16-20), 오늘날 교회에서 예배, 교육, 봉사, 친교는 쉽게 생각하면서, 복음을 이해하고 누리면 당연히 되어지는 전도를 어렵게 생각함으로 한국교회와 세계교회가 불신자는 물론 다른 종교 단체, 무속, 뉴에이지 운동하는 단체들에게 비웃음을 당하고 있다고 지적한다.

(2) 다락방 전도운동의 이단성 논의를 다른 측면에서 접근할 수 있다.

첫째, 신학적 미숙함이다. 사용된 용어들을 처음부터 신학적으로 바로 해석하고 제시했으면 심각한 문제로 확산되지 않았을 것인데 그렇지 못하였다. 예를 들면 '천사동원권', '사탄결박권' 같은 단어들이 충분한 해설이 없이 사용되다가 논란의 핵이 되었다.

둘째, 기성교회에 대한 비판이다. 류광수 목사의 설교나 강의에서 전도하지 않는 기성교회를 질타한 것이 문제를 더욱 확산시키고 부메랑 현상으로 그에게 돌아왔다. 또 교인들의 수평이동이 이러한 단죄의 고리가 되었음을 부인할 수 없다. 비판이 비판을 낳는 악순환의 연속이 된 것이다.

셋째, 지도자의 인간관계 문제이다. 내성적 성격의 소유자들이 다른 사람과의 인간관계가 원만하지 못할 때에 갈등관계가 조성될 수 있다. 이 운동의 일부 지도자들에게서 그러한 점을 찾을 수 있다.

1996년 한국 기독교 100주년 기념관에서 당시 이단 시비로 인해 공청회가 열렸을 때 다락방의 대표 류광수 목사는 표현상의 오류나 잘못 가르친 점이 있다면 사과하고, 앞으로도 계속 시정할 뜻이 있음을 분명히 하면서 신문지상에 광고를 냈다. 현재 다락방 단체가 그 동안 오해되었던 부분을 시정하고 있는 시점에서, 과연 한국 교회와 각 교단이 이 문제를 어떻게 풀어 갈지는 중요한 숙제가 아닐 수 없다.

다락방 전도 운동은 많은 논란 속에서 하나의 교단(전도총회)으로 정착하고 전도이론을 체계화하여 전도운동을 활발히 전개하고 있는데, 한국교회의 유익을 위해 새로운 해법이 나와야 한다.

11. 말씀보존학회(이송오 목사)

교세:성경침례교회:500여명, 독립 운영의 지교회 국내 15곳과 미국에 1곳 등

말씀보존학회에 대한 비판

다음의 비판내용은 본회의 견해가 아니며 기총연자료집이나 각 교단 또는 소위 이단연구가들이 비판한 내용을 그대로 요약 전재한 것입니다. 따라서 본 내용은 예장연 저 '정통과 이단종합연구서'를 다수 전재하였음을 참고바랍니다.(편집자주)

• 말씀보존학회 왜 문제인가?
※말씀보존학회가 논란을 일으키는 부분이 다른 것들과 차별화되고 독특성을 가지는 이유는,
(a) 단순한 성경의 해석 차원이 아니라 성경 자체에 대한 이견(우리가 가지고 있는 개역 성경은 사탄이 변개한 가짜 성경이라느니 한국교회는 성경을 가지고 있지 않다느니 하는 등 등)을 주장한다는 점.
(b) 그동안 성도들이 의심의 여지없이 믿고 따르던 성경을 불신하게 만든다는 점.
(c) 그들의 주장이 사본학과 원문비평에 익숙지 않은 사람들에게 접촉되어 터무니없고 무지한 논리지만 대단히 학구적이고 합리적으로 들릴 가능성이 많기 때문에 우려성이 크고, 이에 따라 개역 성경을 사용하고 다른 번역본을 무시하지 않는 정상적인 성경관이 파괴되어 성도들이 혼란에 빠지게 된다는 점.
(d) 무엇보다 비성경적인 성경관과 학문적 접근으로 흑백논리를 증폭

시키고 기존의 성경을 가지고 설교하는 사람들을 무지한 것으로 간주함으로써 하나님의 몸된 교회를 파괴시킬 수 있다는 점.

• 말씀보존학회(이송오 목사)의 주장은 무엇인가?

이송오 목사의 주장은 의외로 단순하고 간단하게 요약할 수 있다. 목회자들이 알기 쉽게 쓴다면 Sola Scriptura(오직 성경)이 아닌 Sola KJV(오직 킹제임스성경)을 주장한다고 하겠다.

횃불 트리니티신학대학원의 장두만 교수는 이들의 주장을 다음과 같이 몇 가지로 요약했다.

(a) 하나님은 당신의 말씀을 특별한 섭리로 변개되지 않게 보존했다.
(b) TR(Textus Receptus)만이 그렇게 보존된 헬라어 사본이다.
(c) 비잔틴 계열의 사본을 중시한다.
(d) TR에서 번역된 KJV(KJVD외에서 TR에서 번역된 성경)만이 하나님의 말씀이다.
(e) 한글 개역판은 하나님의 말씀을 많이 삭제했다.

한 마디로 이송오 목사는 KJV을 쓰지 않는 교회는 교회도 아니며 KJV을 가르치시 않는 성경공부는 아무런 가치가 없다는 것이다. (중략)

• 말씀보존학회 성경관의 문제점 연구

킹제임스 성경과 그 원문인 TR만이 하나님이 보존하신 성경이라는 주장

〈King James〉 성경의 바른 이해

1611년 번역된 '킹제임스' 성경은 그 당시로도 전혀 새로운 성경이 아니라 이전의 번역판들에 대한 개정작업이었으며, 제임스 왕이 권위를 인정한 것이었다. (중략) 그러나 〈King James〉 성경과 관련하여 한 가지 잊지 말아야 하고 잊을 수 없는 사실이 있다. 그것은 〈King James〉 성경이 대부분의 현대 번역보다 성경의 원뜻을 정확히 나타내지 못하고 있다는 사실이다. 거기에는 중요한 역사적 이유가 있다. 〈King James〉

성경의 원문이었던 희랍어 텍스트는 오늘 날의 새로운 희랍어 텍스트들보다 분명히 좋지 못하다. 킹제임스 성경에서 발견되는 많은 텍스트상의 오류는 최근의 번역들에서는 거의 제거되었다. 16세기 이후 발견된 사본들은 원본에 대한 우리의 지식에 큰 도움을 주었다. 아름다운 번역으로 말하자면 킹제임스 성경을 따라 올 성경이 없다. 그러나 성경 번역의 정확성과 흠없음에 관심이 있다면 우리는 반드시 킹제임스 성경을 넘어서야 한다.

신학을 조금이라도 공부한 사람이라면 이러한 조언이 무슨 의미인지 알 수 있다. 현재 서구 세계가 사탄의 사주를 받아서 교묘히 짜고 킹제임스 성경을 제거하려고 하고 있다는 럭크만과 이송오 목사의 주장은 터무니없는 무지한 주장이 아닐 수 없다. (중략) (한기총 이단사이비 종합자료 2004)

12. 박무수 목사(부산제일교회)

교세:대한예수교장로회(법통), 교세는 미집계(답변하지 않음)

시비 논란

박무수 목사는 본명이 박무용으로 소위 '4단계 회개'로 널리 알려져 있다. 박무수는 순복음총회신학교와 총회목회연구원을 졸업했다. 그리고 마산에 있는 산해원 부활의 교회 이태화 목사에게서 성경을 배운 것으로 알려져 있다.

박씨의 핵심 주장은 4단계 회개인데, 이 같은 주장을 하게 동기는 박씨가 어느 추운 겨울날 내복을 입지 말고 산에 올라가 얼음 위에서 기도하라는 하나님의 지시를 받고 비닐 한 장을 깔고 기도를 하였다는 것이다. 그리고 집으로 내려와서 묵상을 하다가 말씀이 깨달아 졌는데 그것이 바로 요한복음 19장 23절에 나오는 "군병들이 예수를 십자가에 못 박고 그의 옷을 취하여 네 깃에 나눠 각각 한 깃씩 얻고 속옷도 취하니 이 속옷은 호지 아니하고 위에서부터 통으로 짠 것이니라"란 말씀이다.

4단계 회개를 간략히 소개하면 다음과 같다.
- 1단계, 죄를 깨달음
- 2단계, 제단뿔에 새겨진 죄를 씻어냄(렘17:1)
- 3단계, 마음에 새겨진 죄의 상처를 씻어냄(렘17:1)
- 4단계, 감사헌금

    대한예수교장로회 제84회 총회(1999년)의 연구보고서에 의하면 '사람이 죄를 지으면 먼저 마음으로 죄를 깨닫고 제단 뿔과 마음판에 기록되기 때문에, 죄를 깨달아 제단뿔에 기록된 것을 지우고 자기 마음판에 새겨진 것을 고치는 3단계를 거쳐야 예수님의 3일만의 부활을 체험하게 되며 그리스도 안으로 들어갈 수 있게 된다고 한다. 회개할 때 이런 구체적인 단계를 거치지 않고 죄만 열거하고 용서받은 것으로 믿어 버리는 것으로는 3일만의 부활을 통하지 않았으므로 거듭나지 못한다는 것이다.
    네 번째의 단계의 감사는 입술로만 감사하는 것이 아니라 감사헌금을 해야 4단계 회개가 완성된다는 것으로 감사헌금을 하지 않으면 잠시 후에 마귀가 와서 은혜를 쪼아 먹기 때문에 완성에 이르지 못한다는 것이다. 감사예물이 구원을 확실하게 보장해 주며, 4단계 회개는 매일 아니 매순간마다 해야 하며, 4단계 회개를 확실하게 하지 않거나 중단하면 나갔던 귀신도 다시 더 크게 들어오고 거듭나지 못할 뿐 아니라 구원이 취소된다고 한다.
    4단계 회개의 성경적 근거는 "군병들이 예수를 십자가에 못 박고 그의 옷을 취하여 네 깃으로 나눠 각각 한 깃씩 얻고…"로서 예수님이 십자가에 달리실 때 입고 있던 옷이 넷으로 나뉘어 졌기 때문에 4단계의 회개를 해서 그 옷을 붙여 주어야 한다는 것이다.
    그의 주장을 살펴볼 때에 그가 4단계의 회개의 성경적 근거로 주장하는 요한복음 19장 23절은 회개와 아무런 연관성이 없는 구절일 뿐 아니라, 그 옷을 붙여 주어야 할 하등의 이유도 없다. 요한복음 19장 23절의 말씀은 박무수 씨의 4단계 회개와는 아무 상관이 없는 예수님의 십자가의 고난의 장면을 나타내는 치욕적 사건으로 군병들이 옷을 찢어 나눈 것은 예수께서 죽은 것으로 알고 로마법의 풍습에 따라 옷을 나눈 것뿐이다. 회개는 구원을 위한 회개와 성화를 위한 회개가 있다. (중략) 박무수 목사는 성화를 위한 회개를 너무 강조한 나머지 4단계 회개를 구원의 조건으로 삼는 오류를 범하고 있다. 거듭남은 한 번으로 족한 것이다(요10:28~29). 또한 "너희가 그 은혜를 인하여 믿음으로 말미암아 구원을 얻었나니 이것이 너희에게서 난 것이 아니요 하나님의 선물이라 행위에서 난 것이 아니니 이는 누구든지 자랑치 못하게 하려 함이라"(엡1:8~9)는 말씀에 따르지 않고 있다.

그가 주장한 4단계 회개는 회개를 지나치게 인위적으로 구분한다는 문제점을 가지고 있을 뿐 아니라 구원에 있어서 인위적으로 구분한다는 문제점을 안고 있으며, 구원에 있어서 하나님의 은혜를 약화시키고 인간 행위를 강조하므로 율법주의 적이고도 인본주의적이다.

또한 그가 주장한 회개는 결국 물질로 표현하게 하므로 영적이라기보다는 육적 그리고 물질화 하는 점이 특히 우려되는 바이다.

13. 박철수 목사(아시아교회)

박철수 목사는 1943년 충북태생으로 1981년 합동신학원을 졸업하였으며 현재 서울 강서구 가양동 1457번지에 소재한 아시아교회를 담임하고 있다.

박목사는 1995년부터 자신이 시무하는 아시아교회 내에서 「새생활영성훈련원」이라는 부설기관으로 교인들 영성훈련을 시켜오던 중, 1996년 시내 산기도원으로 아시아교회를 이전하면서 「기독교영성운동본부」를 개설하여 초교파적으로 성장하기 시작하였고 1999년경에 전국적인 규모로 「기독교영성운동본부」가 부각되면서 「새생활영성훈련지원」을 전국에 약 40여개를 개설하고 영성훈련사역이 확산되었다. 따라서 「새생활영성훈련원」박철수 목사는 교계로부터 주목과 견제를 받게 되었다. 특히 「교회와 이단」, 「교회와 신앙」, 「현대종교」 등 이단전문 잡지들로부터 집중적인 이단 시비와 공격을 받게 되었고 동시에 한국교계의 각 교단에서 이단대책조사연구위원회가 소집되고 조사가 시작 되었다.

특히 「예장합동총회」는 제84회 총회에서부터 제87회 총회까지 3~4년에 걸쳐 이단대책조사연구위원회에서 직접 혹은 간접으로 조사연구 분석하여 결론을 내리기를 「새생활영성훈련원」 박철수 목사에 대하여 더 이상의 시시비비는 종결하는 것이 가할 줄로 사료된다고 제 87회 총회보고서에 보고 되었다. 이렇게 결론이 내려진 것은 박목사가 시도했던 영성훈련 초기에 영성훈련교재로 사용하던 「영성훈련입문」「변화된 삶을 경험하라」는 두 권의 책 내용이 박목사 자신의 개인적 체험을 간증 및 강의위주로 저술하다보니 지나친 신비주의 위험성과 개혁주의 보수신학 입장에서 교리적으로 혹은 용어 적으로 오해의 소지가 일부 있었음을 지적받았을 때 박목사는 이런 지적에 대해 겸허한 자세로 본인의 신학적 부재를 인정하고 보수적 교단들의 올바른 지도와 가르침에 따르기로 결정하고, 위의 두 권의 책자(영성훈련입문, 변화된 삶을 경험하라)를 폐기처분했다.

이어 박목사는 즉시 개혁주의 신학에서 말하는 「벌코프 조직신학」에 근간을 두고 「영성으로가는길」「영성형성을돕는길」이라는 두 권의 교재를 새롭게 개편하여 개혁주의신학에 기초한 영성사역으로 업그레이드 하였기에 이런 결론을 내리게 된 것이다.

2004년 「예장통합총회」 이단대책연구조사위원회는 박목사에 대해 이단성이 없는 것으로 종결지었다.

14. 박윤식 목사(평강제일교회)

교세:교단 전체교인수 약 18만여명. 예장 합동성경보수총회

(1) 박윤식 목사에 대한 비판 내용

다음의 비판내용은 본회의 견해가 아니며 기총연자료집이나 각 교단 또는 소위 이단연구가들이 비판한 내용을 그대로 요약 전재한 것입니다.(편집자주)

• 예장통합의 연구보고서 요지는 다음과 같다.

(a) 예수께서 이 땅에서 죽으신 것은 하나님의 영이 아니기 때문이라고 함으로 기독론적 오류를 범하고 있다.

(b) 타락론의 측면에서 볼 때, 하와가 뱀과 성관계를 맺어 가인을 낳았다고 함으로 통일교와 같은 성적 모티브를 가졌으며, 특히 타락 후에 인간에게 월경이 생겼다고 하며 이 월경하는 여인의 입장에서 탈출하는 것이 구원이다 라고 함으로 정통적 타락관과 배치된다.

(c) 박윤식 씨는 진리는 사망이요, 말씀은 생명이란 틀을 가지고 있는데, 정통교회마저(타 종교도) 진리 차원으로서 이를 벗어나 말씀 차원에 이르지 못하면 결국 사망이라 함으로써 정통교회를 부정하는 경향이 있다.

(d) 박윤식 씨는 지리산에서 3년 6개월 동안 기도하다가 비밀말씀을 받았다고 하여 자신을 말씀의 아버지라고 하는 등 신격화 하고 있다.

(e) 박씨는 주로 자신의 설교는 지리산에서 받은 계시임을 말함으로 성경계시 외에 직통 계시를 말하는 것으로 성경 계시를 왜곡하거나 부정함으로써 정통적 계시관을 위배한다.

(f) 박씨의 창조론을 보면 에덴동산은 인간의 마음을 가리킨다고 하며 또한 아담은 생물로부터 발아된 생명의 맨 윗가지에 핀 꽃으로서, 창조적 진화한 상향의 끝이 아담의 생령이고, 생령이 하향한 밑바닥의 근저는 물질이라 함으로 진화론적 창조론을 가지고 있다.

(g) 박씨가 지리산에서 받았다는 계시들은 통일교 출신인 변찬린 씨가 썼던 성경의 원리로부터 대부분 인용표절된 것이다.(한기총 이단사이비 자료집)

(2) 시비 논란 부분에 대한 답변 : 반론

본 교회는 괄목할만한 부흥의 대가로 지난 수십 년간을 이단 논쟁의 중심에 서서 한국교회의 검증없는 지탄을 온 몸으로 받으며 음지에서 성장의 아픔을 감내해 왔다. 터무니없는 흑색선전과 악의에 찬 매도 행위에 맞서지 않고 교회가 침묵으로 일관했던 한 가지 이유는 그 어떤 논쟁이나 시비도 결코 복음 전파에 유익이 되지 않고 하나님의 영광을 가릴 뿐임을 인식했기 때문이다.

그로 인해 교회와 교인들이 처러야만 했던 대가는 실로 엄청난 것이었지만 이제라도 한국 교회가 이런 종교거간꾼들의 농간을 더 이상 좌시하지 않고 공동으로 대처할 움직임을 보이고 있는 현실은 여간 다행스런 일이라 아니할 수 없다. 이에 본 교회도 그간의 침묵을 깨고 왜곡된 오욕의 교회사 30년 그 형극의 과정 속에 숨겨진 진실을 한국 교회 앞에 공개하기로 한다.

• 본 교회를 이단 교회로 정죄한 인물은 고인이 된 탁명환 씨다. 본 교회 설립자 박윤식 목사와 탁씨와의 첫 인연은 1975년 강신명 목사와 박윤식 목사가 새문안교회에서 여선교회 주최 부흥회를 인도한 후 강 목사의 소개로 이루어졌다. 당시 탁씨는 통일교 박멸 운동을 전개하는 새문안교회 집사의 신분이었고, 그의 연구 활동에 필요한 금전적 지원을 강 목사가 요청함으로써 박 목사와 탁씨의 악연은 시작된다.

이후 탁명환 씨는 그가 소장으로 있던 신흥종교문제연구소 사무실 운영비조로 매월 2만원씩 총무 김종일을 통해 박목사에게서 받아갔고, 심지어 장부까지 공개하면서 어려운 형편을 타개해 줄 것을 여러 차례 호소하기도 했다.

• 그후 탁씨가 1978. 9. 10~11 양일간에 걸쳐 국내 6대 일간지에 '통일교회에 대한 사과문'을 발표하면서 지금까지 그가 전개해온 통일교 박멸 운동에 반하는 행위를 함으로써 한국교계는 그의 이런 행위를 기독교에 대한 이적 행위로 규정 분개하였고, 이로 말미암아 박목사도 당연히 그에 대한 금전적인 지원을 중단하기에 이르렀다.

• 이런 저런 사정으로 금전적 위기를 맞게 된 탁씨는 개인적으로 박목사를 찾아와 여러 차례 도움을 받아 갔고, 1981. 2. 18에는 교회 강단에도 서서 대성교회(현, 평강제일교회)가 이단이 아닌 하나님이 함께 하시는 교회라고 강의한 후 『현대 종교』 수천 권을 판매하고 특별 지원금을 받아가기도 했다.

• 그러던 차 1983. 2 현대종교 편집국장 김훈 씨를 통해 탁씨는 박목사에게 50만원 지원을 요청했고, 박목사는 "그런 거금은 개인적으로는 불가능하고 당회의 협조를 받아야 하는데 당신이 통일교가 이단이 아니

라고 발표해서 당회에서도 명분을 찾을 수 없어 도와줄 수 없다"고 정중히 거절하게 된다.

이에 탁씨는 "그렇다면 나하고 결별하자는 말이냐"면서 "현대종교 3월호부터 박목사 기사가 다뤄질 것"이라고 협박하고는 그때부터 박목사를 이단으로 정죄하는 작업을 진행하게 된 것이다.

• 마침내 탁씨는 그의 협박대로 현대종교 1983. 3월호에 '말씀 아버지 박윤식 목사 그는 과연 이단인가?', "본처를 버린 두 얼굴의 사나이"란 제목으로 박목사 이단 만드는 작업에 본격 돌입하게 된다.

• 탁씨가 즐겨 사용한 방법 중의 하나는 사진 조작이다. 그는 현대종교 1983. 4월호에 '말씀 아버지 박윤식의 신격화 그 현장'이라는 제목의 사진을 게재했는데 이 사진은 카메라 렌즈 조작을 통해 마치 박목사가 구름을 타고 말씀을 전하고 있는 것 같은 신비스러움을 부각시킴으로써 박목사가 자신을 하나님이나 재림 예수로 인식시키고 있는 것 같이 매도했다.

• 탁씨의 이단 만들기 작업의 또 다른 행태는 설교 테이프를 임의로 편집 조작하는 행위이다.

탁씨의 박목사 매도 행위가 법적인 제재를 받게 되자 탁씨는 최삼경 목사를 그의 하수인으로 내세워 박목사 이단 공작의 새로운 전환을 꾀하게 된다.

그러나 그는 여기에서 본 교회에 대한 비난을 멈추지 않고 그와 고향 후배이자(전북 부안) 충실한 하수인을 자처한 예장 통합측 최삼경 씨(합동측에서 통합측으로 이적)를 내세워 본 교회 문제를 교단적 문제로 비화시켜 음해하려는 또 다른 계획을 세웠다. 그의 이와 같은 계획은 1991년 1월에 전국교계에 공개된 탁명환, 최삼경 씨의 육성녹음 테이프에 의해 폭로되었다. 그들은 이 육성녹음테이프에서 "예장 통합측 영등포노회 박상철 장로로 하여금 통합측 총회에 대성교회 문제를 헌의하도록 하여 금년 9월 총회에서 대성교회를 이단으로 규정하자"는 사악한 음모를 꾸몄다.

따라서 본교회 문제를 총회에 헌의한 예장 통합측 영등포 노회는 탁명환과 최삼경 씨의 은밀한 사주를 통하여 배후에서 원격 조정된 것이다. 그들은 또 자신들의 최종 목적을 달성하기 위한 사전 정지작업의 일환으로 탁명환의 하수인 최삼경 씨를 내세워 1991년 2월호 목회와 신학에 자신들이 일방적으로 만들어낸 글을 통해 본 교회에 이단성이 있다는 터무니없는 글을 실었다.

• 최삼경 목사가 조작한 대표적인 사건은 그가 발행하는「목회와 신학」지에서 박목사의 신학 사상을 언급한데서 비롯된다. 그는 1991. 2월호 목회와 신학지에서 '대성교회 이단 시비의 초점'이란 제하의 글을 통해 '마치 박목사가 하와가 뱀과 성 관계를 맺어 가인을 낳았다'고 주장한 것처럼 취급하고 있다. 참으로 어처구니없는 반박조차 엄두가 나지 않는 일고의 가치도 없는 말이라 아니할 수 없다. 어느 정신병자인들 사람과 짐승인 뱀이 관계를 맺어 자식을 낳았다고 주장할 수 있겠는가? 그것이 어찌 연구가를 자처하는 자의 입에서 거론될 법한 말인가?

나중에야 최삼경 목사의 얄팍한 신학지식이 한국교계에 폭로되고 그의 비성경적 삼일삼체 주장이 공개됨으로써 비로소 우리는 그가 그처럼 터무니없는 주장을 능히 하고도 남음이 있는 신학적 문외한임을 알고 실소를 금할 수 없기야 했지만 참으로 부끄러운 일이 아닐 수 없다.

이에 통합측 총회는 책의 내용을 확인하는 최소한의 검증 절차도 생략한 채 최목사의 주장을 일방적으로 수용함으로써 박 목사는 통합측으로부터 이단으로 정죄되는 수모를 맛보기에 이른다.

• 이에 본 교회와 본 교회 소속 대한예수교장로회 합동총회는 즉각 총회 차원의 성명서를 통해 통합측 총회의 부당성을 지적하고 이의 시정을 강력 요구함과 아울러 2천만 원 현상금까지 내걸고 만약 박목사의 설교 테이프나 설교 내용 중 '하와가 뱀과 관계를 맺어 가인을 낳았다'는 내용의 증거를 제시하기만 하면 즉각 현상금을 지불할 것을 지면을 통해 교계에 선언했지만 오늘까지 그 어느 한 사람도 증거물을 제시하고 현상금을 타 간 자가 없으니 무엇이 참이고 거짓이란 말인가.

본 교회는 칼빈주의에 입각한 정통보수 교리를 그 근간으로 하여 웨스트민스터 신앙 고백과 12신조를 받아들이는 십자가 정신만을 강조하는 생명력 넘치는 교회임을 감히 자부한다.

"참고사항"
- 사건번호 83가합2449 탁명환 씨에게 200만원 배상 판결 (서울민사지방법원)
- 사건번호 83카 7805 도서반포금지등 가처분 (서울민사지방법원)
- 사건번호 84나 4366 탁명환 씨에게 1천만 원 배상 판결 (서울고등법원)
- 사건번호 84고단 640 출판물에 의한 명예훼손으로 탁명환 씨에게 벌금 50만원(서울지방법원 북부지원)
- 사건번호 84다카 1915 손해배상(대법원)
- 현대종교 1990. 8월호에 게재된 사과문
- 자필 각서 사본

< '진리와 말씀' 에 대하여>

말씀이신 예수 그리스도만이 참 진리이시다. 그런데 '진리와 말씀'이라는 성경공부의 앞 뒤 설명은 다 생략한 채 "박목사라는 사람이 진리와 말씀을 구분하니 이단이다"라고 중상모략을 하고 있다.

오직 예수 그리스도를 통하여 구원받을 수 있으며 그 분이 바로 길이요 진리요 생명이시다.

< '생령' 에 대하여>

창1:26~27에 하나님께서 자기 형상 곧 하나님의 형상대로 사람을 창조하셨다. 하나님의 형상이 무엇인가? 그것은 하나님께서 인간과 같은 형태적 모습이나 꼴을 가지셨다는 것이 아니다. 이 의미는 창2:7에서 다시 조명해 볼 수 있다.

창2:7에 "여호와 하나님이 흙으로 사람을 지으시고 생기를 그 코에 불어 넣으시니 사람이 생령이 된지라"고 했다. 생령(a living soul)이란 하나님의 형상으로 창조된 산 인간이라는 뜻이다. 인간은 하나님의 형상대로 창조된 생명체라는 점에서 다른 동물이나 생명체와 구별된다. 생기는 (1)하나님의 영 (2)하나님의 말씀 (3)하나님의 호흡(숨)이라 할 수 있다. 따라서 하나님의 형상이라는 것은 곧 하나님의 영을 의미한다.

성령의 본질
- 성령은 하나님이시다.
- 성령은 인격적 존재이시다.
- 성령은 진리의 영이시다 라고 정의할 수 있다.

(상기 내용 설명 생략 : 편집자주)

〈'아버지' 에 대하여〉

우리가 어떤 사물이나 대상을 이해하는데 있어 이미 가지고 있는 선입관으로 인해 바르게 그 대상을 접근하는 일에 실패하는 경우를 볼 수 있다. 이것은 성경을 대하는 태도에 있어서도 예외는 아니다. 우리가 이미 짜여진 선입관의 틀을 가지고 성경에 접근하려고 할 때 본문 말씀의 바른 의미를 왜곡시키거나 놓칠 수가 있다는 사실이다.

우리가 성경에서 아버지라는 단어를 생각할 때에도 일반적으로 이미 형성된 선입관에 의해 믿음의 대상이신 하나님께만 국한시켜 생각하는 경향이 있다. 그러나 신구약 성경을 통해서 이 단어가 사용된 예를 찾아보면 꼭 하나님만을 지칭하는 제한적 의미로서만 사용되지 않고 좀더 다양하게 사용되고 있는 것을 발견할 수 있게 된다.

먼저 구약에서 그 의미를 살펴보면 다음과 같다.
(1) 지도자를 의미함(창 45:8 왕하13:14).
(2) 스승을 의미함(왕하2:12).
(3) 상전을 의미함(왕하5:13).

이상과 같이 구약 성경에서 아버지라는 단어의 개념은 지도자나 스승 혹은 자기보다 높은 지위에 있는 상전을 가리키는 의미로 사용되고 있는 것을 볼 수 있다.

A. 신약에서 사용된 경우

신약 성경에서도 구약 성격에서와 마찬가지로 아버지란 단어의 개념이 영적 지도자나 스승 혹은 양무리를 목양하는 목회자를 가리키는 의미로 다양하게 사용되고 있다. 특별히 신약 성경에서 이 단어와 관련된 보다 분명한 표현은 바울과 베드로의 경우를 통해서 발견된다.

B. 바울의 경우

바울은 고린도교인들에게 복음으로 그들을 낳았다고 말씀함으로써 그들에게 바울이 영적 아버지가 된다는 사실을 나타냈다(고전4:15, 갈4:19). (중략) 그밖에도 바울 사도는 많은 영적 자녀를 두고 있었지만 특별히 디모데, 디도, 오네시모를 가리켜서 아들이라고 불렀다(딤전1:2,4 몬1:10).

C. 베드로의 경우

바울뿐만 아니라 베드로에게도 믿음의 아들인 마가가 있었다. 벧전5:13 "함께 택하심을 받은 바벨론에 있는 교회가 너희에게 문안하고 내 아들 마가도 그리하느니라" 마가가 베드로에게 영적인 아들이었다면 마가에게 있어서 베드로는 영적인 아버지임을 나타내 주고 있는 것이다.

D. 일반적으로 사용되는 경우

우리는 신구약 성경과 일반적 경우에서 사용되는 몇 가지 예를 통해서 아버지라는 단어의 개념이 꼭 하나님께만 사용되는 것이 아니라는 사실을 살펴보았다. 종종 자기보다 높은 권위를 나타내는 지도자나 스승, 상전, 혹은 목회자를 가리키는 다양한 의미로 사용되고 있다는 것을 우리에게 나타내어 주고 있다. 우리교회에서 박윤식 목사님의 말씀을 듣고 은혜 받은 성도 가운데 몇몇 사람이 박윤식 목사님을 가리켜서 아버지라고 호칭한 것은 신앙의 대상인 하나님을 의미하는 말이 아니다. 말씀으로 자기를 깨우쳐 중생을 체험케 하고 그리스도 안에서 말씀으로 성장할 수 있도록 도와주신 은혜를 기억하고 목회자를 믿음의 부모처럼 생각해서 부르는 말이지 다른 뜻은 조금도 내포되어 있지 않다.

또한 박윤식 목사님 자신도 바울이 부모의 입장에서 교인들을 돌보고 사랑하고 목회하듯이 평강제일교회 교인들을 부모 입장에서 사랑하고 돌본다고 하는 목회 철학을 피력한 바 있다.

목회자를 통해 하나님의 말씀으로 양육받는 성도들은 목사님을 친부모 이상으로 섬기고 존경해야 하는 것이다(딤전5:17). 그리고 목사님을 믿음의 아버지로 생각하는 관계로까지 발전하지 않는다면 진정한 의미에서의 교회 성장은 기대할 수 없을 것이다.

15. 빈야드 운동

빈야드(Vineyard) 운동은 혹 '제3의 물결' 또는 '토론토 블레싱(Blessing)'이라고도 불리는 이 운동은 미국 캘리포니아의 애나하임(Anaheim)에 있는 '빈야드교회(Vineyard Christian Fellowship)'를 이끄는 존 윔버(John Wimber)를 비롯해서 그 운동을 하는 사람들로 주축이 된 '빈야드 교회 연합'이라는 단체와 또 존 아노트(John Arnott)가 개척한 '토론토공항교회(Toronto Airport Vineyard)'를 중심으로 이루어진 소위 '토론토 블레싱'이 있다.

존 윔버는 아주사 퍼시픽 성경대학에 입학하여 공부하였고, 이어 풀러신학대학원에서 계속 공부하며 학교내 세계선교대학원에서 풀러 및 교회성장연구소 설립에 관여하며 성장학 조교수로 일했다. 그리고 학교에서 일하는 가운데 제3세계 선교보고 등을 통해서 오늘 날에도 예수님과 사도시대에 있었던 강력한 성령의 역사와 초자연적인 표적과 기사들이 동반되는 하나님 나라의 복음 사역이 가능하다는 사실을 깨닫고 여기에 깊은 관심을 가지게 되었다.

그는 1977년부터 갈보리 채플을 직접 설립하여 사역하다가 1978년에 그가 개척한 애나하임 빈야드교회는 엄청난 교회로 급성장했다. 그는 1983년에 갈보리 교단을 탈퇴하고 '빈야드교회 펠로십'에 가입하면서 실질적인 지도자로 급부상하여 이 교단을 당시 6개 교회에서 600개 이상의 교세를 갖는 교단으로 발전시켰다.

이 운동의 효시인 존 윔버는 '권능'이란 말을 사용하며 그 능력은 초자연적인 능력이요, 초자연적인 성령의 은사로서 병자를 치유하고, 귀신을 내어쫓거나 예언을 한다든지, 혹은 지식의 말씀이라는 은사를 사용해서 전도를 한다든가 등의 사역을 중시한다.

반면, 소위 토론토 블레싱은 이 외에도 성령의 역사로 거룩한 웃음이나 쓰러짐, 떨림, 짐승소리 같은 현상이 나타나기도 한다는 주장이다. 이 빈야드 운동은 1980년도 후반에 온누리교회를 시무하는 하용조 목사의 동생인 하스데반을 주축으로 경배와 찬양팀을 결성하여 목요일 저녁에 부르는 찬양에서 상당수 곡이 빈야드교회에서 부르던 곡을 가져오면서 효시가 되었으며, 1991년 존 윔버의 저서인 '능력치유'라는 책을 이재범 목사가 번역하여 소개하면서 우리나라에 본격적으로 알려지기 시작한 것 같다.

빈야드의 오해는 이재범 목사가 존원버의 능력전도 주의 한 구절을 오역한데서 발생했다. 존 윔버는 성경말씀이 중요하다고 생각하지만 성령의 역사(치유, 축귀, 기적 등 은사)가 나타나면 말씀을 더 효과적으로 전할 수 있다. 즉 기적은 말씀에 보탬이 된다는 것이다. 그러나 이재범 목사는 기적이 말씀보다 더 중요하다고 잘못 번역한 것이다. 이재범 목사의 오역을 예장통합과 성결교단 등 많은 교단들이 인용하여 빈야드는 기적을 성경보다 더 중요하다고 매도했다.

빈야드의 핵심 사상은 "하나님 나라"의 선포이다. 이 하나님 나라의 복음은 말씀과 말씀을 증거 하는 성령의 역사(치유, 기적 등)로 되어있다. 성령의 역사를 통해 말씀이 증거 되는 것을 (눅4:18~19, 마4:23~25, 막16:14~20) 윔버 목사는 "말씀의 선포+기적을 통한 증거"라는 등식을 구성했으며 이것을 능력전도라고 했다. 또한 "토론토 축복"에서 사자 소리나 닭소리 등이 성령의 역사라 한다고 곡해하고 있다.

유명한 중국계열의 캐나다 목사가 용(마귀)을 숭배하는 중국을 구원하기 위해선 유다의 사자로 상징되는 예수 그리스도 뿐임을 인식하고 상징적으로 사자의 소리를 내었다. 이 간증을 들은 한 부인이 자신도 기쁜 소식의 복음을 전하는 상징을 생각하여 닭소리를 낸 것이다. 빈야드의 존 아놋트 목사는 이런 상징적 지혜를 주신 것은 성령의 역사라는 뜻으로 말한 것이지 동물 소리 자체가 성령의 역사라는 것은 아니었다. 그러나 매스컴에 잘 못 전달되어 동물의 소리가 성령의 소리로 와전되었다.

그리고 이와 유사한 은사가 한국의 많은 목사들을 통해서도 자주 나타나면서 더욱더 확산되기 시작했다. 이 운동은 지난 90년대에 우리나라에 번지기 시작해 상당수 많은 목회자들이 미국의 빈야드교회나 캐나다의 토론토 에어포트 교회를 방문하면서 절정을 이루었다. 현재 이 운동에 대해 고신, 기성, 예장통합, 합동 등에서 참여금지에 준하는 결의를 한바 있으나 이들 교단에 소속된 상당수 목회자들이 이 운동에 참여하고 있다.

이들은 성령의 강력한 역사로 말미암아 이루어지는 제3의 물결이라고 알려져 있다. 이 운동은 특별한 교리에 문제가 있는 것은 아니나, 많은 기적과 외적현상이 일어나는 것을 기적종료론자들이 비판을 가하고 있다.

16. 서달석 목사(서울중앙교회)

(1) 서달석 목사에 대한 비판 내용

> 다음의 비판내용은 본회의 견해가 아니며 기총연자료집이나 각 교단 또는 소위 이단연구가들이 비판한 내용을 그대로 요약 전재한 것입니다.(편집자주)

- 시한부 종말론의 토대가 되는 책을 번역, 출판하고 있음.
- 회개를 계속하는 것은 예수를 십자가에 다시 못 박는 것이라고 하며, 죄사함을 깨닫고 거듭나는 순간 구원을 받으며 모든 죄는 십자가에서 이미 용서받았으므로 반복해서 회개할 필요가 없다고 말함으로 구원파와 같은 주장임.
- 유아세례, 부활절, 성탄절은 성경에 없는 것으로 바알숭배에서 나온 것이므로 버려야 한다고 주장한다.

(2) 서달석 목사의 답변

(필자가 정치적으로 이단성 있는 자로 매도된 과정)

A. 이단성 연구조사의 배경

필자는 고려신학교 대학원, 미국 그레이트 플레인즈 성서대학 등 보수신학을 공부하고, 극동, 아세아, 기독교 방송에서 약 15년간 방송설교를 담당하고 그 설교원고 약 20권을 책으로 출판하여 보급해왔다. 동시에 성경세미나를 개최하면서 로마 카톨릭을 경계하도록 깨우치는 중에 예장 통합측 원로목사 고 한경직 목사(영락교회)가 로마 카톨릭 적그리스도 교황 요한 바오로 2세의 1984년 한국 방문 때 영접하였던 사실을 1991년 1월 기독교 백주년 기념관에서 세미나 도중에 2,000 성도 앞에 비판했던 것이 통합측 교단에 괘씸죄로 표적이 된 것이다.

B. 탁명환 씨의 필자 출판도서 허위 매도사건

탁명환씨의 월간지에 필자의 30여종의 책을 사이비로 매도한 탁명환씨는 필자에게 사전 확인도 없이 1992년 3월호 현대종교에 필자의 30여 종의 출판 서적을 외국학자 번역출판물까지 한꺼번에 사이비도서로 매도하여 법정 싸움을 하고 기소되어 재판 직전에 피살되었다.

C. 최삼경씨의 탁 씨에 대한 고소취하 협박사건

탁씨와의 법정소송 때에 예장 통합측 사이비 이단 연구소 소장으로 있던 최삼경 씨로부터 필자에게 두 차례 전화가 와서 탁씨 고소사건을 취하하라는 압력이 왔고, 불응할 경우 '크게 죽게 될 것'이라고 협박을 가해왔으나 필자는 일말에 거절했다.

D. 예장 통합측 동해노회의 이단성 여부에 대한 조사요청과 조사 재고 요청사건

1992년 6월경 동해노회에서 예장총회 앞으로 필자에 대한 이단성 여부 조사를 청원하였는데, 내용은 종말론 사상, 구원관, 절기 문제였고, 필자는 동해노회 임원진들을 면담한 결과 상부 지시로 한 행위라는 답변을 듣고 '해명서'를 제출하였던 바 동해노회 임원진들의 결론은 필자는 "이단성이 없다"는 결론을 내리고 예장총회 앞으로 '서달석 목사에 대한 이단성 여부조사 재고 요청'을 청원한 바 있다.

E. 1993년 9월 예장총회의 이단성 연구조사 결론 배경

1992년 9월 예장총회 77회 연구 의뢰와 1993년 9월 78회 예장총회는 필자에 대해 '종말론' '구원과 회개' '교회의 의식과 절기' 등을 들어 허위사실로 구원파와 유사한 주장이라 매도하여 이단성이 있는 자로 발표함. 내용인즉 필자는 '반복적 회개'를 부인한다는 내용이 핵심이었으나 같은 해 1992년 7월호 필자의 월간지 바이블뉴스에는 분명하게 '반복적 회개'를 강조한 사실이 있어 위 결론은 허위사실임이 1심, 2심 법정에서 필자가 승소하여 밝혀진 바 있다.

(필자:서달석목사의 반론)
A. 예장 통합측 총회와 두 차례에 걸친 필자의 법정승소 판결

예장총회의 이단성 연구결론에 필자는 구원관에 있어 "반복적 회개"를 부정한다고 오판하였기에 1992년 7월호 필자가 발행하는 월간 바이블뉴스에 반복적 회개를 주장하는 필자의 글을 연구조사에 채택한 사실없이 허위사실로 연구한 사실을 들어 필자는 법정소송에 임했던 결과 두 차례에 걸쳐 승소하였고, 고등법원에서는 예장총회는 서목사에게 2,000만원을 배상하라는 판결을 받았음. 그러나 대법원에서는 사실 관계를 떠나 '타종교를 비판할 수 있다'는 논지로 결론을 내려 필자는 이단성이 있는 자로 매도되어 왔던 것이다. 즉 대법원에서는 반복적 회개를 주장하느냐? 부인하느냐? 사실여부의 조사 없이 타종교 비판의 자유를 들어 억지로 예장측에 손을 들어준 셈이다.

B. 필자의 구원관은 성경보수적이다.

구원관에서 분명히 '단회적 회개와 반복적 회개'를 주장하고 있다. 필자의 월간지 바이블뉴스(1991년 7월호)에 '단회적 회개와 반복적 회개'란에 밝혀 놓았다. 필자는 분명히 반복적 회개와 성화를 믿고 있다. 그러나 예장총회는 총회 두달 전에 발표된 필자의 글을 연구 자료에서 제외시켰다. 그것은 의도된 매도를 위한 것이기 때문이었다.

C. 종말론에 있어 시한부 종말론과는 전혀 상관이 없다.

종말론 서적을 출판하고 세미나를 개최했다고 시한부 종말론자가 될 수 없다. 필자의 세미나에 참석했던 수천 명의 목회자와 수만 명의 성도가 이를 입증하고 있다. 필자는 결코 시한부종말론 사상을 가진바 없고 오히려 시한부 종말론 비판 성명서를 낸 바 있고, 1992년 9월 – 10월에 문화관광부 종무실장과 함께 "시한부 종말론 비판 세미나"를 수차례 개최한 바 있다.

17. 예수전도협회(이유빈 장로)

(1) 예수전도협회에 대한 비판 내용

다음의 비판내용은 본회의 견해가 아니며 기총연자료집이나 각 교단 또는 소위 이단연구가들이 비판한 내용을 그대로 요약 전재한 것입니다.(편집자주)

이유빈 장로는 첫째는 기성교회나 목회자에 대한 지나친 비판이 문제되고 있다. 기성교회나 목회자들을 비판하는 것이 너무 편협적이고 반문화적인 경향으로 치닫고 있다. (중략)

둘째, 이유빈 씨가 문제되는 점은 소위 '공개 죄 자백사상'이다. 간단하게 말하자면 우리의 죄를 하나님께 고백하는 것으로 만족하지 않고 공중 앞에 공개자백을 해야 한다고 하면서 그렇게 할 때 죄의식이나 죄책감에서 벗어난다고 한다. 그리고 죄 자백이 신앙고백으로 이어지고 그 표현이 전도행위로 나타난다는 것이 이유빈 씨의 핵심된 주장이다.

죄의 문제를 인간의 경험이나 심리학적 입장에서 이해할 것이 아니고 하나님 앞에 선 죄인으로서의 인간관이 확립되어야 하며 이 죄의 문제는 하나님께 고하고 사함받아야 할 것이다. 칼빈은 죄 용서는 하나님만 하시고 죄를 도말하는 것도 하나님만 하신다고 성경대로 제시하였다. 따라서 사람이 죄사함받기 위해서는 하나님께 죄를 고백하는 것이 마땅하다.(한기총, 이단사이비종합자료 2004)

(2) 논란 부분에 대한 답변

본회가 몇몇 교단으로부터 부정적인 평가를 받고 있는 부분은 크게 세 가지로 알고 있다. 본회가 외침전도만을 가르친다는 것과 지나치게 기성교회와 목회자를 비판한다는 점, 그리고 공개적인 죄자백에 관한 것이다. 그러나 이는 모두 오해와 편견, 사실 왜곡에서 비롯된 것으로 본회의 진의와는 전혀 다르다.

또한 분명히 지적할 것은 비록 오해에서 비롯된 것이기는 하지만, 본회에 대한 부정적인 이미지가 본회를 이단이라고 못 박게 하지는 못했다는 사실이다. 이는 그러한 부정적인 이미지는 본 회의 훈련을 받은 일부 목회자나 성도들이 잘못 적용해서 발생한 현상적인 문제점이지 근본적으로 본 회 자체가 성경적으로, 신학적으로 문제가 없다는 사실을 공감하기 때문이다. 이에 귀 회의 요청에 따라 본회에 대한 오해로 빚어진 부정적인 이미지에 대해 간단히 해명한다.

A. 외침전도에 대하여

본회는 평신도와 목회자를 대상으로 전도훈련을 실시해오고 있다. 훈련 과정에서 이미 우리가 믿고 고백하고 있는 복음을 불신자들에게 어떻게 전할 것인가에 관한 복음전도의 내용을 교육하고, 실제로 노방전도와 축호전도를 통한 현장 전도실습을 하고 있다. 특별히 전도강의를 통해 경건한 삶을 통한 복음 전도를 강조하고 있다. 따라서 본회가 외침전도만 강조하고, 외침전도만 전도의 유일한 방법으로 주장한다는 항간의 이야기는 사실과 다르다.

B. 기성교회를 지나치게 매도하고 비판한다는 오해에 대하여

교회는 주님의 몸이다. 그러기에 교회는 결코 비난의 대상이 아니고 또 비난의 대상이 될 수도 없다. 그러나 주님의 피값으로 산 교회는 주님의 거룩하심과 같이 거룩해야 한다. 교회는 마땅히 교회다워야 한다는 말이다. 본 회는 한 번도 교회 자체를 비난하거나 매도하여 정죄한 적이 없다.

C. 목회자를 비판한다는 오해에 대하여

본 회의 대표인 이유빈 장로가 문화를 부정함으로써 문화생활을 하는 목회자들을 비판한다는 것은 참으로 어처구니없는 주장이다. 아무리 경건하게 사는 그리스도인이라고 해도 삶 속에서 세상과 단절하고 살지 않는 한 어떻게 삶의 환경이고 조건인 문화를 부정할 수 있겠습니까?

D. 공개 죄자백에 대하여

구원은 오직 그리스도의 은혜로만이요, 죄용서도 그리스도의 십자가의 은혜로 주어지는 것이라는 것은 예수를 믿는 사람이라면 삼척동자라도 믿고 고백하는 성경적 진리이다. 그러한 복음적 진리를 거부한다면 그것은 복음과 성경을 일탈한 것이다. 항간에 본회가 공개적인 죄 고백을 강요한다느니, 사람 앞에서 죄를 자백해야만 죄를 용서받는다고 가르친다느니 하는 것은 그야말로 본 회의 신앙고백과는 너무도 다른 헛소문들이다.

18. 이재록 목사(만민중앙성결교회)

교세:약 10만여명. 예수교대한연합성결교회

(1) 이재록 목사에 대한 비판내용

> 다음의 비판내용은 본회의 견해가 아니며 기총연(한국기독교총연합회)자료집이나 각 교단 또는 소위 이단연구가들이 비판한 내용을 그대로 요약 전재한 것입니다.(편집자주)

이재록목사에 대한 비판 내용들을 살펴보면 다음과 같다. 먼저 이재록이 부르면 아브라함 등 모든 선지자들과 주님의 제자들이 나타난다는 말은 일종의 초혼사상이다. 이는 그 유례를 성경에서 찾아볼 수 없는 일로 하나님께서 엄격하게 금하는 이교도적 행위인 것이다(신18:11).

이재록은 자신을 신격화 하고 있다. 이재록의 영이 하나님 보좌 좌편에 앉아 있다는 말이나, 이재록에게 죽고 사는 권세가 있다는 말이나, 또한 자신에게는 원죄와 자범죄가 없고 주님과 자신은 하나이기 때문에 자신을 해와 달 속에 넣어 세상에 공포하였는데 이는 자신에게 특허를 낸 것이라고 하는 말이나, (중략) 결국 이와 같은 이재록의 신격화 사상은 이재록이 구원의 조건이 되고, 기독론적으로는 물론 구원론에 있어서도 무서운 이단 사상을 낳게 하였다.(기총연 이단사이비 자료집)

(2) 이단시비 논란부분에 대한 답변

한 교회나 교단 또는 개인에 대해 이단시비를 논하고자 한다면, 그들의 교리나 신앙 전반에 대한 검토가 있어야 한다고 생각한다. 그렇다면 이재록 목사와 만민중앙교회에 대한 이단시비를 논함에 있어서도 당연히 개척이래 지금까지 이재록 목사와 만민중앙교회가 걸어온 신앙의 노선을 검토해야 할 것이다.

이재록 목사는 지금까지 목회를 해 오면서, 오직 창조주 하나님과 우리의 구세주 되시는 예수님에 대해 증거하였으며, 성경 66권 하나님의 말씀대로만 살 것을 가르쳐왔다.

또한 만민중앙교회 역시 지금까지 이재록 목사의 신앙과 목회관에 따라 오직 하나님의 나라와 의를 위해 달려온 교회이다. 국내뿐 아니라, 국외적으로도 하나님 나라의 확장을 위해 매진해 왔고, 크고 작은 국내 및 해외 집회를 통해 수많은 영혼들을 주님 품으로 인도해 왔다. 그리고 이러한 집회 때마다 이재록 목사가 증거하는 것은 오직 창조주 하나님과 우리의 유일한 구세주가 되시는 예수 그리스도였으며, 하나님의 영광을 나타내는 데에만 전력해 왔다.

그러하기에 이재록 목사가 연합성회를 인도하는 나라마다, 그 나라의 기독교계가 초교파적으로 연합하여 성회를 적극적으로 도왔고, 성회를 통해 교회들이 크게 부흥하는 역사가 일어났으며, 그 나라의 기독언론은 물론이고 일반 언론에서까지도 이재록 목사가 인도하는 연합성회를 보도하였다.

이처럼 이재록 목사를 직접 만나거나 이재록 목사가 인도하는 연합성회에 함께 한 사람들은 전혀 이단시비를 하는 경우가 없으며, 이재록 목사의 설교내용과 신앙에 대해서도 너무나 성경적이며 복음주의 신앙노선을 따르고 있다는 사실에 대해 공감하고 있다. 더욱이 성경에는 이단이 무엇인지에 대해 분명히 말씀하고 있다.

<벧후2:1>에 보면, "그러나 민간에 또한 거짓 선지자들이 일어났었나니 이와 같이 너희 중에도 거짓 선생들이 있으리라 저희는 멸망케 할 이단을 가만히 끌어들여 자기들을 사신 주를 부인하고 임박한 멸망을 스스로 취하는 자들이라"말씀하고 있다. 이 말씀에서 '자기들을 사신 주를 부인하고 임박한 멸망을 스스로 취하는 자들'이 바로 '이단'임을 알

수 있다. 즉, 예수님께서 우리 인류를 죄에서 구원하신 구세주가 되신다는 사실을 부인하는 사람들이 이단이 되는 것이다.

또한 <요일2:22>에도 "거짓말하는 자가 누구뇨 예수께서 그리스도이심을 부인하는 자가 아니뇨 아버지와 아들을 부인하는 그가 적그리스도니"라고 말씀하신다. 이 말씀에서도 예수님께서 그리스도이심을 부인하고, 아버지와 아들 즉, 하나님과 주님을 부인하는 자들이 적그리스도라 말씀하고 있다.

따라서 삼위일체 하나님을 부인하지 않고 예수님을 구세주로 인정하는 개인이나 교회에 대해 일부 설교 내용을 가지고 이단 정죄의 근거로 삼는 것은 합당하지 않다고 생각한다. 이재록 목사가 개척이래 지금까지 해온 수많은 설교나 책자나 인쇄물을 보면, 오직 하나님과 우리의 구세주 예수 그리스도, 그리고 성령의 역사를 분명히 믿고 전한다는 사실을 확인할 수 있다. 그 어디에도 삼위 하나님을 부인하거나 예수님의 구세주 되심을 부인하는 내용은 결코 없음을 다시 한번 확인하는 바이다.

하지만 이 무엇보다도 더 중요한 것은 하나님께서 이재록 목사를 보장하시는 증거이다. <막16:20>에 "제자들이 나가 두루 전파할쌔 주께서 함께 역사하사 그 따르는 표적으로 말씀을 확실히 증거하시니라"는 말씀처럼, 지금까지 이재록 목사가 인도하는 국내외의 각종 성회에서는 수많은 하나님의 역사들이 나타났고, 이는 국내뿐 아니라 해외 각 나라의 교계와 심지어는 의사들까지도 확인해 준 내용이다.

각종 질병을 비롯하여 불치, 난치의 병들이 치료되며, 소경이 눈을 뜨고, 벙어리가 말을 하고, 귀머거리가 들으며, 앉은뱅이가 일어나는 등의 수많은 역사들이 나타나고 있는 것이다. 그리고 이재록 목사가 이러한 하나님의 역사들을 통해 증거 하고자 하는 것은 결국 창조주 하나님의 살아계심과 예수님의 구세주 되심이며, 증거되는 말씀을 확실히 증거하는 이와 같은 하나님의 역사들이 나타남으로 말미암아 지금까지 수많은 영혼들을 주님 품으로 인도할 수 있었고, 하나님의 나라를 확장해 갈 수가 있었던 것이다.

또한 이재록 목사는 이러한 증거들을 나타내 보임으로 성경이 일점일획 틀림없는 참임을 증거하고 있으며, 이를 통해 성도들로 하여금 오직 하나님의 말씀대로 살아야 할 것을 가르치고 있다. 늘 하나님의 말씀에 따라 죄와 악을 버리고 선하게 살며, 진리 가운데, 빛 가운데 거할 것을 가르치고 있으며, 친히 그러한 삶을 사시므로 성도들의 본이 되어 주고 있는 분이다.

이처럼 오직 하나님의 나라를 확장하기 위해 또한 영혼 구원을 위해 힘쓰는 이재록 목사이며, 이러한 이재록 목사를 하나님께서 분명히 하나님의 도구로 쓰고 계시다는 많은 증거들이 있음에도, 일부 교회를 음해 하고자 하는 사람들에 의해 잘못 전해지고 있는 말들을 가지고 이재록 목사와 만민중앙교회 전체를 판단하는 것이 과연 옳은 것인가 생각해 보아야 할 것이다. 오직 성경에 근거해야 할 것이고, 하나님의 말씀인 성경에 근거하여 만민중앙교회와 이재록 목사의 신앙을 분별해야 할 것이며, 하나님께서 들어 사용하시는 교회와 주의 종인지 아닌지를 분별해 보아야 할 것이다.

참고로 한기총에서 이단결의한 내용을 보면, 이는 이재록 목사나 만민중앙교회의 전체적인 교리나 신앙의 노선에 대한 것이 아니며, 일부 잘못 전해지거나 그 뜻이 왜곡된 말들에 의한 것이었다. 지금 현재 만민중앙교회에서 신앙생활하고 있는 성도들이라면 누구도 이재록 목사를 신격화하거나, 이재록 목사 본인이 스스로를 신격화 한다고 생각하는 사람은 결코 없으며, 이점에 대해서는 이재록 목사 스스로도 강단에서 누누이 강조하는 내용이다. 신은 오직 삼위 하나님뿐이시고, 구세주도 오직 예수님 한분 뿐이시며, 성경에 위배되는 그 어떠한 것도 있을 수 없음을 이재록 목사는 수많은 설교를 통해 강조해 왔고, 그것을 만민중앙교회에서 신앙생활 하는 모든 당회원 일동은 확인하는 바이다.

19. 이명범 목사(레마선교회)

이명범 목사는 1938년 9월 22일 서울 종로에서 출생했다. 1963년도에 연세대 도서관학과를 졸업하고 이화여대 대학원에서 기독교학을 수학하였고 새문안교회에서 최근까지 신앙생활한 것으로 알려졌다. 이후 이씨는 1980년 5월 김기동 목사의 베뢰아 아카데미 1기생으로 졸업했다.

이목사는 1981년 중앙대학교에서 전 이사장인 임철순 씨의 부인 이의영 씨가 중앙대학교 여교수들을 중심으로 성경공부를 시켜 달라는 부탁을 받고 성경공부를 가르쳤으며, 이때 중앙대학교에서 '레마선교회'란 이름으로 모임이 결성되었고(초대회장에 이의영 씨), 중대에서 '현대사회와 기독교'를 강의하던 이명범 교수가 성경을 가르쳤다.

이씨는 이후 '레마성서연구원'(반포 소재)을 설립하여 성경공부, 신유집회, 사경회, 제자훈련, 친교모임 등을 목적으로 하는 소위 '렘'을 통해 많은 사람들이 이곳에서 훈련을 받았다. 1984년부터 시작한 '뜨레스 디아스'는 오늘에 이르고 있다. 이 렘은 주로 호텔이나 양재동에 있는 서울 교육문화회관 등에서 3일간 교육을 시킨다. 필자가 연구차 가족과 함께 이 렘에 직접 참여해본 결과 신학적 문제점은 발견치 못하였다. 이씨가 이단시비에 대상이 된 것은 베뢰아 아카데미를 수료했다는 이유 한 가지만으로 소위 이단 연구가들이 베뢰아 계열로 분류하여 비판하면서 이단시(통합, 1992 이단규정. 고신, 불건전한 단체)됐다.

이에 대해 이목사 측은 자신의 신학적 미숙으로 일부 삼위일체론 설명에서 문제가 있었다고 시인하고, 통합측 신학자인 이종성 박사의 삼위일체 설명을 인용, 수정해 이 같은 내용의 소명서를 통합측에 보냈으나 묵살되었고, 통합측은 이목사의 수정전 주장을 그대로 인용해 이단으로 규정하고 있다. 현재 이목사는 베뢰아측의 입장과 일부 성경해석상 달리하고 있는 것으로 알려졌다. 이목사는 예일신학대학원대학교를 설립해 이사장을 맡고 있다.

필자가 타기관을 통해서 서면 질의서를 이명범 씨측에 보냈으나 답변을 거부했다. 질의서를 접수한 레마성서연구원의 이영희 목사는 여러 차례 답변을 요청했음에도 유선 통화에서 '답변 안함'으로 공식 확인했으나 이것이 이명범 목사의 공식입장인지 아니면 직원인 이목사의 독자적 판단인지는 불명확하다. 이명범 목사의 과거 신학사상 등에 대해 조사해 본 결과 이단교리가 없었다.

참고로 이명범 목사에 대해 나채운 교수(예장통합측 장신대학교 교수 역임)는 '장로신보' 2000년 10월 28일 자기고에서 '신학이론/이단시비' – '교단의 결정과 하나님을 위한 사명 – 걱정해 주시는 분들을 위한 해명' 에서 다음과 같이 기술하고 있다.(요약;편집자주)

(중략) 과거에 우리 교단에서 이단으로 규정한 사실을 발견하고 그 사실의 경위를 조사해본 결과, 다음과 같은 사실이 있었음을 알게 되었다.

이명범 씨는 이미 그 이전에, 일시 문제가 되었던 사항(우리 교단이 이단이라고 판단한 성경 해석 부분)에 대하여, 그것이 장로교의 성경 해석과 다소 다른 것을 시인하고 전적으로 시정하여, 현재는 개혁교회(장로교회)의 정통교리를 따르고 있다는 사실.

우리 교단에 그 점에 대한 사과와 아울러 해명할 기회를 달라고 하였으나(청원서 및 증거 제출) 그 요청이 묵살되었다는 사실(이유 설명 없는 서류 반려).

(중략) 이제 이 시점에서 나는 공개적으로 청원을 한다. 첫째, 지금까지 제출된 청원서, 해명서, 질의서 등에 대하여 분명한 대답을 해주실 것. 둘째, 지금까지 잘못 보도된 사실에 대해서는 정정보도를 해 주실 것. 셋째, 예일신학교에 대해서는 현재의 교육 실체를 정확히 알아보실 것. 예일신학교에서는 내가 제정한 정통 신앙으로 신조를 만들어 성경적, 복음적인 기독교 세계관에 입각한 교육을 할 뿐 아니라, 세역성경 개정판의 사용, 바로잡은 주기도 사도신경을 채택함으로 우리나라에서 최첨단의 개혁정신으로 교육하고 있다. 이 교육철학은 바로 16세기 루터와 칼빈의 개혁정신을 계승하는 것이다. 이러한 교육을 하지 말라는 것은 이때까지 한국교회와 신학교 교육에서 개혁(바로 잡은 개혁성경 개정판 사용, 주기도 사도신경의 개정등)을 주장, 일관해온 나로서는, 하나님께서 특별히 나에게 주신 사명(성경에 입각한 바른 신학교육)을 하지 말라는 것이므로, 그러한 사명 의식에서 받아들일 수 없는 일이다. (중략)

20. 이초석 목사(예수중심교회)

교세:약 10만여명. 대한예수교장로회(예루살렘)

시비 논란
이초석 목사는 1984년 12월 7일 목사안수를 받았다. 이목사는 김기동 목사가 운영하는 베뢰아아카데미를 수료한 한만영 목사(당시는 장로. 서울부활의 교회)가 운영했던 '그레이스 아카데미'를 수료했다. 따라서 이목사는 귀신론에 있어서 김기동 목사와 맥을 같이 하고 있다. 다만 이초석 목사는 '축사'(귀신 쫓음)에 있어서 김기동 목사는 매우 간헐적으로 행하고 있는 반면, 이초석 목사는 보다 적극적으로 행하고 있다.(김기동목사 편을 참고 바란다)

21. 지방교회

교세:세계 약 3,000여개(중국 본토 제외), 우리나라 약 100여 곳
세계 약 30만여명(중국 본토 제외), 우리나라 약 2만~2만 5천여 명

"연혁"

워치만 니와 위트니스 리로 대표되는 (지방)교회의 가르침은 총 8권의 "신약의 결론 시리즈"-하나님(510쪽), 그리스도(709쪽), 성령(654쪽), 교회(532쪽), 믿는 이들 1,2(총1084쪽), 왕국(712쪽), 새 예루살렘(415쪽)(한국복음서원 발행)에 집대성 되어 있다.

(워치만 니와 위트니스 리 그리고 두 성경교사의 관계에 대해서는 아래 사이트들을 참고하시기 바랍니다.
　워치만 니(1903-1972.5) : http://www.watchmannee.co.kr
　위트니스 리 (1905-1997) : http://www.witnesslee.or.kr
　워치만 니와 위트니스 리의 관계 : http://www.watchmannee-witnesslee.or.kr)

이하는 각 신앙 항목들에 대한 간략한 (지방)교회 측 입장이다.

(1) 이단시비에 대한 변증:지방교회측

A. 이단시비의 발단

생명의 말씀 사를 통해 번역 소개된 워치만 니 책자는 성경 진리를 기초로 하되 대부분 자신이 주님께 직접 받은 계시와 주관적인 체험을 다루고 있어, 추구하는 그리스도인들 사이에 큰 공명을 일으켰다. 그러나 그 당시 워치만 니 책자 독자층은 일정 범위 내로 제한되어 있었다고 볼 수 있다.

그 이후 1980년 대 중반부터 한국복음서원은 하나님의 경륜, 생명 되신 그리스도, 지방입장, 교회, 새 예루살렘 등의 진리를 담은 워치만 니와 위트니스 리 책자들을 대량으로 번역 소개하게 되었다. 따라서 이러한 문서들을 통해 진리를 새롭게 깨달은 사람들이 하나씩 둘씩 생겨나게 되었고 그들은 자신들이 본 이상을 따라 신앙생활을 하기 원했다. 그것은 기존 교단들 사이에서 일상적으로 일어나고 있던 현상인 성도들의 수평이동 사례가 통합 교단, 고신 교단과 (지방)교회에서 발생하게 되었다. 이러한 성도들의 이동은 두 교단을 자극하게 되었고 급기야는 서둘러 (지방)교회를 이단으로 결정하게 했던 것이다.

B. 예장 통합교단의 이단 결의

그 당시 이단상담소장을 역임하고 있던 최삼경 목사의 연구보고서를 토대로 통합측은 77차 총회(1992년)에서 (지방)교회를 구원론과 교회론 등에 이단성이 있다고 결의 했다.

그러나 그 후(지방)교회 측과 최삼경 목사 간에 1996년 8월부터 1998년 5월까지 월간 교회와 신앙 지를 통해 진행되었던 공개 진리토론은 다음과 같은 점에서 한국 교계에 큰 반향을 일으켰다.

1) (지방)교회를 이단시한 근거인 '예장 통합 측 이대위의 제 77차 연구보고서'는 외견상 예장 통합교단 사이비이단대책위원회 명의로 되어 있으나 그 당시 이단상담 소장이었던 최삼경 목사 개인작품이라는 항간의 소문이 사실이었음이 통합 측 자체 조사보고서를 통해 공식 입증되었다.

2) 최삼경 목사는 삼위일체가 '한 영의 하나님'이 아니라 '세 영들의 하나님'이라고 주장함으로 총회 결의를 거쳐 자신의 소속 교단으로부터 삼신론 이단성을 조사받는 충격적인 사태가 발생했다. 그런데 이러한 최 목사의 '세 영들의 하나님' 사상은 교회 역사상 853년 스와송(Soissons) 공의회에서 이미 삼신론 이단으로 정죄 받은 주장이다. (제럴드 브레이, 신론, 한국기독학생회출판부, 2000년, 211-212쪽 참조).

3) 최삼경 목사(예장 통합 측)가 (지방)교회를 이단시한 내용은 공개 토론 결과 위와 같은 최 목사의 이단적인 신론에 기초했거나 사실 확인 미흡 또는 지엽적인 교리상의 이견에 불과하여 특정 단체를 이단시 할 만한 내용이 전혀 아니었음이 밝혀졌다. 이에 대한 자세한 변증내용은 (지방)교회 진리변증 사이트인 http://www.forthetruth.or.kr 에 '누가 이단인가' 라는 내용 중에서 특히 마지막 결론 글을 참고하기 바란다.

아래에 통합교단이 지적한 핵심 사항에 대해 최삼경 목사와 토론 시 반박된 내용을 간략하게 소개하면 다음과 같다.

1) 신인합일주의를 가르친다

이것에 대해 (지방)교회는 성경적인 '하나님과 사람의 연합'을 믿을 뿐 '신인합일주의'를 가르치지 않는다. 사람은 피조물과 조물주의 뛰어넘을 수 없는 차이인 신격(Godhead)을 갖지 않는다. 최 목사는 이 점을 간과했다.

2) 양태론을 가르친다

이것에 대해 (지방)교회는 <한 영, 세 인격들의 하나님>을 가르치고 <양태론>을 배격한다. 최 목사는 위트니스 리가 '한 인격의 하나님'을 믿는다고 했으나 그것은 위트니스 리가 '셋 -하나' 라고 말한 것을 최 목사 자신이 임의로 '풀어서 말한 것'일 뿐 원래 문맥은 그렇지 않다. 위트니스 리는 삼위의 세 인격 모두가 사람 안에 계신다고 가르친다.

3) 예수님 인성에 변화가 있다고 한다

이것은 위트니스 리가 예수님의 육신이 부활시 영화롭게 된 몸(빌

3:21)이 된다고 한 것을 최 목사가 오해한 것이다. 위트니스 리의 가르침은 사도 바울이 고전15:44에서 '육의 몸'과 '신령한 몸'을 대비하여 말하는 것과 일치하며 지극히 성경적이다.

4) 사람의 영이 타락하지 않았다고 한다

이것에 대해 최 목사는 공개토론 시 "물론 워치만 니나 위트니스 리가 인간의 영이 타락하지 않았다고 주장하지는 않는다. 오히려 영이 타락하여 죽었다고 주장한다"고 함으로 이단 연구보고서 상의 자신의 말을 스스로 뒤집은 바 있다(월간 교회와 신앙, 97년 8월호 164쪽 참조).

5) 기성교회를 바벨론이라고 한다

이것은 기독교 전체를 일방적으로 매도한 것이 아니다. 성경해석 과정에서 다른 근본주의 성경교사들의 기존의 해석과 동일하게 계시록 17장 5절의 '큰 바벨론'은 '로마 천주교'를 가리킨다고 말한 것뿐이다. 여전히 논란이 많은 계시록 문구 해석상의 차이는 용납되어 온 것이며 그것이 이단 사유가 될 수 없다.

C. 고신교단의 이단결의

장로교 고신교단은 1991년에 충분한 연구 없이 (지방)교회를 이단으로 결의한 바 있다. 그러나 그 이단 판정 기준이 <성경이 아니라 특정교단이 선호하는 신조>에 따른 상대적인 평가에 불과한 것이었음이 아래 고신 총회장 해명서를 통해 밝혀졌다.

그러나 특정교단이 특정신조를 신봉하는 것은 자유이지만 그것을 기준으로 다른 그리스도인들을 이단시 할 수는 없을 것이다. 한 예로 침례교단이나 감리교단은 장로교단이 신봉하는 웨스트민스터 신조를 신앙의 기준으로 간주하지 않는다.

한기총이 발간한 <이단 사이비 자료집> 149쪽에서 고신교단은 '(지방)교회가 초대교회 실행을 따라 지역별로 교회 이름을 붙여야 한다고 주장하고, 신자들을 '형제'라고 호칭하는 것은 계급 없는 교회를 이룩하는 것을 목적으로 함으로 교회론 에서 이단'이라고 주장하고 있다.

그러나 이것은 우리의 신앙의 원형으로 간주되는 초대교회 성도들도 이단으로 만들고, 거룩케 된 무리들을 형제라 부르기를 부끄러워하지 않으셨던 주 예수님(히2:11)도 이단을 만드는 무리한 주장일 뿐이다.

풀러 신학 대학 성명서
(2006년 1월 5일)

풀러(Fuller) 신학 대학과 지방 교회들의 인도자들과 그 출판 기관인 리빙스트림미니스트리(LSM)는 최근에 지난 2년 동안 해온 광범위한 대화를 마쳤습니다. 이 기간에 풀러 신학 대학은 리빙스트림미니스트리에서 출판한 위트니스 리와 워치만 니의 저서들을 특히 강조하는 지방 교회들의 주요 가르침들과 실행들을 철저하게 검토하고 조사해 보았습니다. 이러한 과정을 취한 이유는, 종종 이들 교회들에 관해 던져지는 여러 가지 많은 질문들과 비난들에 대한 답을 주고자 하는 것이었고, 또한 역사적이고 정통적인 기독교의 빛 안에서 이 두 사람이나 지방 교회들의 가르침들과 실행들의 위치를 파악하고자 하는 것이었습니다.

풀러 신학 대학 측에서 이 대화에 참여한 분들은 총장이며 기독교 철학 교수인 Richard Mouw 박사와 신학부 학장이며 신학 및 윤리학 교수인 Howard Loewen 박사와 조직 신학 교수인 Veli-matti Karkkainen 박사입니다. 지방 교회들을 대표하여 참여한 분들은 Minoru Chen, Abraham Ho, Dan Towle 씨입니다. LSM을 대표하여 참여한 분들은 Ron Kangas, Benson Phillips, Chris Wilde, Andrew Yu 씨입니다.

풀러 신학 대학이 내린 결론은, 지방 교회들과 그 구성원들의 가르침들과 실행들이 본질적인 모든 방면에서 진실하고 역사적이고 성경적인 그리스도인 신앙을 대표하고 있다는 것입니다.

풀러 신학대학이 당면했던 첫 과제 중 하나는, 그들을 비판하는 이들이 전형적으로 제시했던 지방 교회들의 사역의 모습이 지방 교회들의 사역의 가르침들을 정확히 반영하고 있는가를 판정하는 일이었습니다. 이 점에 있어서, 우리는 워치만 니와 위트니스 리에 관하여 어떤 단체들

안에 생성된 인식과 그 두 사람의 저서들에서 발견된 사실상의 가르침들 사이에 큰 차이가 있음을 발견했습니다. 특히 위트니스 리의 가르침들은 엄청나게 잘못 대표되었으며, 그 결과 일반적인 그리스도인 사회에서, 특히 자신들을 복음주의자들로 분류하는 사람들 가운데서 가장 빈번하게 오해되어 왔습니다. 성경과 교회사의 빛 안에서 공정하게 점검해 볼 때, 문제시 되었던 가르침들은 사실상 성경과 역사의 의미심장한 신뢰를 받고 있다는 것을 우리는 시종일관 발견하게 되었습니다. 그러므로 우리는 그들이 그리스도의 몸 전체의 주목과 존중을 받을 가치가 있다고 믿습니다.

우리가 거친 과정을 이해함에 있어서, 처음부터 우리는 모든 참된 그리스도인 믿는 이들이 고수하고 있는 진정한 그리스도인 신앙의 본질적인 요소들 위에서 이들 교회들이 서 있는 입장이 무엇인가에 대해 상당한 주의를 기울였음을 주목하는 것이 중요합니다. 만일 신앙의 기본 교리들에 관한 동의가 분명하게 확립될 수 있다면, 비본질적인 가르침들에 관한 차후의 대화와 토론은 믿는 이들의 교통의 범위에 들어가는 것이 타당하다고 우리는 믿습니다.

우리는 그들의 출판물들을 읽어 보고 또 풀러 신학 대학 측과 그 교회들과 사역의 대표자들과 다섯 번에 걸쳐 직접 만나는 모임을 갖고 나서 이러한 결정을 내렸습니다. 하나님, 삼일성(삼위일체), 그리스도의 인격과 일, 성경, 구원, 교회의 하나와 합일, 그리스도의 몸 등에 관한 그들의 가르침과 간증에 관해서 우리는 그들이 논의의 여지없이 명백하게 정통(正統)이라는 것을 발견했습니다.

더 나아가 우리는, 비록 그들의 신앙 고백이 신조의 형태로 되어 있지는 않지만, 그들의 신앙 고백은 주요 신조들과 일치한다는 것을 발견했습니다.

더구나 우리는 리빙스트림미니스트리의 출판물로 대표된 가르침들을 고수하는 사역의 인도자들이나 지방 교회들 구성원들 가운데 이단에 속하거나 이단과 유사한 속성들이 있다는 증거를 전혀 찾을 수 없었다는 것을 확실하게 말할 수 있습니다.

따라서, 우리는 그들을 진정한 믿는 이들로, 그리고 그리스도의 몸의 같은 지체들로 쉽고도 편안하게 받아들일 수 있습니다. 또한 우리는 모든 그리스도인 믿는 이들도 마찬가지로 그들에게 교제의 악수를 하기를 기탄없이 권하는 바입니다.

우리가 함께 했던 시간들은 진지하고 열려 있고 투명하고 제약이 없는 대화의 시간이었습니다. 우리 풀러 신학 대학 측에서 특별한 관심을 갖고 접근했던 몇 가지 주제들은 삼일성(삼위일체), 신성과 인성의 연합, 신화(神化), 양태론(樣態論), '지방' 교회에 대한 그들의 해석과 실행, 그리스도의 신성과 인성, 그들의 모임 밖에 있는 외부 믿는 이들에 대한 그들의 태도 등이었습니다. 우리는 이런 분야들 하나하나에 대해 탐색할 자유를 제한 없이 부여받았습니다. 매 경우에 우리는 일부 사람들이 가진 공공연한 인식이 지방 교회들 안에 있는 믿는 이들의 믿음과 실행뿐만 아니라 출판된 사실상의 가르침들과도 너무나 동떨어진 것임을 발견했습니다.

이 성명서는 우리가 연관되었던 과정과 우리가 내린 전반적인 결론에 대한 전체적인 개관에 대해 관심을 가진 분들에게 제공하려는 의도로 마련된 것입니다. 이 간단한 성명서에 이어서 몇 개월 후에는 위에서 언급한 신학적 주제들과 기타 중요한 주제들을 더 상세하게 다루는 논문이 나올 것입니다. 지방 교회들과 리빙스트림미니스트리의 대표자들은 그들에 관한 관심사의 주요 주제들에 대한 그들의 가르침들을 요약된 형태로 진술하는 성명서를 작성하기로 합의했습니다. 풀러 신학 대학 측은 이미 상당한 연구와 대화를 거친 다음 그들을 이해하는 데 이르렀으므로 그들의 가르침들에 대한 논평을 제공할 것입니다.

22. 제칠일안식일예수재림교

교세:18만 8,807명 (2006년 1.1현재)

(1) 안식일교회에 대한 비판 내용

> 다음의 비판내용은 본 협의회의 견해가 아니며 기총연 자료집이나 각 교단 또는 소위 이단연구가들이 비판한 내용을 그대로 요약 전재한 것입니다.(편집자 주)

이 부분은 다음의 "이단시비 논란 부분에 대한 재림교회의 입장"과 "이단 사이비 종합자료 2004에 대한 재림교회의 반증"에서 다루어지고 있기 때문에 별도의 비판 내용 게재는 생략합니다.

(2) 시비 논란 부분에 대한 재림교회의 입장"

A. 안식일 준수가 구원과 관련이 있는 절대적 교리인지 여부

기독교 구원론의 요체는 인간의 구원은 결코 어떤 율법이나 규범을 지키는 자신의 행위로 말미암는 것이 아니라는 데에 있다. 계율적 명령과 금지에 따르는 행위 여부에 따라 구원을 받는다는 것은 율법주의적 구원관에 속한다. 재림교회는 결코 그런 율법주의적 구원관을 받아들이지 않는다. 기독교는 은혜로 구원받는 종교이다. 구원은 예수 그리스도께서 십자가에서 이루신 구원에 대한 반응 곧 그의 공로를 의지함으로써만 이루어진다. 그러므로 안식일을 지켜야만 구원을 얻을 수 있다고 하는 것은 재림교회의 가르침이 아니다.

그러나 십자가의 은혜는 결코 무력하거나 값싼 것이 아니다. 십자가에 나타난 크신 하나님의 사랑은 죄인을 변화시키기에 넉넉하며, 그 사랑은 은혜로 구원받은 사람들로 하여금 하나님의 뜻을 순종하고자 하는 동기와 능력을 제공해 준다. 이 하나님의 뜻이 영구한 원칙으로 나타난 것이 십계명이며, 그것은 구원받은 그리스도인 삶의 지침이 된다. 이것이 성경에 반복해서 하나님의 계명에 대한 순종이 강조되어 있는 이유이다(요12:35; 14:15; 시18:14; 눅6:46; 8:21; 마7:21). 그리고 이것이 종교개혁자 칼뱅이 말한 소위 율법의 제3용법, 즉 "그리스도인 삶의 표준과 나침반의 역할"의 의미이다. 십자가에 나타난 사랑을 진정으로 받아들인 자들은 "사랑으로 역사하는 믿음"(갈5:6)을 따라 그리스도인 삶의 표준과 나침반이 된 계명을 순종하게 된다. 이러한 맥락에서 재림교회는 "구원은 전적으로 은혜로 얻는 것이요 행함으로 얻는 것이 아니지만, 구원의 열매는 계명에 대한 순종"(기본 신조 18, 기본교리, 219)으로 나타난다고 믿는다.

안식일은 이 십계명 중의 넷째 계명이다. 이 넷째 계명에 십계명을 주신 분의 신원 곧 그의 이름(여호와)과 직위(창조주)와 통치 영역(하늘과 땅과 바다)이 나타나 있다. 이런 의미에서 안식일 계명은 하나님과 그의 백성 사이의 영원한 "언약의 표징"(겔20:12, 20)으로 사용되었다. 그 날은 창조의 기념일로(출20:8~11; 창2:2~3), 구속의 기념일로(신5:15; 시105:43~45), 그리고 성화의 기념일로(출31:13; 겔20:12)로 주어졌다. 재림교회는 이런 이해에 근거하여 "안식일은 그리스도 안에서 이루어지는 우리의 구속의 상징이며 우리의 성화의 표징이요 우리의 충성의 증거이며 하나님의 왕국에서 누리게 될 우리의 영원한 미래를 미리 맛보는 것"(기본 신조 19, 기본교리, 233)이라고 믿는다.

예수께서는 지상에 계시는 동안 친히 안식일을 "자기 규례대로"(눅4:16) 지키셨다. 그가 행하신 안식일 개혁은 그 날을 다른 날로 바꾼 것이 아니라, 그 날의 준수에 대한 비인도적이고 비인간적인 바리새인들의 규례를 개혁하신 것이었다(마12:1~13; 막2:23~28; 눅6:1~5). 이러한 개혁의 핵심이 "안식일은 사람을 위하여 있는 것이요 사람이 안식일을 위하여 있는 것이 아니니라"(막2:27)는 말씀으로 표현되었다. 이러한 예수의 가르침을 좇아 제자들도 심지어 그가 돌아가신 황망함 중에도 "계명을 좇아 안식일에 쉬"(눅23:56)었고, 사도 바울도 선교 여행을 하면서 안식일을 지켰다(행17:2; 18:4). 특히, 바울이 안식일을 지킨 것은 단지 유대인들을 선교하기 위한 것이 아니라, 그리스도인들의 예배를 위해서였다(행16:13).

이는 예수의 승천 이후에도 안식일 준수가 계속되었음을 나타낸다. 십자가 이후의 안식일 준수의 계속성은 예수께서 종말론적인 환난의 때를 언급하면서 그 날이 "겨울이나 안식일이 되지 않도록 기도하라"(마24:20)고 하신 말씀에 잘 나타나 있다. 재림교회는 이런 모본과 가르침을 따르는 것이 하나님의 은혜로 구원받은 그의 백성들이 하나님의 뜻을 순종하는 것이라고 믿는다.

물론, 구원은 결코 예수와 상관없이 제칠일을 안식일로 구별하는 것에 있지 아니하다. 구원은 오직 그 날의 주인이신 예수 그리스도를 참으로 믿느냐에 있다. 재림교회가 안식일을 지키는 것은 그 날을 지켜야만 구원을 받기 때문이 아니라, 그 날을 지키는 것이 구원받은 백성들이 순종으로 나타내야 할 하나님의 뜻이라고 믿기 때문이다.

B. 주일을 지키는 그리스도인은 구원을 받을 수 없는가?

재림교회는 온 세상에 구원의 유일한 길이신 예수 그리스도를 증거하는 여러 교회들의 역할을 존중한다. 특별히, 예수 그리스도를 전혀 들어보지 못한 세계의 여러 곳에서 천하 인간이 구원을 얻을만한 유일한 이름인(행4:12) 예수 그리스도를 증거하기 위해 헌신하고 있는 그리스도인들의 활동에 존경을 표한다. 재림교회는 이러한 태도는 "구원의 소식"을 전한다고 확신하는 모든 그리스도인들이 마땅히 지녀야 할 태도라고 생각한다. 왜냐하면 누구든지 자신의 믿는바 진리를 향한 헌신은 존중받아야 하며, 또 각 개인들은 신앙과 양심의 자유를 누릴 수 있어야 하기 때문이다. 그래서 재림교회는 성경에 근거한 같은 복음을 공유하고 있는 그리스도교 각 교단 사이에는 항상 진실과 정직에 기초한 그리스도인다운 예모가 있어야 한다고 믿는다. 그들은 결코 무고한 험담으로 다른 기독교 교단을 허물어서는 안 된다. 이는 "오직 위로부터 난 지혜는 첫째 성결하고 다음에 화평하고 관용하고 양순하며 긍휼과 선한 열매가 가득하고 편벽과 거짓이 없"(약3:17)기 때문이다.

재림교회는 자신들의 주요한 기본 교리들이 기독교 역사에서 등장한 여러 기독교 운동의 결과로 이루어진 것임을 인정한다. 삼위일체의 신론은 가톨릭으로부터, 성경의 권위와 이신득의(以信得義)의 교리는 루터와 칼뱅 등의 종교개혁자들로부터, 부활신앙은 재세례파로부터, 중생과 성화에 대한 강조는 웨슬레 형제의 성결 운동으로부터, 침례의 형식과 의미는 침례교로부터, 사회봉사는 구세군으로부터, 그리고 세계 선교의 이상은 모라비안 형제회로부터 영감을 받은 것이다. 그런 의미에서 우리는 각 교단들이 그들 나름대로 회복한 진리의 강조점을 지니고 있다는 것을 인정한다. 재림교회는 이런 역사적 맥락 위에서 그리스도의 재림의 박두를 알리며 요한계시록 14장의 영원한 복음을 전하는 사명을 가지고 조직되었다.

구원은 오직 그리스도 예수 안에 있는 구속으로 말미암아 하나님의 은혜로 값없이 얻는다(롬3:24). 이것을 믿는 자들은 이 하나님의 거저 주시는 은혜를 받기 위해 믿고 침례[세례]를 받는다(막16:16; 행 16:31). 그러므로 예수 그리스도를 개인의 구주로 고백한 믿음이 신실한 모든 그리스도인들은 그 믿음으로 구원받았고, 구원받으며, 또 구원받을 것이다. 이는 인간의 구원은 전적으로 그리스도의 은혜를 통한 하나님의 사랑에 근거하고 있기 때문이다.

구원이 '전적으로 하나님의 은혜'라는 말은 한편으로 그것은 '전적으로 하나님의 영역의 것'이라는 뜻이다. 그런 의미에서 우리는 지나친 집단적 자기 확신에 사로잡혀 "나만 혹은 우리 집단만 구원받는다"는 말이나 "당신 혹은 당신이 속한 집단에는 구원이 없다"고 하는 말은 모두 하나님의 전적인 주권적 영역을 침범할 수 있는 것이므로 조심해야 할 언사라고 생각한다. 인류를 구원하시려는 십자가의 예수 그리스도를 구주로 고백한다면, 어느 누구도 "나만 혹은 우리 집단만 구원받는다"고 주장할 수 없을 것이다. 역으로 그 예수의 이름을 부르며 신앙을 고백하는 개인이나 집단을 향해 자기들의 어떤 특정한 신조를 따르지 않는다고 해서, 구원에서 배제된다는 의미의 이단으로 정죄하며, "당신 혹은 당신이 속한 집단에는 구원이 없다"고 주장해서도 안 될 것이다.

C. 재림 전 심판(조사심판)에 관한 재림교회의 입장
가) 기본신조, 23

하늘에는 성소, 곧 여호와께서 지으시고 사람이 짓지 아니한 참 장막이 있다. 거기에서 그리스도께서는 믿는 자들이 십자가에서 모든 사람을 위하여 단번에 드리신 당신의 속죄의 희생의 은혜를 이용하도록 그들을 위하여 봉사하고 계신다. 그분은 승천하시자 우리의 대제사장으로 취임하시고 중보의 봉사를 시작하셨다. 그분은 2,300주야의 예언 기간의 끝인 1844년에, 그분의 속죄 봉사의 두 번째요 마지막 국면에 들어

가셨다. 그것은 모든 죄의 최종적 처리에 해당되는 조사 심판의 사업이며, 고대 히브리 성소가 대속죄일에 정결케 되는 의식으로 예표되었던 것이다. 이 예표로서의 의식에서는 동물의 희생 제물의 피로 말미암아 성소가 정결케 되었지만, 하늘의 것은 예수님의 피의 완전한 희생으로 정결케 된다. 조사 심판은, 죽은 자들 중에 누가 그리스도 안에서 잠자고 있으며, 그러므로 그리스도 안에서 첫째 부활에 참여하기에 합당한가를 하늘의 지성적 존재들에게 계시해 준다. 그것은 또한 살아 있는 자들 가운데 누가 그리스도 안에 있으며, 하나님의 계명과 예수의 믿음을 지키고 있고, 그러므로 그분의 영원한 나라에 들어가도록 승천할 준비가 되어 있는지 분명히 알려준다. 이 심판은 예수님을 믿는 자들을 구원함으로써 하나님의 공의를 옹호한다. 그것은 하나님께 충성해 온 자들이 하늘나라를 얻을 것을 선언한다. 그리스도의 이 봉사가 끝나면 재림 전에 인간을 위한 은혜의 기간도 끝난다(기본교리, 291).

나) 보충설명

구약시대에 성소의 기별은 구원의 기별이다. 하나님께서는 표상과 의식을 통하여 복음의 원리를 제시하셨다. 모세 성소제도는 그리스도의 대속적 희생, 제사장으로서의 중보, 및 마지막 심판을 예시한 것이었다.

신약성서는 구약의 수많은 제사 언어를 통하여 예수 그리스도의 대속사를 설명하고 있다(고전5:7; 엡5:2; 벧전1:18~19; 히7:27; 히9:14, 26; 히10:12; 마26:28). 성소의 희생 제사는 죄의 용서를 위한 예수 그리스도의 대속적 희생의 죽음을 표상하였다. 예수 그리스도는 화목제물(롬3:24~25)로, 성소의 어린양으로(요1:29; 계5 12) 묘사되었다. 희생제도는 "피 흘림이 없은 즉 사함이 없다"(히9:22)는 구속의 원리를 나타낸다. 또한 성경은 그리스도를 제사장 혹은 대제사장으로 묘사한다(히2:17; 4:14; 5:1~10; 7~9장). 그리스도는 승천 후 제사장의 직무를 행하시고 계신다. 그리스도는 이 땅에서 십자가의 희생 제물로서 세상을 하나님과 화목하게 하셨고, 승천하신 이후에는 대제사장으로서 그의 중보를 통해 그의 죄없는 생애와 대속적 죽음의 공로를 신자들에게 적용하심으로써 하나님과 하나 됨(at-one-ment)을 실현시키신다.

성소 안에서의 제사장의 봉사는 중보와 용서와 화목과 회복을 위한 것에 집중되어 있다. 이로 인하여 회개한 죄인이 하나님께 계속하여 나아 갈 수 있다(엡2:18; 히4:14~16; 7:25; 9:24; 10:19~22). 구약시대의 대속죄일은 성소 봉사의 절정을 이루었다(레16장). 지성소를 중심으로 이루어지는 대속죄일의 사건들은 종말론적 심판의 여러 국면들을 예표한다.

다니엘 9장의 70주일 예언은 역사적-메시야적으로 해석되어야 한다. 이 예언은 그리스도의 제사장 봉사의 시작을 가리키고 있다. 그 구절은 지극히 거룩한 자가 기름 부음을 받을 때를 예언하고 있다(단9:24). 거의 모든 종교 개혁자들이 받아들였던 묵시문학의 예언 해석의 원리인 연-일 원칙에 따라 다니엘 9장의 490일은 490년을, 그리고 다니엘 8:14의 2300일은 2300년을 각각 나타내며 그 기산점은 모두 B.C.457년이다. 2300년의 예언기간이 끝나는 1844년에 예수께서 하늘성소에서 심판 국면에 들어가신 것이다. 이것이 다니엘 7:9~12에 묘사된 심판이다. 거기 하늘 보좌가 있고 "심판을 베푸는 데 책들이 펴 놓였"(10절)다. 이 심판은 인자가 하늘 구름을 타고 땅으로 오는 것이 아니라 "옛적부터 항상 계신 이 앞으로 나아가는 것으로 묘사되어 있다(7:13). 이 심판은 아직 지상에 배도한 세력인 작은 뿔이 있을 때(7:11), 성도들이 나라를 얻기 전에(7:22) 하늘에서 진행되는 심판이다. 그런 의미에서 이 심판은 시기적으로 보면 "재림 전 심판"이요, 성질로 보면 "조사 심판"이다.

히브리서는 하늘 성소의 정결의 필요성을 강조하고 있다(히9:22~23). 지상성소의 하늘 원형을 정결케 하는 것은 그리스도의 보혈이다. 하나님의 백성들의 죄가 믿음으로 속죄제물 위에 놓여지고 상징적으로 지상 성소로 옮겨진 것처럼 새 언약 아래서는 회개한 자들이 고백한 죄는 믿음으로 그리스도 위에 놓여진다. 표상적인 대속죄일 동안에 지상성소의 정결이 거기에 축적된 죄를 제거한 것처럼 하늘성소는 하늘 책에 있는 죄의 기록을 최종적으로 도말함으로써 정결해 진다.

그러므로 하늘성소의 정결에는 조사심판 사업이 포함된다. 우리를 위하여 십자가에서 돌아가신 예수 그리스도를 영접한 자는 이미 생명을 얻었다(요3:17~18). 마지막 때에 관련된 이 2300년 끝에 시작되는 심판은 그리스도와의 바른 관계를 확인할 것이다. 이 일을 통해 예수 그리스도의 속죄의 죽음과 그의 대제사장 중보 사역을 믿음으로 받아들인 모든 백성을 의롭다 칭한 하나님의 공의와 사랑은 온 우주 앞에 옹호될 것이다.

이와 같은 성경적 근거들에 의해 재림교회는 재림 전 심판(조사심판) 교리를 믿는다. 그러나 이 교리는 그리스도의 승천 이후 하늘 성소 봉사 사역을 이해하는 데 매우 유용하고 중요한 교리이지만, 이 교리를 믿는 여부가 구원을 결정하는 절대적 교리라고 믿지는 않는다.

D. 음식문제에 관한 입장
가) 기본 신조, 21

우리는 하늘의 원칙들과 조화되게 생각하고 느끼고 행동하는 경건한 백성이 되도록 부르심을 받았다. 우리는 성령께서 우리 속에 우리 주님의 품성을 재창조하실 수 있도록, 우리의 생애에 그리스도와 같은 순결과 건강과 기쁨을 낳게 될 일들에만 관계한다. 이것은 우리의 오락과 여흥이 그리스도인의 취향과 아름다움의 최고 표준에 맞는 것이어야 함을 의미한다. 문화적인 차이점들은 인정할지라도, 우리의 의복은 단순하고 정숙하고 산뜻해야 하며, 그들의 참된 미가외양을 꾸미는 데 있지 않고 없어지지 않을 부드럽고 유순한 정신을 가꾸는 일에 적합한 것이어야 한다. 그것은 또한 우리의 육체가 성령의 전이기 때문에, 그것을 현명하게 돌보아야 함을 의미한다. 우리는 적절한 운동 및 휴식과 더불어 가능한 한 건강에 가장 유익한 음식을 취해야 하며 성경에 명시된 부정한 식품들을 삼가야 한다. 주정 음료, 담배 및 마약과 마취제의 무책임한 사용은 신체에 해가 되므로, 우리는 그것들도 삼가야 한다. 대신에, 우리는 우리의 사상과 육체가 우리의 건강과 기쁨과 선량함을 원하시는 그리스도께서 주시는 훈련에 부합되게 하는 일에는 무슨 일이나 참여해야 한다.(기본교리, 261)

나) 보충설명

하나님의 백성은 하나님의 백성으로서의 삶이 있다. 그것은 "먹든지 마시든지 무엇을 하든지 다 하나님의 영광을 위하여"(고전10:31) 하는 것이다. 그것은 그리스도를 믿음으로 구원받은 사람들은 자신들의 몸을 "성령의 전"(고전3:16; 6:19)이라고 생각하기 때문이며, "이기기를 다투는 자마다 모든 일에 절제하"(고전9:25)기 때문이다.

성경은 인간을 하나의 단위로 본다. 인간의 영적 삶은 육체적 삶과 밀접하게 연계되어 있다. 그러므로 "거룩하게 되라"는 하나님의 부르심은 영적인 삶에서뿐만 아니라 육체적인 건강에도 적용된다. 건강의 법칙들을 포함하고 있는 하나님의 율법은 독단적인 것이 아니라 우리로 하여금 최대한 행복하게 살게 하기 위한 창조주의 자부적인 사랑의 표현이다.

재림교회는 이러한 개념을 하나의 실제적인 생활 프로그램으로 사람들에게 제시하고 있다. 그것이 많이 알려진 NEW START(자양분 있는 음식 섭취, 적당한 운동, 깨끗한 물, 햇빛, 절제, 신선한 공기, 휴식, 하나님 신뢰) 프로그램이다. 재림교회는 마약과 흥분제를 사용하지 않는 생활의 축복을 강조한다. 그래서 물 이외에 카페인이 함유된 습관성 음료나 알코올이 들어 있는 중독성 주정음료는 피해야 한다고 권한다. 담배는 백해무익하다. 그것은 세상에서도 이미 마약으로 정의되고 있다.

곡류와 과일은 범죄 전에 하나님께서 인류에게 주신 에덴 식품이다(창1:29). 채소는 홍수전에 주어졌고(창3:18), 육식은 홍수 후에 허락되었다(창9:3). 특히 출애굽 후에 육식에 있어서 정하고 부정한 것을 기준으로 먹을 것과 먹지 말아야 할 것이 명시되었다(레11장; 신14:3~20). 그러나 이러한 구별은 이스라엘이 존재하기 오래 전인 노아의 시대로 거슬러 올라간다(창7:2~3).

오늘날 인류가 겪고 있는 수많은 질병은 육식 중심의 식생활과 관련이 있음이 확인되고 있으며, 과학자들은 건강을 위해서는 곡류과 과일과 채소를 중심으로 한 균형진 채식이 최선의 음식이라고 권하고 있다. 현대 과학은 음식에 관한 성경의 기록이 인류의 건강에 가장 적합한 것임을 확인해 주고 있는 것이다. 건강 차원에서 뿐 아니라 더 나아가, 몸이 하나님의 성령께서 거하시는 성전이라는 성경의 가르침을 받아들이는 그리스도인이라면, 성경이 권하는 이상적인 음식을 취하려고 노력하는 것은 당연하고 바람직한 일이다.

재림교회는 어떤 음식을 먹거나 혹은 먹지 않는 여부가 구원을 결정하는 절대적 요소라고 믿지 않는다. 그러나 "사랑하는 자여 네 영혼이 잘 됨같이 네가 범사에 잘 되고 강건하기를 내가 간구하노라"(요삼 1:2)는 사도 요한의 권면을 따라 모든 그리스도인들이 개인의 건강을 돌보는 것이 하나님의 뜻이라고 믿는다.

E. 재림교회에서의 엘렌 G. 화잇(Ellen G. White)의 위상
가) 기본 신조, 17
성령의 은사들 중에 하나는 예언하는 것이다. 이 은사는 남은 교회의 정체를 확인하는 표징이며, 그것은 엘렌 G. 화잇의 봉사를 통해 나타났다. 하나님의 메신저로서, 그의 저술들은 교회에 위로와 인도와 교훈과 교정을 제공하는 계속석이고노 권위 있는 진리의 자료이다. 그녀의 저술들은 성경이 모든 가르침과 경험들을 시험하는 표준임을 분명히 하고 있다(기본교리, 205).

나) 보충설명
요한계시록은 종말론적 교회를 의미하는 "그 여자의 남은 자손"을 "하나님의 계명을 지키며 예수의 증거를 가진 자들"(계12:17)로 정의하고 있다. 그리고 같은 책은 이어서 "예수의 증거는 대언의 영"(계19:10)이라고 하였다. "대언의 영"이란 예언의 선물을 주시는 성령을 가리키고(예언적 은사=대언의 영), 그 선물을 받은 이가 곧 선지자다. 이것은 요한계시록 19:10의 "예수의 증거를 받은 네 형제들"과 요한계시록 22:9의 "네 형제 선지자들"(계22:9)과의 병행 관계에서도 분명해진다. 마지막 때에 그의 백성에게 주어질 예언의 은사에 대한 강조는 이미 구약의 요엘에 의해 주어진 바가 있다(욜2:28~31). 사도 바울도 교회를 향해 "성령을 소멸치 말며 예언을 멸시치 말"(살전5:19~20)이라고 하였다.

그러나 성경은 또한 "영을 다 믿지 말고 오직 영들이 하나님께 속하였나 시험하라 많은 거짓 선지자가 세상에 나왔음이니라"(요일4:1)고 한다. 성경은 그러한 시금석의 기준으로 "성경과의 일치성"(사8:20), "예언의 성취"(렘28:9), "그 생애와 활동의 열매"(마7:20), 그리고 "예수 그리스도에 대한 태도"(요일4:2~3) 등을 들고 있다.

재림교회는 이러한 시금석들을 엘렌 G. 화잇(1827~1915)의 삶과 기별에 적용하였을 때, 그가 온전히 "하나님께 속한 자"였음이 확인된다고 믿는다. 더 나아가 재림교회는 성령께서 그를 통해 "여자의 남은 자손"에게 약속한 은사를 허락하셨다고 믿는다. 비록 엘렌 G. 화잇 자신은 한 번도 자신을 '선지자'라고 칭하지 않았지만, 그의 삶과 저술들은 성령께서 그에게 그러한 선물을 주셨음을 나타낸다.

그가 한 여러 일들 중에서도 가장 중요한 일은 사람들의 관심을 성경으로 돌리게 하려는 것이었다. 그는 "성경, 오직 성경만이 우리의 신경이요 유일한 연합의 매개체"(Selected Messages, vol.1, 416)이며, "모든 가르침과 경험을 시험하는 표준이"(Great Controversy, 595)라고 하였다. 그러면서 그는 자신의 글의 목적은 "새 빛을 주기 위해서가 아니고 이미 계시된 영감의 진리를 마음에 생생하게 새겨 주기 위해서 주어진다"(Testimonies, vol.5, 665)고 하였다.

그러므로 그의 저술들은 결코 성경에 더해진 것이거나 성경을 대신하는 것이 아니다. 재림교회는 결코 화잇의 저술들을 성경과 같은 경전으로 보지 않는다. 그의 저술들은 사람들의 관심을 "큰 빛"인 성경으로 안내하는 "작은 빛"의 역할을 하는 것이다. 그렇다고 재림교회는 그녀의 저술들을 단지 보통의 그리스도교 문학작품에 불과하다고도 보는 것도 아니다. 마치 성경 자체가 성경에 포함되지 않은 또 다른 선지자들의 기록들이 있었다고 증거하는 것처럼(대상29:29), 그의 글들은 성경에 포함되지는 않지만, 문학 작품 이상의 영감이 있다고 생각한다.

F. 엘렌 G.화잇(Ellen G.White)과 시한부 종말론은 어떤 관련이 있는지?

엘렌 화잇은 초기에 감리교인으로서 윌리암 밀러의 재림운동에 참여하였다. 그는 재림운동의 지도자가 아니라 단순한 추종자였으며, 1844년에 이른 바 "대 실망"의 쓰라림을 체험하였다.

재림교회는 밀러가 다니엘 8:14의 2300주야 예언에 근거하여 재림의 시기를 정한 1844년으로부터 16년이 지난 1860년에 시한부 종말론을 극복하면서 등장하였다. 재림교인으로서의 화잇은 시한부 종말론을 매우 경계하는 입장을 견지하였다. 그는 기록하기를 "시기에 대한 큰 시험은 1843년과 1844년에 있었다. 그러므로, 그 때 이후로 시기를 정하는 모든 자들은, 자기 스스로 기만당하고 다른 사람들을 기만해 왔다"(Testimonies for the Church 1, 73)고 하였다.

그는 재림의 시기를 정하는 시한부 종말론에 대하여 여러 번 경고하였다. 그는 "참된 기별은 시기를 정하지 않음"이라는 제목으로 "그리스도께서 언제 오신다든가 혹은 오시지 않는다는 등 시기를 정하는 자는 그 누구를 막론하고 참된 기별을 갖고 있지 못하다"(Selected Message 2, 113)고 하였고, 또 다른 곳에서는 "이렇게 정해진 시기를 참람되게 전하는 자들은 그렇게 함으로써 영혼들의 원수를 기쁘게 한다"(Testimony Treasures 1, 504)고 하였다.

1844년의 경험 이후, 엘렌 G. 화잇은 물론, 그 후에 공식 조직을 갖춘 재림교회가 단 한 번도 시한부 종말론의 입장을 취한 적이 없다. 그럼에도 불구하고, 여전히 재림교회가 한때 시한부 종말론을 믿었거나 혹은 믿고 있다고 주장하는 것은 매우 유감스러운 일이다. 만일 재림교회가 시한부 종말론을 믿고 있다면 1992년에 있었던 소위 "휴거" 파동 때에 어떻게 여러 공공 언론 매체에 시한부 종말론의 위험을 경고할 수 있었겠는가?

때때로 등장하여 사회적 물의를 일으키고 있는 시한부 종말론은, 오늘날 기독교계가 성경 묵시문학에 대한 종교 개혁자들의 역사주의(historicist) 해석 원칙을 버리고, 간격이론(gap theory)에 근거한 미래주의(futurist) 해석에 근거한 종말론을 받아들였기 때문이다. 세대주의적 미래주의 해석에 근거한 종말론이 남아 있는 한, 그런 시한부 종말론은 앞으로도 등장할 개연성이 얼마든지 있다.

부록 : "이단 사이비 종합 자료 2004"(한국교회문화사 발행)에 대한 재림교회의 반증(요약)

재림교회는 기청연 이단사이비문제상담소(소장 최삼경 목사)가 간행한 "이단사이비종합자료2004"(이하 '자료 2004'로 표기)의 본 교단 관련 기사에 대해 깊은 유감을 표하는 바이다.

교리적인 문제들에 대해

이 책의 필자가 지적한 교리적인 부분에 대해서는 앞에서 답변한 것으로 대신한다. 다만, 그가 어떤 방식으로 문제를 다루고 있는지를 나타내기 위해 한 가지 예만 들어보고자 한다. 그는 "율법적인 구원관"이란 제목 하에, "안식교는 믿음으로 얻는 구원을 말하고는 있지만 실상은 행함으로 얻는 구원을 주장하는 집단이다. 왜냐하면 율법의 행위를 구원의 조건으로 하고 있고, 현세의 완전한 성화를 주장하고 있으며, 품성의 변화를 위해서 부정한 음식과 육식을 금하고 채식을 강조하기 때문이다"(87쪽)라고 하였다.

그러나, 이 책의 필자가 자신의 주장의 근거로 제시한 자료를 살펴보면, 오히려 그의 주장과는 반대의 설명을 하고 있다. 제칠일안식일예수재림교 기본교리 27의 85쪽, 127~129, 265~266쪽 어느 곳에도 위 주장을 뒷받침하는 진술이 나오고 있지 않다. 오히려 127쪽에는 매일의 칭의 필요성을 강조하고 있으며, "부활하여 영화롭게 될 때" 구원이 완성된다고 하고 있다. 128쪽에서는 바울의 고백인 "온전히 이루었다 함도 아니라"(빌3:12~14)를 인용하고 있으며, "성화는 평생의 과정"으로 보고 그리스도의 재림 시에 하나님의 형상이 완전히 회복된다고 하고 있다. 265~266쪽은 그리스도인 삶의 윤리 내지 라이프 스타일을 위한 권면이지, 율법주의적 구원을 진술한 것이 아니다. 거기에 나타난 율법에의 순종에 대한 강조는 하나님의 율법이 성경 메시지의 중심이라고 한 Westminster 신앙고백 제19장과 맥락을 같이 한 것이다. 이러한 사실은 그가 재림교회의 기본 자료들도 정직하고 객관적으로 활용하였다고 볼 수 없음을 나타내고 있다. 그는 재림교회가 "실상은 행함으로 얻는 구원을 주장하는 집단"이라고 하는 근거로 "율법의 행위를 구원의 조건으로 하고 있기 때문"이라고 하였다. 그러나, 그는 "율법의 행위를 구원의 조건으로 하고 있는" 것이 재림교회의 공식 입장인지, 아니면 "자신의 판단"인지를 밝혀야 한다. 만일, 그것이 "자신의 판단"이라면 그는 무엇을 근거로 그러한 판단을 내리게 되었는지를 밝혀야 한다. 행간에서 읽혀지는 바는, 그는 재림교회가 무엇이라고 하든, 재림교회는 "율법의 행위를 구원의 조건"으로 하고 있으며 그래서 "이단"이라고 결론을 내리기로 작정한 사람처럼 보인다. 이런 모든 것 때문에 이 문서는 신중하고 진지한 설득력보다는 전반적으로 성급한 판단과 가벼운 주장으로 일관되어 있다는 느낌을 지울 수 없다.

"참고사항"

안식일교회에 대한 이단 시비는 유독 우리나라에서만 제기되고 있다. 외국의 경우 일부에서만 극히 미미하게 이단시비가 일기도 했지만, 거의 모든 나라에서 정통교회로 인정하고 있다는 점은 아이러니칼한 일이다.

미국의 경우 191개 개신교 교단이나 단체에서 제7일 안식일을 지키고 있는 것이 확인되었다. 가령 제칠일장로교회,제칠일감리교회,제칠일침례교회 등으로 말이다. 미국 등 외국의 경우는 세례와 침례의 문제처럼 주일과 안식일 문제로는 상호 이단시 하지 않고 있다. 안식일교회가 토요 안식일 준수를 구원의 절대조건으로 제시하지 않는 이상 이단으로 볼 수 없다는 것이 일반적인 시각이다.

특히, 우리나라에서만 안식일교회가 대 이단인 것처럼 인식되어 왔으나, 조사결과 미국, 영국, 독일 등 세계 교회의 거의 모든 기독교 공인기관들과 교단, 그리고 유수한 신학자들이 정통교회로 인정하고 있었다. 몇 가지 예를 들면 영국성서공회, 미국성서공회, 빌리그래함 복음전도협회, 미국 복음주의 루터교회, 미국침례교회협의회, 미국장로교회협의회, 세계루터교연합, 세계교회협의회(W.C.C.), 호주교회협의회, 스코틀랜드교회협의회, 세계개혁교회연합(W.A.R.C.), 세계루터교연합(W.L.F.) 등에서 안식일교회를 정통적 교회로 본다는 것이 공식 답변이다. 또 세계 최고의 권위를 자랑하는 '영국 옥스퍼드 기독교 교회 사전'에도 안식일 교회를 정통교회로 인정하고 있다.

23. 참예수교회

교세:전국에 35개처의 교회가 있으며 신도수는 약 4,000여명에 이르는 군소교파이다. 그러나 전 세계적으로는 약 44개국에 참예수교회가 있으며, 이 교회의 발상지인 중국에는 약250-300만명의 교인이 있는 것으로 추산되고 있다. 그리고 대만에는 약 5만명의 교인들이 있다고 교단측은 주장하고 있다.

(1) 교회 연혁 및 교리 주장

참예수교는 1917년 중국 북평에서 세사람(장영생 위보라 장바나바)에 의해 초대교회로 돌아가자는 목표아래 창설된 교회로 방언은사와 성령은사를 강조하며 안식일교회와 같이 토요 안식일을 지키고 세족례 침례 등을 시행하고 있다. 이들 세 사람은 기성교회가 초대교회와는 너무나 거리가 멀다고 느낀 나머지 참된 성령의 교회를 바로 잡아야 할 사명감을 가지고 이 교회를 설립했다. 우리나라에는 재일교포였던 배영도라는 사람에 의해 처음으로 1947년 김천시 교동에 최초의 참예수교회를 세웠다. 현재 참예수교회는 약 12개 나라 이상에 들어가 있으며 우리나라에도 각 지역마다 지역교회가 세워져 있다.

이들 교회는 다음과 같은 교리나 신조를 따르고 있으며 참예수교회의 견해로 다음과 같이 주장한다.

A. 구원관
하나님을 믿고, 예수 그리스도를 영접하여 구주로 시인하고, 그가 우리 죄를 대속하기 위하여 십자가에 못 박혀 피 흘려 죽으시고 장사된 후 삼일 만에 부활하신 것을 믿고, 반드시 물과 성령으로 거듭나야 한다.

B. 세례에 대하여
세례에는 죄사함이 있으며, 의롭다 칭함을 받는다. 중생하게 되며 구원을 받게 된다. 누운 자세로 침례를 주며 침례를 통해 죄사함, 칭의, 중생, 구원과 같은 획기적인 역사가 일어난다고 믿는다.

C. 성령론에 대하여
삼위일체라는 단어가 성경에 없기 때문에 사용하지 않는다. 이 교회의 견해는 성령은 천지만물을 창조하신 유일하신 참 하나님의 본질이시며, 하나님 자신이시며, 또한 예수님 자신이다. 성령과 하나님은 구별되지 않는 한분이다. 성령은 인격(지,정,의)을 가지고 계신다. 성령은 하나님이시나. 성령은 예수 그리스도이시다.

D. 안식일에 대하여
하나님이 제정하신 안식일은 오늘날의 토요일이다. 예수님과 사도들이 지킨 안식일을 지킨다. 안식일은 앞으로 예수님 오실 때까지 계속 지켜야 한다.

E. 성탄절에 대하여
성탄절은 지켜서는 안된다. 성경적인 근거가 없으며, 성경에 성탄일에 대한 기록이 없으므로 성경 말씀을 가감해서는 안된다. 오늘 날 성탄절은 태양신의 생일이었다.

(2) 문제점

참예수교회가 따르고 있는 교리중 가장 문제가 되고 있는 부분은 성령론과 세례(침례)등에서 문제가 되고 있다. 참예수교회는 삼위일체관을 부정하고 일신론 신관을 가지고 있으며 세례를 구원의 조건으로 보고 있는 것으로 조사되었다. 따라서 참예수교회가 삼위일체를 인정하지 않는 한 참예수교회를 정통교리를 가진 교회로는 볼 수 없다.

24. 최삼경씨

최삼경 씨는 예장통합측 서울동노회(퇴계원, 빛과 소금의 교회 담임)에 소속된 목사로써 '한기총 이단사이비 상담소장' 직을 맡고 있다. 최씨는 과거 월간 현대종교의 편집위원으로 있으면서 고 탁명환 소장과 더불어 나름대로 이단연구를 해왔다. 그 동안 한국교회의 이단 연구 및 규정은 월간 현대종교와 최씨에 의해 주도되었다고 해도 과언이 아닐 것이다. 물론 형식은 교단의 배경이 이용되었다.

최씨는 자신이 말했듯이 '교단을 초월하여 한국교회가 본인(최삼경-편집자주)의 연구를 최소 최대한 의존하고 있다.'고 말하였다. 그리고 최씨는 자신이 과거 서울동노회 이단대책위원장을 맡았고, 총회에서는 연구위원 내지는 상담소장직을 맡았었기 때문에 몇해전까지하더라도 예장 통합측을 통해 이단으로 규정한 단체나 인물은 약 30여명에 이르고 있다.

특히 최씨의 이단사상 중 가장 핵심적인 부분은 삼신론 사상이다. 삼신론은 역사신학에서 분명 이단적 이단설로 취급되어 있다. 최씨는 '성부도 한 인격으로서 한 영이시요 성자도 한 인격으로서 한 영이시오 성령도 한 인격으로서 한 영이시다. 그러므로 하나님은 세 영들의 하나님이시다.'라고 주장하였는데 이는 '온전하신 삼위 하나님의 존재를 부정하는 결과가 된다'며 이단적 사상이라고 결론지었다.(통합측 제87차 총회 삼신론에 대한 연구보고서 참조)

이처럼 최씨의 이단적 사상은 신론, 기독론, 성령론 등 여러 분야에서 나타나고 있어 주의를 요하고 있다. 최목사는 신학적인 부분뿐만 아니라 도덕적인 면에서도 지탄을 받아왔었다.

이후 통합측(총회장 김태범 목사)은 제89회 총회에서 "최삼경 목사의 삼위일체관과 성령론에 문제없다"고 공식 결의했다. 그러나 사단법인 한국기독교총연합(한기총) 이대위는 최씨의 삼신론에 대해 조만간 재검증할 예정이어서 귀추가 그 결과가 주목된다.

25. 원세호씨

이단 연구가들편을 참조바란다.

26. 기타 시비 논란 대상자들

가계저주론(2001/86/합신/비성경적 사상,참여금지), 박영균(말씀권능복음선교회,통합/2002/87/참여금지, 2005/90/참여금지 해제), 밝은빛 종말론(기성/1988/43/사이비성), 새벽종말론연구회(기성/1988/43/사이비성), 예수왕권세계선교회(합동,통합/2005/90/이단성, 사이비성 농후), 이용도(백남주,한준명,이호빈/합동/1933/22/이단), 최온유(일산 화정복된교회/고신/2004/참여금지),강북제일교회(김바울, 생기기공도 및 치유능력 기도훈련원), 서울그리스도교회(정용근,재침례파 아류, 교인들외에는 결혼허락 안됨, 침례에만 구원), 성령쇄신봉사회(공영길), 유복종(혜성교회, 녹산교회로 개명,종말복음), 서울중앙교회(김화복,구원론,성서론 등 문제, 직통계시)전태식목사(진주초대교회, 합동/2005/90/ 집회참석 금지/ 이상없음－본회) 등

(신학적 이단 시비 대상자들에게 드리는 권면)

우리 한국교회는 에큐메니칼(연합) 정신의 개혁교회로서, 모든 교회가 그리스도 안에서 하나가 되기를 원한다. "주는 그리스도시요 살아게신 하나님의 아들이다(마16:16)"라는 베드로의 고백처럼, 같은 신앙고백을 하고 있다면, 분명 우리 모두는 한 형제요 같은 그리스도인이다. 각

자의 성경해석 차이나 견해, 그리고 교파간 관행이 나와 다르다 하여 상호 이단시 하거나 적대시 내지는 비판하지 말아야 할 것이다.

설령, 기성교회 등에서 이단시비로 정죄하였다 하더라도, 기성교회들을 마구 공격하고 비판하기보다는 자신들의 옳고 다름을 인식시켜주려는데 초점을 맞추어야 한다. 정죄받은 교회들이 대부분은 기성교회들을 비판하거나 구원이 없는 것처럼 폄훼하고, 자신들의 방식만이 성경적이요, 구원의 무리인 것처럼 주장함으로서 기성교회들로부터 이단이나 사이비로 낙인찍힌 경우가 대부분인 점을 반드시 명심하여야 한다. 아울러 지나친 독선을 탈피하고 겸허하게 한국교회의 충고를 받아들이면서 한국교회와 함께 가려는 노력을 다해 줄 것을 권면드린다.

제7부 우리나라 이단 현황

1. 기독교복음선교회(구.JMS)

본 부	충남 금산군 진산면 석막리(월명동) 서울 강동구 성내동 120-65 ☎(02)476-2312

(1) 연혁

정명석(鄭明錫)은 1945년 2월 17일 충남 금산에서 부친 정필성과 모친 황길례의 6남 1녀 중 3남으로 태어났다. 가족의 말에 의하면 정명석은 모태신앙으로 태어나 유년주일학교를 다니면서도 당시 그 고장에서 장난삼아 행해졌던 춘향이 神 주문을 외워 부른다는 미신행위에 흥미를 느껴 학교에서 돌아오면 가끔 친구들과 함께 두 손을 모으고 주문을 외우며 춘향이 신을 부르는 놀이를 즐겨했다는 것이다.

그래서인지 그는 초등학교만을 마치고 중학교 진학을 포기하고 친구와 함께 산을 오르내리며 기도원 생활을 했는데 주로 용문산 기도원에 오래 있으면서 기도생활과 나름대로 성경공부에 몰두하며 젊음을 보내다 40세의 중년이 되서야 기도원 생활을 청산했다.

정명석은 기도원 생활을 하는 동안 자신은 성경을 1,300번 이상을 읽으며 성경을 통달했고 남들은 40일 금식기도도 겨우 하는데 자신은 남한산성에서 70일 금식기도를 했고, 이 때 영계를 깨달았다고 하였다.

그는 노방전도를 하다가 한 양장점에서 통일교 여신도를 알게 되어 금산 통일교에 입교하였고 승공연합에서 반공강사를 하기도 하였다. 1975년도에 측근들에게 통일교의 문선명은 사명이 끝났다며 자신이 1978년부터 사명이 시작되었다고 말했다.

1980년 2월 서울 남가좌동에 애천교회를 개척한 것이 「기독교복음선교회」의 원조이다. 같은 해 11월 서울 삼선교 성향원이라는 낡은 부랑자 시설의 2층 모자원 건물을 사용하면서 공식적인 활동을 시작했으며 1980년대 중반 「국제크리스챤연합」으로 개칭했다.

정명석이 자신의 추종자들과 함께 통일교의 <원리강론>을 표절하여 '30단계'란 통일교 유사교리를 만들어 그것을 이 시대의 새 진리라고 포교활동을 하고, 1999년에는 세상을 심판한 뒤 땅에 지상천국을 건설한다고 가르치는 등 애천교회를 교주 숭배형 사이비 종교화했다.

애천교회의 문제점들로 한국 교계에 알려지면서 비판이 일자 군소 교단인 '예수교 대한감리회'(웨슬레신학교)에게 상당액의 금품을 주고 추종 핵심 간부 6명과 함께 1983년 11월 26일 목사 안수를 받았다.

초등학교 학력인 정명석은 목사 안수 받을 자격을 갖추기 위해 사설로 운영되고 있던 「한국성경통신대학」에서 가짜 졸업증명서와 성적증명서를 발급받아 안수 구비 서류에 첨부시켰다. 그러면서 기성교회 간판을 걸고 위장된 포교활동을 벌였다.

정명석은 1994년 현재 정회원(정명석이 가르치는 30개론을 통과한 교인으로 통과 고유 번호가 있다) 3만 명과 일반 회원 10만 명이 있는데 그중 1/3이 대학생이라고 했다. 정명석은 주로 대학교를 통해 포교하고 있는데 얼마 전에는 여성 편력으로 고발되고 방송에 오르내리면서 외국에 도피 중에 있는 것으로 알려졌다.

(2) 주요 교리 및 주장

정명석 총재가 만든 30개론이란 교리가 있는데 이것은 예수님이 직접 수 없는 입신 중에 자기에게 가르쳐 주신 것이라고 하지만 대부분 통일교의 원리를 표절하거나 약간 수정을 가한 것들이다.

A. 30개론을 가르치는 과정을 보면

• 입문 5과목 : 성경을 보는 관, 태양아 멈추어라(수10:12). 엘리야 까마귀 밥(왕상17:1~70) 7단계 법칙, 삼분설.

• 초급 : 비유론, 불의 개념, 말세론, 무지속의 상극세계, 홍수심판, 이단의 개념(요일2:22), 예정론.

• 중급 : 중심인물론, 부활론, 사탄론, 가인의 성격, 영계론, 계시론, 메시야 자격론, 지상 천국론.

• 고급 : 엘리야와 예수님의 재림 승천 실상 비교, 예수님과 세례 요한의 관계 사명, 유대교와 기독교의 교리 비교, 감람나무와 두 증인(계11), 한 때 두 때 반 때, 창조 목적, 타락론, 구원론, 재림론, 역사(A, B, C)로 되어 있다.

B. 성경관

성경의 정경성을 인정하지 않는다. 성서를 해석할 때는 다음 4가지를 풀지 못하면 하늘 뜻을 이룰 수 없고 깨닫지 못하면 구원을 받을 수 없다.

첫째, 지상천국은 어떻게 이루어지나?

둘째, 구세주는 어떻게 와서 어떤 일을 하실 것인가?

셋째, 구원은 어떻게 이루어지나?

넷째, 심판은 어떻게 이루어지나? 우주가 7가지 법칙에 의하여 창조되었으므로 모든 것은 이 법칙에 맞아야 한다고 가르친다.

C. 말세관

통일교의 <원리강론>에서 부분적으로 표절한 용어만 바꾸어 놓은 것으로 윤회와 같은 것이다.

D. 영계론

지상영계(선영계, 음부)와 천상영계(낙원, 무저갱, 천국, 지옥)로 구분하는데 영(靈)을 영형체급, 영인체급, 성령체급으로 나누고 있는데, 특히 영계 견학을 통해 자신을 신격화하고 있다.

E. 타락론

통일교의 타락론과 흡사한 것으로 아담의 타락을 하와와 천사의 간음으로 본다. 타락한 인간은 소생기 7년, 장성기 7년, 완성기 7년을 합한 21년이 되면 완성되고 남자는 재창조 년수인 8년, 8년, 8년을 합한 24년이 되어야 완성된다고 한다.

F. 구원론

구원은 육적구원과 영적구원, 그리고 중심자 구원으로 구분하는데 1차 구원과 2차 구원이라고 한다.

기독교 복음선교회는 충남 금산군 진산면 석막리에 1996년에 대규모 수련시설을 갖추고 있으며 전국의 대다수 대학에서 활동 중인 각종 이름의 동아리를 통해 포교활동을 넓혀가고 있다.

2. 기독교대한개혁장로회(동방교:노광공)

'동방교'라고도 불리우는 기독교대한개혁장로회는 노광공(1914~1967)에 의해 1955년경에 세워진 이단이다. 노광공은 1954년부터 박태선의 집회에 참석했으며, 대구 신천동에 동방교회를 세우고 감리교로부터 서리 전도사로 파송 받았으나 얼마 후 목사로 호칭하고 집회를 열고 다녔다. 이후 1956년 감리교에서 제명 처분을 받았다. 1956년 대한예수교장로회 41회 총회에서 이단으로 규정받았다.

한때 노광공은 여학생 신도와의 간음사건으로 구속되기도 하였으며, 비밀리에 은신생활을 하면서 포교하다 1967년 7월 26일 당뇨병으로 사망했다. 지금은 아들 노영구가 실질적인 교주를 하고 있다. 재단법인 '한국그리스도선교회' 등으로 개칭, 유지되고 있다.

교리는 노광공을 성부 하나님으로서 심판주임을 주장하고, 교조를 '여호와 이래'라고 부른다. 현 교주 노영구를 성령으로 호칭하고 있다. 또 구원은 지성금(至誠金)을 바치는 여하에 따라 결정된다고 주장한다.

3. 대한기독교장막성전(유재열)

장막성전은 유재열(충북 청주 태생, 1949~)이 세운 집단으로 1965년 기도원에 가다가 이상(異像)을 경험한 후, 17세 때부터 어린 종으로 등극하며 나이 어린 교주로서 당시 성남고등학교 2년 중퇴가 학력의 전부이다. 부친 유인구와 둘이서 두 감람나무 역할을 하면서, 1964년 서울 상도동 사자암 아래 김종규가 이끄는 신비집단인 '호생기도원'에 들어가 주님이라고 부르면서 미혹되었으며, 이들이 호생기도원을 집단탈퇴하면서 김종규를 배반하기 위한 명분으로 처녀가 김종규의 방으로 들어가는 것을 목격한 후 이탈, 경기 과천의 유인구 집에서 27명이 모여 집회를 가짐으로 시작되었다. 유재열에게 나타난 신비체험으로 경기 과천의 청계산에서 1966년 4월 4일부터 증거 장막을 짓고 6개월간 기도생활을 하며 본격적인 포교를 시작하였다.

원래 장막성전의 처음 교주는 유재열이 아니고 그의 부친 유인구였다. 유인구는 원장으로 통하면서 장막성전의 간부들을 임명, 조직하였다. 이때 유재열에게는 '삼손'이라는 영명의 새이름을 지어 주었다. 이후 유인구는 아들에 의해 쫓겨나고 유재열이 무리들을 이끌었다.

장막성전은 나중 오평호 목사가 교회개혁을 시도하며 대한예수교장로회(합동비주류) 이삭교회로 바꾸고 개혁하려 했으나 실패하고, 현재는 '과천소망교회'로 명칭을 바꾸고 장현승 목사를 당회장으로 예장개혁국제 교단에 소속해 건전한 교회로 탈바꿈하는데 성공하였다. 그러나 이에 반대하는 극히 일부의 유재열파는 따로 분리되어 나간 것으로 알려지고 있으며, 유재열은 실정법 위반으로 감옥생활을 마친 후 15년이 넘게 강단에 서지 않고 있다가 현재는 미국에서 생활하고 있다는 소문이 있다.

4. 다미선교회(새하늘 교회, 이장림)

'새하늘 교회'는 1992년 10월 28일 시한부 종말론인 휴거사건으로 일대 사회문제를 일으킨바 있는 '다미선교회'의 새 이름이다. 서울 마포구 서교동 447-4 유아이빌딩 지하에 위치해 있다.

이 교회의 대표자는 이상림 씨도 '○○답게 살기 위하여'에서 이름을 '이답게'로 개명해 쓰고 있다.

이장림은 10여 년간 '생명의 말씀사'에서 번역 업무를 했으며 1990년 신광성결교회 협동목사로 있다가 하나님의 계시를 받았다며 '다미선교회'를 조직하여 본격적인 시한부 종말론을 외쳤다. 전국 각지에서 92년 휴거를 계시 받았거나 환상을 보았다는 사람들을 만나거나 얘기를 듣고 92년 휴거를 확신하게 되었다며 92년 10월 28일 휴거를 주장했으나 불발되자 사기혐의로 구속되어 1993년 5월 20일 서울형사지법 항소 6부에서 징역1년에 미화 2만 6천불 몰수형을 받았다.

당시 이장림 씨는 92년 휴거를 주장하며 전국의 수십 개 지부 등을 돌며 사회문제를 야기하자 당시 기독선교신문(발행인 이홍선 목사)에서 마약복용 등의 혐의가 있다고 보도하자 경찰에서 이씨를 체포해 마약복용혐의를 잡고 수사하던 중 휴거확신이 없이 환매채를 받아 놓은 단서를 포착해 사기혐의로 구속했었다. 이장림 씨는 인류역사를 6천년으로 보는 세대주의자로 1992년 휴거를 예언했다가 불발했으며, 성경의 계속성을 주장하는 등 비성경적인 교리를 설파하고 있다. 이에 예장 통합 측은 이장림 씨를 이단으로 규정했다.

5. 몰몬교

공식적으로 "말일성도 예수그리스도의 교회(The Church of Christ of Latter-Day Saints. 예수그리스도 후기성도교회로 개칭함)"라고 알려져 있는 몰몬교(Mormnism)는 1830년에 미국에서 요셉 스미스 2세(Joseph Smith, Jr, 1844년 6월 27일 감옥에서 살해됨)라는 거짓 선지자에 의하여 시작된 이단이며 오늘날 그 조직과 교세로 볼 때 몰몬교는 서구 세계에서 가장 강력한 이단으로 그 세력을 확대하고 있다. 몰몬교는 전세계에 400만 명에 달하는 교세를 자랑하고 있으며 2,000년까지 1천만 명의 교세를 목표로 하고 있다고 했다. 또한 그들은 세계 도처에 호텔을 보유하고 있고 컴퓨터 산업 등 거대한 자산을 소유하고 있다. 특히 매리오트 호텔(Marriot Hotel) 그룹을 전세계 주요 도시에 운영하고 있으며 하와이군도 문화센터, 생명보험회사 등도 운영하고 있다. 몰몬교에서 운영하는 브리감 영 대학(Brigham Young University)은 학계와 운동분야에 널리 알려져 있다.

(1) 몰몬교의 기원

몰몬교는 1830년 4월 6일 뉴욕 팔마라 근방에서 요셉 스미스 2세와 그의 가장 절친한 친구 몇몇에 의해서 창설되었다. 창시자이자 선지자인 요셉 스미스 2세는 1805년에 벌몬트주 사론에서 태어났지만 15살 때 그의 종교적 환상을 주장할 때까지 뉴욕 로체스터 근방 팔미라에서 살았다. 그의 가족은 가난했으며 그 지역에서 좋은 평을 받지 못했다.

요셉 스미스 2세는 어느 날 환상을(첫번째 환상은 15세가 되던 1820년 이른 봄날. 두 번째 환상은 1823년 9월 21일 저녁 잠자리에서)보게 되고 환상의 계시대로 팔미라 근처 언덕 아래 묻혀 있었던 황금판을 발견하였다. 1830년경에 그 책이 번역되고 출판되었으며 말일 성도 예수 그리스도교회가 창설되었다.

(2) 몰몬교의 연혁

몰몬교는 창세기 바벨탑 사건과 예수 그리스도의 역사적 사건에 먼 기원을 두고 있다. 그들은 B.C 2250년경 인간들이 하나님께 도전적 행위로서 바벨탑을 쌓았고 하나님의 진노를 받아 혼란케 되었고 백성들은 흩어졌다고 한다. 이때에 야렛(Jared)은 가족과 백성을 이끌고 도피를 했다는 것이다. 그들은 여덟 개의 크고 작은 배를 타고 태평양을 횡단하여 중부 미국의 서해안 지방에 상륙하였는데 그들의 역사를 기록한 것이 "몰몬경"이라는 것이다. 또한 몰몬교는 지금부터 2천년 전에 예수 그리스도께서 세우신 교회를 복귀하여 오늘과 같은 권위와 조직, 그리고 원리 및 의식으로 세운 '말일성도 예수그리스도' 라고 한다.

(3) 몰몬교의 그릇된 주장

- 일부다처를 축복으로 주장한다.(교성132:4)
- 독신자는 천국에 못 간다고 주장한다.(교성76:50~70, 이라 34권 p643)
- 아담을 하나님이라고 주장한다.(구원교리1권 p91)
- 요셉 스미스를 인정하지 않으면 구원이 없다.(구원교리1권 p180)
- 몰몬성약을 거부하면 저주받는다고 주장한다.(구원교리1권 p151)
- 요셉 스미스를 믿어야 구원이 있다고 주장한다.(구원교리2권 p267)

(4) 기독교와 몰몬교의 교리 차이점

A. 하나님에 대하여

하나님 영성을 부인하고 또 삼위일체 하나님을 부인하며 하나님을 인간과 같은 육을 가진 존재로 피조물이며 사람도 종국에는 하나님이 된다고 믿는다.

B. 그리스도에 대하여

예수는 우리의 맏형이며 육체적 관계로 태어났고, 갈릴리 가나에서 결혼했으며, 예수의 십자가 죽음이 개인의 죄사함과는 관계가 없고, 몰몬의 계명을 지켜야만 죄사함 받고 구원받는다고 한다.

C. 성경에 대하여

신구약 성경은 구원의 안내서가 못되고 요셉 스미스가 받은 몰몬경과 교리성약 및 값진 진주가 구원의 안내서이므로 몰몬경을 경전으로 삼는다.

D. 사람에 대하여

사람은 창조된 것이 아니고 땅에 와서 살기 전에 영들(Spirits), 곧 자존하는 영적 존재로 죽지 않을 몸이며, 아담은 유성의 하나님이며, 우리 육체와 영의 아버지이며, 우리도 하나님이 된다고 가르친다.

E. 타락에 대하여

아담과 하와의 범법과 타락은 죄로 보지 않고 하나님이 축복하기 위하여 선악과를 따먹게 한 것으로 인식하며 이는 곧 지상에서 인간들의 생활을 기다리고 있는 하나님의 축복이라 한다.

F. 구원에 대하여

구원은 선행에 의하여 얻어지고, 몰몬교만이 구원이 있고, 조상과 죽은 자도 대신 침례를 받으면 구원받으며 인간은 계속 하나님이 되어가고 있다는 것이다.

G. 천국에 대하여

별의 천국은 깨끗지 못한 자, 거짓말장이, 마법사, 몰몬교가 아닌 모든 기독교인 및 몰몬성약을 깨뜨린 자가 간다.

H. 교회에 대하여

이름대로 몰몬교는 "말일의 교회" 천사로부터 아론과 멜기세덱의 제사장직을 받았을 때 교회가 원상복귀되었다고 하며 몰몬교만이 참 교회라고 주장한다.

I. 종말론과 재림에 대하여

몰몬교 신조 10조에 의하면 미 대륙에 시온(예루살렘)이 건설되며 그리스도께서 친히 지상을 다스리고 땅은 새로워져서 낙원의 영광을 받게 될 것이다.

6. 박태선(한국천부교 : 전도관)

본 부	부산시 기장군 기장읍 죽성리 770 ☎(051)721-4130
교 인 수	약 5,000여 명
교 회 수	약 300여 개

(1) 연혁

신앙촌으로 잘 알려진 일명 전도관은 박태선에 의해 창교된 종파이다. 교주인 박태선은 1907년 11월 22일 평안북도 덕천군 덕남리 148번지에서 부친 박영진과 모친 김천태 사이에서 태어났다. 박태선의 나이 9세 때에 모친은 신경쇠약에 걸려 세상을 떠났다. 그후 방탕한 생활을 하다가 부친마저 잃고 고아와 같은 생활을 하게 된다. 그는 고향에서 초등학교를 마치고 그후 약간의 차비를 마련하여 무작정 일본 동경으로 건너갔다. 주경야독하여 공업고등학교까지 마쳤다. 박태선은 극도의 가난과 어려움 속에서도 안식일 성수, 십일조 생활, 십계명을 철저히 지켰다는 것이다.

1944년 귀국 후 그는 원효로에서 철공소를 운영하면서 김치선 목사의 따뜻한 영접에 감명되어 남대문교회에 출석하며 집사로 봉직하였다. 공장 일을 돌보면서 남대문교회에 출석하던 박태선은 이성봉 목사의 부흥회에서 성령받으라는 말씀에 큰 은혜를 체험하였고, 사흘 동안 금식하며 기도하던 중 강력한 불체험을 했다 한다.

그 후 6·25 동란이 발발하자 피난길을 내려 가다가 평택역에서 폭격을 만나 '피가름'의 체험을 했다고 한다. 그것은 자기의 모든 피가 소변을 통해 빠져나가고 성령의 새로운 피가 몸에 주입되었다는 것이다. 박은 통일교의 창설자인 문선명과 함께 해방 직후에 경기도 파주군 임진면 섭절리에 있던 김백문의 이스라엘 수도원을 드나들면서 수련을 했다는 것이다.

　이런 여러 가지 체험 등을 한 박태선은 자신의 경험들을 숨기고 창동교회 장로가 된 후 1954년 3월 "너는 일어나 일하라"는 주의 명령을 받고서야 본격적인 사역을 하게 됐으며, 강단에 서게 된 것은 1955년 1월이었다. 무학교회 집회를 시작으로 남산, 한강백사장 등 서울 지역은 물론 대구, 부산 등 전국을 누비며 부흥집회를 가졌는데, 가는 곳마다 수만 명이 운집하였고 24시간의 철야, 금식, 통회의 역사가 일어났다. 일명 '불의 사자'라는 별명을 얻고서 집회를 인도하는 그는 혜성과도 같았다. 인기가 하늘을 찌르면서 점차 박태선은 기성 교회와 목회자들을 신랄하게 비판하였고, 심지어 목사들은 마귀의 새끼라는 발언을 실토하기 시작하였다.

　그러면서 자칭 '동방의 의인, 감람나무'라 부르면서 재림주로 변신을 시도하기 시작했다. 수많은 목사들이 그에게 안수를 받기도 하였다. 그 후 1955년 2월 15일 대한예수교장로회 경기노회는 박태선을 이단으로 단죄하였고, KNCC도 그를 이단으로 정죄하였다. 이에 그는 그 해 6월 장로교단을 탈퇴하고 7월 1일 '한국예수교전도관부흥협회(일명 전도관)'를 결성하고 본격적인 자생의 길을 걷기에 이른다. 서울 용산구 원효로를 시작으로 점차 인천 등 주요 도시에 전도관이 세워졌다.

　1957년 11월 10일 경기도 부천시 소사읍 범박리에 15만평 규모의 제1신앙촌을 건설했으며, 1962년 경기도 양주군 와부읍 덕소리에 제2신앙촌을, 1970년 경남 양산군 기장읍 죽정리에 제3신앙촌을 건설하였다. 1980년대에 이르러 박태선은 이제껏의 성경해석을 뒤엎는 일대 변혁을 단행하는데 죄인인 예수가 가르친 신약은 폐하고 자신의 말이 곧 성경이라고 하면서 자신은 5,798세의 하나님이라고 하다가 1985년 이후에는 자기 나이가 1조 5천억에 이른다고 주장하면서 교명도 '천부교'로 바꾸었다.

사실 이 때부터 이탈 세력이 나오면서 분파가 생기기 시작했는데 '영생교'도 바로 이곳에서 이탈한 조희성에 의해 만들어졌다. 이후 박태선은 폐결핵과 당뇨, 신장병 등 각종 합병증으로 투병하다가 사망하였으나 지금도 추종자들은 그가 다시 부활할 것을 믿고 기다리고 있다.

(2) 주요 교리

A. 창조론

그의 신앙적 배경은 동양 사상의 역학에서 비롯되는데 역학은 우주 근본이 태극이라 하며 태극에서 음양이 나온다고 주장한다. 특히 예수 그리스도를 삼수의 원리에 의하여 하나님으로부터 창조된 피조물로 취급한다.

B. 신론

1980년 천부교로 개명한 후 박태선은 자신에 대한 신격화에 열을 올리게 되는데 서만원은 그의 저서에서 <박태선 장로님께서는 천상천하의 하나님이시다>에서 박태선이 하나님이라는 데에 대한 증거로 6가지를 들었다. 그리고 박태선도 자신이 하나님이라고 했다. 1988년 10월 9일 실교에서 "싱경에서 예수의 아비라고 한 하나님은 왕 중에 왕마귀이며 자신은 하나님이 틀림없다"고 말했다. 그러면서 그는 우주의 창조는 인간창조보다 11배가 조금 넘고, 이러한 인간과 우주를 그가 다스리고 있다고 했다.

C. 인간론

1987년 박태선은 그의 한 설교에서 3조억 년 전에 인간을 각기 다른 혈액형, 모양에 따라 치밀하게 계산된 일정한 수를 흙이 아닌 없음에서 창조하였다고 말함으로 인간론이 잘못되었다.

그리고 인간이 선악과를 따먹음으로 하나님께 받은 순수한 피가 변질되었다고 주장한다. 피의 원리는 천부교의 핵심 사상이다. 그러므로 예수 그리스도의 순수한 피를 마셔야 한다고 주장했다.

D. 구원론

성적으로 타락하여 더러운 피가 섞여 있는 자들이 '동방의 의인', '이 긴자', '감람나무'를 통하여 구원을 받는다는 것이다.

E. 성령론

예수 그리스도께서 십자가를 지기 전의 성령과 지신 후의 성령이 있다.

F. 말세론

말세는 노아나 롯의 때와 같은 시기로서 이때에 이긴자가 나타나 보혈의 철장으로 원수 마귀를 발등상 만들며, 알곡과 쭉정이를 갈라 주를 맞을 수를 채우게 된다고 주장했다.

G. 종말론

재림 때 마음속에 천국을 이룬 자로서 천년성 안에 들어간 거룩한 무리만이 공중에 올라가 영화된 몸으로 주님을 맞이한다고 주장했다. 그리고 첫째 심판은 감람나무 심판, 둘째 심판은 천년성에 들어가는 것, 셋째 심판은 신천신지(新天新地)로서 최후적 심판이라고 했다.

(3) 기타

A. 동방의 의인

동방을 한국으로 해석하고 있다.

B. 이긴 자

자신이 이긴 자라며 요한계시록2:17에 나오는 이긴 자가 자신이라고 주장했다.

C. 감람나무

감람나무설은 슥4:11~14절과 계11:4절을 근거로 하고 있는데 그 주인공은 자신으로서 14만 4천을 구속하여 줄 구세주요 어린양이라고 주장했다.

D. 이슬성신

자신이 이슬성신을 내려준다고 주장했다. 이러한 이슬 은혜를 통하지 않으면 구원은 불가능하다고 주장했다.

E. 생수와 안찰

자신이 이슬성신을 통해 생수를 강같이 흐르게 하며 자신을 통해 안찰을 받아야 곧 죄사함을 얻는 것이며 치유함과 의인이 되는 지름길이라고 주장했다. 한 때 천부교는 4,000교회와 100만 성도를 자랑했으나 현재는 약300여 교회만이 존재하고 있고 신도들도 대부분 노령화되어 있다.

7. 세계일가공회(양도천)

세계일가공회는 양도천에 의해 세워진 이단으로 양도천은 평북 정주에서 1924년 10월 10일 기독교 집안에서 출생하였으며, 해방 후 1946년 평양신학교에 1년간 수학, 이듬해 성결교 계통인 서울신학교에 입학하여 1950년 5월에 졸업했다.
1959년 숭실대 3년을 수료하고 7년간 교역자 생활을 하기도 하였다. 1953년 4월에 목사안수를 받았다. 당시 부흥사로 7년간 활동했으며, 1955년 8월 24명의 목사들과 '한국기독교전도협회'를 창설하기도 하였다. 1964년 10월 신도안에서 '하나님의 집 공회'를 창설하고 이 시기에 성결교에서 제명 처분을 당했다. 1969년 3월 '세계일가공회'로 명칭을 변경하고 현재는 '세계 종교 법왕청' 등의 이름도 걸고 있다. 경전은 7신조와 113항의 해설이 있으며, '영약(永約)'이라는 문답집이 있다.
하나님은 '한님(양도천)'이라고 하며, 새로운 세계는 시온산(계룡산)으로부터 시작되었다고 주장하고 하나님은 이미 오셨으며, 계룡산을 중심으로 새로운 사상과 제도로 새 세계를 건설 중이라고 주장하고 있다.

8. 여호와의 증인

(1) 창시자 및 역사

1872년 찰스 럿셀(Charles Russell)이 펜실베이니아주(州) 피츠버그에 설립한 국제성서연구자협회(International Bible Students Association)가 그 기원이다.

여호와의 증인이라는 이름은 1931년 조지프 러더퍼드(Joseph Ruther-ford)가 럿셀의 뒤를 이으면서 사용하기 시작했다. 교조인 '찰스 테즈 럿셀'은 1852년 2월 16일 미국 펜실베이니아주 알레거니(Allegheny) 지방에서 태어났다. 럿셀은 회중파 교회에서 이탈하였다. 럿셀은 1879년 <아침의 여명(The Herald of the Morning)>이란 잡지를 냈는데 그 후 <파수대(The Watchtower)>로 변경했다. 럿셀의 가르침은 저들에게 영적인 가르침이고 신학의 기초가 되었다. 그는 1874년에 이미 예수 그리스도가 인간의 눈에 보이지 않게 재림했다고 주장했으며, '이방인 시대의 종말'은 1914년에 아마겟돈 전쟁이 일어나 세상 정치권력이 멸망하고 천년왕국의 시작이 있을 것이라고 했다.

그는 1914년 이방인의 철저한 붕괴와 멸망의 예언이 빗나가자 충격을 받았고, 1916년 10월 31일 캘리포니아에서 설교를 하고 집으로 돌아오다가 중도에서 64세의 일기로 사망했다. 지금 미국내의 교세는 9,985교회에 926,614명으로 0.6%를 차지하고 있으며, 세계적으로는 1993년 현재 470만 명으로 231개국에 퍼져있다. 우리나라에는 '왕국회관'이라는 회집 장소가 있으며, 약 10만여명의 신도가 있는 것으로 전해지고 있다.

(2) 주요 교리

A. 아버지 하느님만이 참신이요 유일신이시요, 삼위일체 교리는 사단의 작품이다.

B. 예수는 여호와의 첫째가는 가장 위대한 피조물이다(그의 신성(神性)을 부인하는 아리안주의).

C. 성령은 인격체가 아니라 전능하신 분이 자기의 목적을 성취하기 위하여 사용하시는 여호와의 활동력(active force)이다.

D. 지옥은 없다. 만약 사람이 144,000명중의 하나라면 그는 천국에 갈 것이다.

E. 믿음으로 구원 얻는 것이 아니라 그들의 교인이 되어야 구원 얻는다.

F. 여호와 증인들이 금하는 것

수혈이나 장기이식, 고의적으로 수혈을 받으면 영원한 죽음에 이른다. 국가(國歌)를 부르는 것, 배심원이 되는 것, 군복무 하는 것, 국기에 대한 경례, 휴일이나 생일을 지키는 것(특별히 크리스마스나 부활절을 지키는 것), 담배를 피우거나 씹는 것, 알미늄 솥을 사용하여 요리하는 것, 다른 교회에 출석하는 것, 장례식이나 결혼식 참예, 성찬에 참예하는 것, 예수께 경배하는 것, 낙태, 어떠한 피도 먹어서는 안 된다.

G. 여호와 증인들이 해야하는 것

가가호호 방문하여 전도하고 파수대 잡지를 파는 것 등의 행위에 의해 구원받는다. 매 왕국회관(교회)마다 1주 5회 성경 공부와 예배 집회 참예, 매해 대대적인 집회와 대회를 정기적으로 갖는다.

그들은 우리가 쓰는 개역성경 이외에도 자기들 유리하게 번역한 '신세계역 성경(The New World Translation)'이란 성경을 별도로 쓰며 자기들 서적에 인용하여 쓰고 있다.

이들은 가가호호 방문하여 특히 교패가 부착되어 있는 기독교 가성만을 골라 "성경토론을 하자, 기쁜소식을 전해 주려고 왔다"는 식으로 접근해 포교하고 있으며 성경 토론 시에는 자기들 교리에 맞는 성경구절만을 인용하고 미리 기독교인들의 답변에 항변할 수 있는 성경구절 만을 암기해 제시함으로서 설득하고 있어 충분한 성경적 지식이 없는 상태에서는 성경토론에 응하지 말아야 하며, 아예 방문을 거절하는 것이 최상의 방법이다.

9. 안상홍증인회(하나님의 교회)

본 부	서울시 관악구 봉천6동 63-16 ☎887-0234

(1) 연혁 및 조직

안상홍증인회(이하 안증회라 함)는 초기에는 '하나님의교회 예수증인회'라는 명칭으로 시작했다가 그후 '안상홍하나님교회'라는 명칭을 쓰다가 피해사례 등으로 일반 방송에 나가자 '안상홍'이라는 이름을 빼고 '하나님의 교회'라는 명칭과 '세계복음선교협회'라는 명칭을 겸하여 사용해 일반 기성 교단과 혼동을 주고 있다.

건전한 기성교단중에서는 '기독교한국하나님의 교회'(감독, 한영길 목사, 최근 대한예수교장로회(한영)으로 교명 변경. 직영신학대학:개봉동소재 한영신학대학교(총장, 한영훈 목사))와 '대한기독교 하나님의 교회'(감독, 김영수 목사), '기독교한국성서하나님의 교회'(감독, 이철재 목사)등 3개 교단이 오순절 계열로 우리나라에 선교부 성격으로 들어와 있으나 건전한 기독교 교단이어서 이들 교단들이 안상홍하나님의 교회와 이름이 유사하여 많은 피해를 입고 있는 실정이다.

안증회는 창설자가 '안상홍'으로 안상홍은 1918년 1월 13일 전북 장수군 개남면 명덕리에서 태어났다. 그후 부산 해운대로 이사하여 어린 시절을 보냈다. 그리고 1937년 일본에 건너가 1946년 귀국하여 1947년에 제7일 안식일예수재림교회에 입교하였다. 그후 안식일교회에서 1962년까지 신앙생활 했으나 소위 '시기파' 운동에 참여했다가 교단으로부터 출교당했다. 그후 2년 뒤 1964년 4월 28일 부산 해운대에서 '하나님의 교회 예수증인회'를 창설하여 본격적인 포교에 들어갔다.

안상홍은 1985년 2월 25일 67세에 부산의 모식당에서 식사 중에 뇌졸증으로 사망하였다. 그가 죽은 이후에는 장길자(1943년 10월 29일생)가 대를 이어 실질적 교주 역할을 하고 있다. 안상홍 교주가 죽은 이후에는 6곳의 지교회를 규합하여 총회본부를 서울로 옮기고 '하나님의 교회 세계 예수복음선교협회'라는 교단명칭을 쓰고 김주철을 총회장으로 운영해 가고 있다.

장길자는 원래 남편 김재훈과 함께 안증회의 집사였으나 김재훈과 이혼하고 안상홍의 신부로 자처하고 있다. 안상홍이 죽은 후 장길자는 자신을 하나님의 신부, 하늘에서 내려온 새 예루살렘, 위에 있는 어머니 등으로 주장하고 있으며, 안증회로 인해 가정 파괴, 이혼, 가출, 재산 헌납, 시한부 종말론 등으로 사회 물의를 일으켜 여러 차례 일반 매스컴을 통해서도 보도된 바 있다. 현재 안증회는 전국의 곳곳에 교회가 설립되어 가장 활발하게 활동하고 있어 정통 기독교에 많은 피해를 주고 있다.

(2) 주요 교리 및 주장

A. 안상홍 교주를 하나님으로 믿는다.

안증회는 죽은 안상홍을 육신을 입고 온 하나님으로 믿고 있으며 성경에 예언된 재림주라고 주장한다(안상홍, 「하나님의 비밀과 생수의 샘」, 멜기세덱출판사, 90, p201). 안증회는 이 때문에 기도할 때도 안상홍의 이름으로 기도하고 있으며 죽은 안상홍이 다시 재림할 것이라고 믿고 있다. 이들은 '안상홍(安商洪)'이 하나님의 '새이름'이라고 믿고 있는데, 그 근거로는 요한계시록14:1~2절의 "또 내가 보니 보라 어린 양이 시온산에 섰고 그와 함께 십사만사천이 섰는데 그 이마에 어린양의 이름과 그 아버지의 이름을 쓴 것이 있도다. 내가 하늘에서 나는 소리를 들으니 많은 물소리 같고 큰 뇌성도 같은데 내게 들리는 소리는 거문고 타는 자들의 그 거문고 타는 것 같더라"는 구절에서 '많은 물소리 같고'를 이는 큰 물 '홍(洪)'을 말하고, '거문고 타는 것 같더라'한 것은 거문고 소리 '상(商)'을 말하는 것이라고 주장하고 있다(하나님의 교회, 「빛을 발하라 1권」;, p8).

그리고 이들이 안상홍을 재림수라고 수장하는 근거로는 예수님이 다윗의 위로 왔으나(눅1:32) 다윗의 제위 기간인 40년을 채우지 못하고 공생애 3년 밖에 못하고 죽었다는 것이다. 그러나 안상홍은 30세에 침례를 받고 67세에 죽었으므로 37년간 사역하여 예수님이 하지 못한 다윗의 재위기간 40년을 채웠기 때문에 재림주라고 주장하고 있다(하나님의 비밀고 생수의 샘, p55).

이들은 아울러 예수님께서 보혜사를 보내주시겠다고 한 요한복음 16장의 그 보혜사가 바로 안상홍이라고 주장한다. 그래서 안증회는 성부 하나님의 이름은 '여호와'이며 성자 하나님의 이름은 '예수'이며 성령 하나님의 이름은 '안상홍'이라고 하여(위의 책 p8) 결국 안상홍이 하나님임을 믿고 주장한다.

B. 장길자 교주를 하나님의 신부로 믿는다.

김재훈의 처였던 장길자가 실질적 교주 역할을 하고 있는데 장길자는 계21장 9절과 22장 27절에 나오는 '어린양'의 아내요 신부며, 갈라디아서 4장 6절에 나오는 '어머니'라고 주장하고 있다(하나님의 교회 구역장 교재, p26). 안증회 추종자들이 장길자를 하늘에서 내려온 어머니나 신부로 믿는 것은 안상홍이가 장길자를 신부로 지명했기 때문에 하나님의 신부로 추종하고 있는 것이다.

C. 그릇된 시한부 종말론 사상을 갖고 있다.

안증회는 "1988년 종말이 오며 지구는 흔적도 없이 사라질 것이며 인침을 받은 144,000명 이외에 모조리 멸망한다."고 주장하여 1988년 충남 연기군 소정면 전의산에 신도들이 모여 안상홍의 재림을 준비하고 특히 88서울 올림픽 개막식 때 종합운동장에 재림한다 하여 신도들이 입장권을 매입하는 등의 해프닝이 벌어지기도 했으나 모두 불발하였고, 1999년 종말이 온다고 하였다가 또 다시 불발되었다.

D. 절기를 지켜야 구원받을 수 있다고 주장한다.

안증회는 절기를 중요시 하는데 예배시 머리에 수건을 쓰고 신을 신고 절대 예배당에 들어갈 수 없으며 토요안식일을 지키고, 유월절, 무교절, 초실절, 나팔절, 대속죄일, 초막절 등 구약에서 나오는 7가지의 절기를 지켜야 만이 구원을 받고 죄사함을 받는다고 가르침으로 절기를 절대화시키고 있다(「하나님의 교회 구역장 교재」, p4~13. 안상홍저「선악과 복음」, 멜기세덱출판사, p54~58).

E. 세례를 받아서는 안되고 침례를 받아야만 하고 예배시 여자는 수건을 쓰고 십자가는 우상이라고 가르친다.

이 밖에도 안증회는 성탄절은 태양신 기념일이므로 지키지 말 것을 주장하고 있으며, 자기들의 교적부를 생명책이라고 주장하고 있다. 안증회는 2000년 11월 22일 한국기독교총연합회(이하 한기총. 회장, 이만신 목사)에 의해 이단으로 규정되었다.

10. 이만희(신천지예수교증거장막성전:대한예수교신천지교회)

본 부	경기도 과천시 별양동 1-11 벽산빌딩 503호 ☎(02)503-9637

(1) 연혁

한국 교회에 '무료성경신학원', '기독교신학원' '시온기독교신학원' 등으로 널리 알려진 신천지증거장막성전은 최근 '대한예수교 신천지교회'로 개명했다. 이 교회의 총회장은 이만희(혹은 이희재)씨에 의해 주도되고 있다.

이만희씨는 1931년 9월 15일 경북 청도군 풍각면 현리동에서 출생하였고 아버지 이재문과 어머니 고상금 사이에서 태어났다. 본인의 말로는 기독교인인 할아버지가 자신이 태어나기도 전에 미리 계시와 환상을 보고 "만희"(참빛)라는 이름을 지어 주었다고 말하고 있다. 17세의 나이로 상경하여 서울 성동구 금호동 형님집에 기거하면서 건축업에 종사하다가 한 전도사의 안내로 창경원 앞에 있는 한 천막교회에서 침례를 받았다. 본인은 1948년 서울 침례교 외국 선교사에게 믿음 없이 침례를 받았다고 소개하고 있다.

1957년 전도관에 입교했다가 1967년 경기도 과천시에 소재한 장막성전에 입교하였고 본인의 주장으로는 1980~1983년 계시록 1장 17~20절과 같이 예수님께 안수받고 일곱 교회에 편지하였으며, 장막성전에 침노한 니골라당과 싸워 이겼다고 주장하고 있다.(이만희 홈피 자신의 약력난에서) 1984년 3월 14일 신천지 예수교 증거장막성전을 창설하고 새 이스라엘(이긴자) 12지파를 창설하였다고 밝혔다. 이만희씨는 장막성전의 유재열 씨를 열성적으로 따라다녔던 것으로 알려졌다.

(2) 교리 및 주장

다음은 그동안 연구가들에 의해서 제기되었던 신천지교회의 교리 및 주장들이다. 이들 주장들은 신천지교회에서 발행되었다는 '신탄' 지에 소개되었던 내용들이다. 그러나 신천지교회는 '신탄'은 신천지교회의 공식 발행 잡지가 아니며, 일부 지역의 강사들이 자체적으로 만들어 사용한 것이라고 밝혔다. 2007년 5월에 MBC PD 수첩에 이 교회가 방영되자 이를 계기로 자체 실태조사에 착수했으며, '신탄'의 내용은 사실과 다른 내용이었다며 다음의 교리나 주장들에 대해서는 완전 왜곡된 것이라고 공식 밝혀왔다.

뿐만아니라 신천지교회내에서 교육장을 맡아오던 S씨는 "이만희총회장님의 살과 피를 먹어야 영생한다"라고 주장하다가 최근 신천지교회 측으로부터 제명 출교되자 구리시에 가서 기성교회 간판을 달고 목사행세를 하는 어처구니 없는 일들도 벌어지고 있다. 신천지교회 측은 자신들은 성경대로 믿는 교회라며 성경적으로 잘못된 것이 있으면 언제든지 지적해 주면 고치겠다고 밝히고 있다. 그러나 신천지교회 측의 교리나 주장들에 대해서는 앞으로 면밀히 조사하고 검토해 보아야 할 것으로 사료된다. 다음은 그동안 일부 연구가들에 의해서 제기된 문제들을 살펴본다. 따라서 본회의 입장은 아니며, 앞으로 철저한 조사 연구를 통해 본회의 공식적인 연구 결과를 밝히려고 한다.

A. 자신이 살구나무, 감람나무라며 하나님 행세

이만희의 스승인 백만봉(이만희는 백만봉의 11번째 사도)이 1980년 3월 14일 백만봉 하나님과 천국이 온다고 주장했으나 불발되자 홍종효(감람나무 중 하나) 등 수명의 반란자 들을 규합해 자칭 살구나무로 등장하였다.

B. 비성경적 재림론 등을 가지고 있다.

이만희가 예언한 1987년 9월 14일 천국은 오지 않았다. 1980년 9월 14일은 새 신 일곱 머리의 조직이 장막성전에 들어와(지팡이, 끈, 도장) 몰수한 날이다. 이 날이 멸망의 가증한 자 일곱 머리가 거룩한 곳에 서서 자기 법을 선포한 날이다. 이날부터 7년 대환란날 즉 흔히 말하는 아마겟돈 전쟁의 날이라고 선포했는데 빗나갔다(신탄 p279~280).

C. 자신이 보혜사 성령이라고 주장한다.

이만희는 '인자가 구름타고 오신다' 함은 '성령께서 육체로 오신다'는 뜻이며 재림주는 예수라는 이름이 아니라 다른 이름으로 오신다.(신애복, 가나안 쉼터 p170)고 주장하며 이만희 자신이 다른 이름으로 온 보혜사 성령이라고 말한다.

D. 삼위일체론에 문제가 있다.

"예수는 이미 육체에 거하는 혼이며, 하나님의 보좌는 성령이신 본체 신(神)이 좌정하는 자리다. 즉 성령과 예수의 혼과 땅의 육체, 이 셋이 연합하여 하나가 되는 것이 하나님의 보좌이다. 따라서 이 삼위가 일체되는 날 그 날이 여호와의 한날이요 변화 성신하신 神人이 탄생하는 날이다"라고 주장한다.

이 밖에도 이만희는 음부는 이 세상이요, 이 세상은 사망이라고 하며, 성경의 천사는 인간이라고 한다. 부활론의 경우 불교의 윤회와 같은 것으로 보고 있으며 사람이 죽으면 환생한다고 주장한다.

장막성전의 유래가 되는 유재열(어린종)은 원래 과천시 문원동에 소재한 과천소망교회(장막성전 → 이삭교회 → 과천소망교회)에서 시작하였다. 과천소망교회는 오평호 목사(현, 연세대 신과대학 교수)를 당회장으로 초빙되면서 과거의 교리를 버리고 기성교회로의 전환을 시도했으며, 이후 장현승 목사(현재 현대종교 편집위원)가 담임목사가 되면서 현재는 예장 개혁국제에 소속되어 건전한 교회로 운영되고 있다.

참고로 이곳에서 이탈해 나온 이만희는 원래 홍종효, 신종환 등과 함께 신천지 안양교회를 세웠는데 다시 그들에게서 떨어져 나온 홍종효가 '증거장막성전'이라는 이단 단체를 만들었다.

홍종효는 성경에 나오는 예수가 자기를 가르키는 것이라면서 장막성전의 창립자 유재열은 버드나무 세례 요한이고 자기(홍종효)는 신풍나무 예수라고 주장하였으며, 현재 홍제동에 '증거장막성전'이라는 단체를 만들어 포교활동을 벌이며 장막성전파의 줄기를 잇고 있다.

그는(홍종효) 말하기를 장막성전의 창립자 유재열은 버드나무 세례 요한이고 이만희는 살구나무 엘리야며 자신은 신풍나무 예수라고 주장하며 또한 동방 해돋는 곳에서 하나님의 인을 갖고 나온 힘센 천사가 우리 대한민국 자하도(자하문)에 출현하였다고 지금도 주장하고 있다.

이 밖에도 신천지 증거장막성전에서 이탈한 일파인 '두 증인 무지개 증거장막성전'에서는 이만희를 가르켜 '한비천'이라는 가명을 사용 그를 '멸망의 아들'이라고 부른다.

또 자칭 재림예수라고 주장하며 지금도 「천국복음전도회 장막성전」이라는 이단 교파를 창설했던 구인회(1976년 2월 29일 옥중 사망)등이 있다.

11. 엘리야복음선교원(박명호)

| 본 부 | 강원도 평창군 방림면 계촌리 1953 ☎(033)334-0936
경북 울진군 서면 삼근리 80-4 ☎(054)783-6857 |

(1) 연혁

박명호는 호가 석선(石仙)이며 본명은 박광규로 1943년 10월 1일 충남 보령군 대천읍 대천리 555번지이며 태어나기는 부여에서 부친 박산웅의 4남 3녀 중 3남으로 태어났다.

박명호는 원래 스스로 메시야 격인 소위 '엘리야'로 자처하며 1980년대에 엘리야복음선교원을 설립하여 한국교회에 많은 물의를 일으켰던 인물로 최근에는 '한농복구회'라는 유기농산물 생산단체라는 이름으로 집단생활하며 활약하고 있다.

그는 중학교 시절 외삼촌이 있던 재림교회를 다녔으며 이후 천안에 있는 삼일고아원에 목사의 후임 전도사격으로 재직한 바 있다. 그는 1976년 5월 2일 천호동 근교 광주군내 모 고아원 뒷산에서 찬송하던 중 환상을 보았는데 그것은 유명한 목사들이 양떼들을 이끌고 천국이 아닌 멸망의 길로 장사진을 이루어 계속 끌고 가더라는 것이다. 이에 놀란 그는 "엘리야의 하나님! 나를 엘리야로 보내소서! 그리하여 저 죽어가는 양떼들을 생명의 길로 바로 인도하도록 나를 엘리야로 보내주소서!"라고 울며 부르짖었다는 것이다. 이후 전국을 돌아다니면서 온갖 궂은일을 도맡아 했다고 한다.

1980년 4월 13일부터 이것이 영생이다를 저술하기 위해 인제군 갑둔리 장각골에 원고 작성을 위해 들어갔고, 11월 전도사를 사임하고 1981년 2월 10일 경북 상주군에서 새벽에 7명의 추종자들에게 <마지막 남은 자손의 신조>를 내림으로서 '엘리야복음선교회'의 설립계기가 된다. 이들은 처음에는 소규모 집회를 시작으로 같은 해 4월 16일 강원도 원성군 귀래면에 들어가 1984년 6월 25일 엘리야 복음선교회를 설립하였다.

현재 박명호는 문화예술단과 한농복구회, 전주한농예능학교 등을 운영하며 각종 매스컴과 외국 등지에서 많은 활동을 하고 있다.

그는 하나님이 직접 쓰신 책이라며 '새 세상의 주인들'이라는 서적을 통해 자신의 주장을 설파하며 활동하고 있다. 그는 자신의 인사말에서 자신은 경북 상주시 속리산 장각동에서 재물과 명예를 초월한 이기심 없는 생애로 水, 石, 松, 竹, 月 친구들과 벗 삼아 신선처럼 살고 있다고 피력하고 있다.

(2) 주요 교리 및 주장들

- 우리는 그리스도 반석 위에 굳게 선 하나님의 계명과 예수의 증거를 가진 남은 자손이다.
- 기독교에는 하나님이 없다. 모든 교파는 마귀가 만들었다.
- 말라기 선지자가 예언한 마지막 때의 엘리야가 한국에 왔다.
- 천국 가는 길은 좁은 길이 아니라 황금길이다.
- 교인들에게 너도 하나님이 되라고 가르친다.
- 중보가 필요 없다고 가르친다.
- 심판 때 신학이란 학문은 몰라도 이방인 가운데 하나님을 섬긴 자들은 멸망당하지 않으며, 비록 예수를 모르고 성경을 몰라도 속세를 떠나 천연계에 들어가서 하나님과 깊이 교제함으로 그의 형상과 모습을 닮은 사람들은 곧 신선되어 승천하게 된다고 주장한다.

이들은 자신들의 핵심요원용 교리서로 영광의 빛이라는 책을 사용하고 있다. 박명호는 교회는 없으며 집단생활 등을 통해 설파해 왔고 강원도 원성군이 동방의 중심지이자 자신이 동방에 나타나는 마지막 선지자 엘리야라고 주장하며 시한부 종말론으로 한 때 큰 물의를 일으켰다. 지금은 교회 색채를 전혀 띄지 않으며 농촌과 관련된 농촌공동체로 생활하는 집단을 형성하고 있다.

12. 영생교 승리제단

본 부	경기도 부천시 역곡3동 175-2 ☎(032)343-9981~8

(1) 연혁

일명 영생교의 교주 조희성은 1931년 8월 12일 경기도 김포군 감정리 497번지에서 부친 조경남 씨와 모친 오지덕 씨 사이에서 9남매 중 둘째로 출생했다. 8·15 해방 후 서울 흑석동 강 건너의 남산교회 언덕에서 북을 치며 전도하는 영모 박태선을 만나게 되며 이때부터 그를 따르게 되었고 그후 전도관과 신앙촌 건립에 열성적인 핵심멤버가 되었다.

전역 후 1963년 7월 30일 소사의 제1신앙촌에 입촌하여 훈련을 받았고 그 기간 중에 40일 금식을 14회나 했으며, 수년 후에는 남대문시장에서 공유물산(주)이라는 무역회사를 운영하기도 하였다. 조희성은 일을 하는 중에도 수시로 계시를 통해 영모님(박태선)의 음성을 듣고 힘을 얻었다고 한다. 그후 부천에 있는 소래산과 노고산의 밀실에서 의인이 되기 위한 강한 연단을 받았으며, 마침내 1980년 10월 15일 이긴 자가 된다. 그후 전국 각처에 제단을 세우고 무궁화동산 가꾸기 운동에 적극적이었다.

조희성은 1984년 경기도 용인군 내사면 양지리 신도 암매장 사건을 비롯해 1994년 1월 사기 횡령 등의 혐의로 구속 기소돼 징역 2년 6월의 실형을 받고 복역 중 1996년 신도 살해 암매장 사건이 밝혀지면서 형이 추가되었다. 복역 중 2000년 8월 15일 광복절 특사로 사면된 조희성은 6년여의 수형생활을 하고 출소했으나 또다시 살해 교사 사건이 불거져 구속되었고 사형선고를 받고 복역 중 감옥에서 사망했다. 현재 영생교는 전국에 수십 곳의 제단을 두고 있다.

(2) 주요 교리 및 주장

영생교 조희성 교주의 주장이나 교리는 대부분 자신이 20여년 이상을 하나님으로 섬겨 오던 감람나무 박태선 교주의 전도관 교리나 주장을 표절하여 만들어 놓은 것으로 비성서적이며 비논리적임은 말할 것도 없다. 너무 허무맹랑한 주장들이어서 비판할 가치조차 없으나 그럼에도 불구하고 많은 사람들이 미혹되고 있어 그 주요 교리 및 주장을 알아본다.

A. 신론
영생교에서는 하나님은 곧 사람을 지칭한다.
B. 인간과 죄론

그러므로 아담과 하와는 삼위일체 하나님 중 두 분이기에 영원 전부터 창조주 하나님과 공존했다. 그런데 이 두 분의 하나님이 6000년 전에 마귀에게 점령당해 욕심으로 인해 범죄하기에 이르렀고 그로 인해 그들의 피가 더러워져 죽음에 이르게 되었다 하면서, 그 증거로 야고보서1:15과 로마서6:23을 들고 있다. 피는 생명의 근본 물질인데(레17:11~생명은 피에 있음이라), 이러한 피가 욕심으로 인해 변질되며, 결국 썩게 되어 이와 함께 질병과 사망이 오게 된다고 주장한다.

C. 영생교리와 구원론

영생교 승리제단 교리의 핵심은 영생에 있다. 야고보서 1:15의 욕심-죄-사망의 원리를 통해서 알 수 있듯이, 누구든지 '나'라는 주체의식을 버리고 욕심을 버리면 그의 피가 맑아지는데, 피가 곧 생명이므로 결국 영생하게 된다. 또한 요한복음 11:15을 인용하여 그들이 말하는 영생은 영적인 영생 뿐 아니라 실질적인 에덴동산의 회복이 현실로 이루어짐을 말한다. 우리나라의 대표적인 고서인 <정감록>, <격암유록>, <토정비결>의 주제도 결국 이같은 永生之道이다. 그리고 이러한 예언서의 주인공이라 할 수 있는 정도령(正道令)은 불교의 미륵불이요, 기독교의 메시야라 한다. 하나님은 생명이며 영원한 존재이므로 영생하신다. 이슬성신이 내리는 승리제단에 와야만 이 같은 비밀을 알게 되며, 그러한 비밀을 깨닫는 자만이 그로 인해 구원에 이르게 된다. 감로이슬은 곧 구원의 증표다.

D. 내세론

현세란 곧 내세이며 내세가 곧 현세이다. 피는 곧 생명이요, 욕심을 버림으로써 더러워진 피가 맑아지면 그것이 곧 영생이므로 기독교의 천국과 지옥, 불교의 극락이라는 내세적 표현은 사실과 다르다. 자신을 죽이지 않고는 하나님이 될 수 없고 또한 영생할 수도 없다.

E. 감로해인(甘露海印)

영생을 이루는 곳에서는 항상 이슬이 쏟아지게 된다. 이슬은 영생의 증표라 할 수 있으며(호14:15, 사26:19), 천하태평의 조짐으로 하늘에서 상서로이 내리는 단 이슬이며 불교에서 말하는 불로장생의 이슬이다. 고서와 불경에는 감로해인을 들고 나오는 자가 정도령, 생미륵불이라 한다. 이러한 감로해인은 이슬이 내리는 곳에서 매일 은혜를 받아야

海印을 받았다고 할 수 있다. 그런데 이러한 이슬성신을 들고 나오는 자는 이긴 자요 성경에서 말하는 메시야 즉 구세주(호)라 한다.

(3) 평가

결국 조희성의 영생교 승리제단은 박태선의 계열로서 천부교인 전도관의 교리를 바탕으로 하여 기독교의 메시야 구세주 사상, 불교의 미륵불 사상, 그리고 한민족의 고유전래 사상인 정도령을 혼합시킨 이른바 혼합주의적 색채가 농후하다. 그들은 피의 원리를 기초로 하여 죄와 영생의 교리를 도출해 낸다. 현재는 박태선의 전도관과는 별도로 독자적인 길을 걷고 있으며 타종교에 대해서는 포용적인 견해를 보이는 이단종파라 할 수 있다.

13. 아가동산(김기순) / 주현교회(이교부)

'아가동산'은 김기순(1940년생)씨가 세운 신흥종교집단으로 경기도 이천시 대월면 대월2리에 소재해 있으며 협동 농장과 레코드 회사인 신나라 레코드 등 회사를 운영하며 부를 축적해 왔다.

김기순은 1957년부터 전북 이리시 주현교회에서 신앙생활을 했으며 주현교회 대표자인 이 교부가 실정법에 저촉되어 구속되자 이 틈을 노린 김기순은 일부 교인들을 규합해 서울 상계동 일대에서 예배를 드리기 시작하여 이후 목동 등지에서 집회를 갖는 등 교세가 300여명으로 커지자 공기가 좋다는 이유로 지금의 경기도 이천으로 옮겼다.

김기순은 성부, 성자, 성신은 각각 노래, 춤과 웃음으로 '아가'는 깨끗하고 죄가 없다. '아가야(김기순)'는 '하나님이다'고 주장하며 자신을 신격화하였다. 아가야는 하나님이므로 자신과 육체적 동침을 해도 죄가 되지 않는다며 오히려 큰 영광이고 축복이라고 주장했다. 김씨는 1996년 12월 12일 이탈자들의 진정으로 간부 등 5명이 구속되었고 김기순도 특가법(횡령, 조세포탈, 농지법위반 등)으로 징역 4년에 벌금 60억 원을 선고받는데 당시 이 사건이 보도되면서 사회문제가 되기도 하였다.

14. 여호와 새일교(이유성)

이유성의 본명은 '이뢰자'이며 1915년 황해도 신계에서 태어났다. 1957년 여름 방학에 입산 기도 중 중생을 체험하고 종말관과 계시록을 통달, 학교를 중퇴하고 교역자 생활로 헌신했다고 주장한다. 1960년도부터 부흥회를 인도하면서 추종세력이 많아지자, 1964년 여름 계룡산에서 부흥집회를 인도, 새일수도원 건립을 시작하였고 자칭 '말세의 종'이라고 하면서 '말세복음선교부흥단'을 조직하였다.

1968년 1월 1일 강단에서 설교 중 하늘로부터 음성이 내려 '여호와 새일교단'의 교리를 받아쓰라는 지시에 의해 교단을 조직하고 자신이 교주가 됨. 1972년 심장마비로 사망한 후 송진모라는 사람이 교주의 법통을 이어받았다고 주장하며 멸공진리를 전파하기 위해 '멸공새일'을 부착하고 전국 가두 방송 등을 하고 있다. 새일수도원 건립시 거액을 헌금한 김인영은 계룡산에 1973년 '세계순금등대교회'를 설립하기도 하였다.

이유성은 자신을 말세의 유일한 신유의 종으로 자칭하고, '생수가름', '생수의 종'이 되기 위해서는 자신과의 관계가 있어야만 이를 통해 왕권을 얻어 안식의 세계로 들어간다고 주장한다. 그리고 자신이 내세운 계시가 이 시대에 전할 복음이라고 주장한다. 또 지상천국은 대한민국이라고 주장한다.

15. 통일교(세계평화통일가정연합)

본 부	서울 마포구 도화동 292-20 도원빌딩 14층 ☎3271-0440

(1) 기원과 창교

통일교의 공식 명칭은 원래 세계기독교통일신령협회(The holy spirit association for the unification of world christianity)였으나 최근와서 「기독교」라는 명칭을 아예 빼고 '세계평화통일가정연합(이하 가정연합)'으로 개명하고 몇 년 전에는 '가정당'을 만들어 정치세력화하고 있다. 통일교는 참가정실천운동연합, 한국청소년순결운동본부, 세계청년문화축전, 세계평화교수협의회, 합동결혼식 등 위장된 단체나 모습을 보여주고 있다.

일명 통일교의 교주요 창시자인 문선명(文鮮明)은 1920년 1월 6일 평안북도 광주 상사리에서 장로교인 아버지 문경유와 어머니 김경계 사이에서 태어났다. 문교주의 형인 문용수는 문교주가 나이 열다섯 살 때 정신병으로 사망했고, 둘째 누이도 미쳐버려 그 일가가 기독교에 입교했다. 그의 이름은 용처럼 빛나라고 하여 용명(龍明)이라고 지었었다. 그가 17세 되던 1936년 부활절날 아침 산에서 기도하다 환상을 받았는데 그 환상 중에서 필경 예수 그리스도로 보이는 환상이 나타나 하나님의 섭리를 성취할 중요한 사명이 있다고 말하였다는 것이다.

그는 1936년 4월 17일 부활절 아침, 다시 말하면 문이 17세 되던 초등학교 4학년 때 기도 중에 예수가 나타나서 '인류구원사업의 소명이요 공식하명(公式下命)'이라고 통일교에서 지칭하는 메시아의 사명을 계시를 통해 주었다고 말한다. 문은 몇 번이나 거절했으나 예수는 "그대가 아니고서는 이 중대한 책임을 감당 할 사람이 없다"고 거듭 당부하면서 '큰 사명'을 맡겼다는 것이다. 문의 이런 내용들이 통일교에서 사용하는 원리강론 총서 17페이지에서 언급하고 있다.

1945~6년경에 문은 경기도 파주군 임진면 섭절리에 자리잡고 있던 김백문(金白文)의 이스라엘수도원에서 약 4개월간 원리 교리를 배웠는데 자칭 한국의 구세주라는 김백문의 가르침에 많은 영향을 받았다. 사실 문이 하늘로부터 계시를 받아 기록했다는 원리강론(원래는 새진리원리해설임)은 김백문의 교리를 뼈대로 하여 기록된 것임을 김백문의 성신신학(聖神神學), 기독교근본원리(基督敎根本原理)등을 보면 알수 있다.

그후 문은 1948년 자신의 교리를 전하며 소위 피가름을 행한다고 하면서 음란행위를 하다가 출교되었고, 체포되어 2년간을 공산당 노동수용소에 수감되었고, 여자는 10개월의 징역을 살았다. 1950년 10월 14일 유엔군 상륙 부대들에 의해 문과 다른 수용인들이 석방되었다. 이 때 문은 자신의 이름을 "해와 달처럼 선명하게 빛난다"라는 뜻으로 현재의 이름으로 바꾼 것이다. 그는 이북에서 반공활동 때문에 투옥되었다고 주장하지만 사실은 피가름 성행위 사실 때문이었다. 문은 "사단의 피를 이어받은 추종자 여인들의 피를 정화하기 위하여 무죄한 자기 피를 받게 한다"는 것이라고 설명했다. 1953년 문은 유효원을 개종시키는데 성공했고 그로 하여금 「원리강론」의 체계를 확립하게 되었고 완성케 되었다.

그후 문은 부산과 인근을 돌면서 포교하였고, 서울로 올라와 성동구 무학동에 「세계기독교통일신령협회」를 공식적으로 구성하고 자신은 교주가 되고 유효원은 협회장이 되었다. 1955년부터 1960년까지 여러 차례 피가름 명목의 혼음사건과 문의 네 번째 결혼 사건으로 또다시 구속되는 사태가 발생하기도 했다. 1966년 5월 1일 「원리해설」을 「원리강론」으로 바꾸어 출판했다.

1950년대 말 문은 재정적으로 큰 성공을 거두어 1976년에 이르러서는 공기소총공장, 인삼차, 기계류, 티타니움, 페인트 생산업체 등 많은 사업체를 소유하여 거대 기업인으로 변신하기도 했다. 현재 통일교는 미국 등지에 거대한 기업들을 거느리고 있다.

(2) 주요 주장

통일교는 성경 66권의 절대적 권위를 인정하지 않고 문선명의 저서와 가르침에 더 초점을 두고 있다. 통일교에서는 성서를 구약, 신약, 성약(成約)으로 구분하고 있는데 이 성약서가 바로 통일교의 원리강론(原理講論)이다. 이 원리강론은 서론에 이어 창조론, 타락론, 말세론, 메시아 강론과 재림, 부활론, 예정론, 기독론, 복귀론(구원론), 재림론(문선명론)으로 구성되어 있다.

A. 통일교의 핵심 주장

- 창조목적과 개인완성을 이룸으로서 하나님 앞에 선한 자가 된다.
- 하나님의 말씀과 심정에 의한 인격자가 됨으로서 천주주관(天主主管)의 상속을 받는다.
- 내적으로 부모의 심정을 지니고 외적으로는 종의 몸가짐을 행동의 기준으로 삼아 땅을 위해 눈물을, 인류를 위해 피를, 하늘을 위해 뿌리는 생활을 한다.
- 창조 본연의 사람이 됨으로서 하나님 대신자가 되어 피조세계에 평

화와 행복과 자유와 이상을 옮겨 주고 아버지께 기쁨과 만족을 드린다.
- 하나님을 중심한 선의 주관과 선의 백성과 선의 국토를 회복함으로서 하나의 언어와 문화와 하나의 신정세계를 실현시킨다.

결국 이 주장에 통일교의 핵심교리가 내포되어 있으며 다시 말하면 문선명을 정점으로 전 세계 정치, 경제, 문화, 사상, 종교를 통일하여 이 땅 위에 문선명의 왕국을 건설하겠다는 것이다.

B. 통일교의 신조
- 유일신이신 창조주 하나님을 인간의 아버지로 삼는다.
- 신구약성서를 경전으로 받든다.
- 하나님의 독생자이신 예수님을 인간의 구주인 동시에 복귀된 선의 조상으로 믿는다.
- 예수님께서 한국에 재림하실 것으로 믿는다.
- 인류세계는 재림하시는 예수님을 중심 삼고 하나의 대가족 사회가 될 것을 믿는다.
- 하나님의 구원섭리의 최종 목표는 지상과 천상에서 악과 지옥을 없애고 선과 천국을 세우는데 있는 것으로 믿는다.

C. 주요 교리
- 성서론

성경은 절대적인 것이 아니며 진리를 아는 교과서에 불과하다.
- 타락

통일교의 가장 핵심교리는 타락론과 복귀론(구원론)인데 문은 인류 역사를 선과 악, 즉 하나님과 사탄의 쟁투로 보고 있다. 통일교는 창세기 2:17의 선악과 사건이 하와가 사탄과 더불어 불륜한 음행관계를 가짐으로서 영적 미숙 상태에서 사탄의 혈통을 받았고 하나님의 허락도 없이 역시 미완성기에 있는 아담과 육적 혈연을 맺음으로서 아담도 역시 사탄의 더러운 혈통을 이어 받았다고 주장하고 있다.
- 예수 그리스도

문은 삼위일체를 부인한다. 둘째 아담은 예수 그리스도였다. 예수는 인간일 뿐 신인(神人)은 아니다. 이 땅의 예수는 원죄가 없다는 것 외에는 우리와 다를 바가 없다.(원리강론 p212) 문은 예수의 신성을 부인한다. 다시 말하면 하나님 됨을 부인하고 있다.

또 문은 예수의 부활을 인정치 않는다. 다만 그리스도의 나타나심은 영이었다고 가르친다.(원리강론 p360) 문은 셋째 아담이 재림주라고 하는데 자신이라고 분명히 말하고 있지는 않지만 자기 자신을 암시하는 데 조금도 인색하지 않다.

• 성령

성령과 성경과는 관계가 없다고 말한다.

• 삼위일체

통일교는 예수는 단순히 하나의 사람이고 성령은 하나님의 영적 부인이라고 가르치고 있을 뿐만 아니라 완전히 문의 창조 작품으로 대치시켜 놓았다. 그들의 어휘로 볼 때 삼위일체는 문과 그의 처와 하나님의 삼위일체론을 믿고 있으며, 남녀의 결혼을 통하여 하나님과 삼위일체를 이룰 수 있다고 가르치고 있다. 이는 1960년 문이 한 학자와 결혼한 것을 계시록 19장에 기록된 '어린양의 혼인'으로 추앙하며 문교도들은 참부모로 문 부부는 하나님이 보내신 새 구세주로 생각하게 하도록 하고 있다.

• 구원

통일교 주요 교리 중 하나는 배상법(Law of Imdemnity)으로서 하나님의 자녀들은 그들의 죄에 대한 빚을 갚아야 한다는 것이다. 하나님이 개입하시고, 우리의 부채 나머지를 용서받기 전에 우리가 할 수 있는 모든 수단을 다 동원하여 갚아야 한다고 가르친다.

통일교는 행위에 의한 구원을 가르치며 금식, 기금조성, 새 교인 증모, 등등이 포함되는 배상에 대한 각종 방법을 강조한다. 그래서 그들은 물품을 팔고 다닌다. 그들은 더 많이 팔면 팔수록 더 빨리 그들의

• 결혼

문은 "결혼은 이 땅위에 하나님의 나라를 세우는 데에 가장 중요한 방법이다"라고 했다.

• 재림

통일교에서 발행한 신앙 기술서에서 이렇게 적고 있다. 즉 "그리스도의 재림은 우리 시대에, 초림 때와 많이 같은 시대에 일어날 것이다. 그리스도께서는 그 전처럼 육신을 입은 인간으로 오실 것이요, 육신을 입은 여인인 그의 신부에게 결혼을 통한 인류의 참부모가 될 것이다. 우리

가 참부모(그리스도의 재림)를 받아들임과 그들에게 복종하고, 그들을 따름으로 원죄는 제거될 것이요 우리는 결과적으로 완전하게 될 것이다. 하나님의 궁극적 목적을 이루는 참가정들은 시작될 것이요 이 땅과 하늘에 하나님의 나라가 건설될 것이다. 그 날이 지금 가까웠다"(프레더릭 손태그 저「문선명과 통일교」)

D. 통일교의 조직과 현황

- 통일교의 교세

그들의 주장대로 하자면 전세계 신도수가 400만 명이라고 주장하나 실제로는 교회수 2,000교회에 신도수는 약 10만 명 내외로 보고 있다.

- 조직

통일교는 자체 교회 조직 뿐 아니라 재단법인 국제승공연합, 초교파 기독교협회, 사단법인 세계평화교수협의회, 국제크리스천교수협의회, 원리연구회, 전국대학생원리연구회, 국제기독학생연합회, 한국청소년 순결운동본부, 교육기관으로 선문대학교, 선화예술중·고등학교, 선정중·고등학교, 경복초등학교, 한국통일신학교, 미국통일신학대학원 등이 있으며 이 밖에도 참가정실천운동본부, 국제순회사실, 남북통일국민연합, 뿌리찾기연합회, 설악수련소, 성화사, 세계선교본부, 제일스튜디오, 세계평화기술연구소, 세계평화여성연합, 세계평화청년연합, 가정당, 역사편찬위원회, 자원봉사애원, 전국부인연합회, 종교신문사, 종교협의회, 중앙노동경제연구소, 중앙수련원, 청파서점, 청평기도원, 총의애건, 통일사상연구원, 통일세계, 한국문화재단, 한국학교본부 등이 있다.

기업체로는 (주)선도신임, 선화학원, 설봉호일(이천), 세계일보, (주)세일로, (주)세일중공업 본사, (주)세일여행사, 소비자조합(화협), 순전단흠, 용인국제연수원, 와이키키서울사무소, 와이키키수안보, 워싱턴타임지, 원화도, 일미치과, 일상꽃집, (주)일성레져 본사, (주)일성부곡콘도, (주)일성 설악콘도, (주)일신석재본사, (주)일화 본사, 일성종합건설(주), (주)일원보석강남, (일)일원보석종로, (주)일홍, (주)일성농원, 일화천마축구단, (주)정진화학, 제주국제연수원, 중앙수련원, 재단총무부, 통일스포츠, (주)통일실업, 한일문화교류협회중앙(주), 한국티타늄본사, 해피월드, 한국와콤전자 등이 있다.

16. 프리메이슨

중세시대의 건축가들에게서 유래한 것으로, 이 명칭은 영국에서 시작되었다. 원래는 그 기원을 성경에서 나오는 바벨탑 사건 이후 탑건설에 동원되었던 석공들을 중심으로 시작되었다는 설도 있다. 이 석공들은 몇 가지의 기술과 비밀을 가지고 있었는데 이 비밀을 지키기 위해 서약이 이뤄졌는데 이를 '프리메이슨의 비밀'이라고 불려졌다.

이들의 주장은 프리메이슨을 통해서만 진리에 이를 수 있다고 주장하고 모든 종교에서 경배하는 신은 거짓이며, 그리스도 없이도 선행으로만 구원을 얻을 수 있다고 주장한다. 즉 인간은 근본적으로 선하고, 신성을 지니고 있다는 궁극적 깨달음이 필요하다고 주장한다. 그리고 이들은 사탄 음악을 숭배한다.

그러나 프리메이슨의 실체에 대해서는 명확하지 않다. 한국에서는 프리메이슨에 반대하는 안티 카페가 있다. 즉 '한국기독교정보학회'(운영자 필레오)라는 곳인데 이곳은 인터넷 카페로만 운영되고 있는데 지나친 추측으로 세계 유수한 인물이나 한국교회 대부분의 기독교 지도자들을 프리메이슨으로 매도해 비건전한 단체라는 비판을 받고 있다.

17. 한국기독교에덴성회

한국기독교에덴성회는 이영수(서울. 1942~)에 의하여 1973년 11월경에 발생했다. 1951년 10세에 첫 번째 감람나무인 박태선과 더불어 기름부음 받았다고 주장했다. 한때 전도사직을 수행하였고, 연예계 잡지사 기자 및 배우, 가수 생활을 해온 것으로 알려지고 있으며, 1973년 11월 '한국기독교전도회관부흥협회'를 창립하였다. 1974년 2월 '한국기독교에덴성회'로 개칭하였다.

에덴성회는 이긴 자는 예언적 주의 종을 믿으며, 감람나무와 동격이라고 주장하고, 이긴 자는 이영수라고 주장한다. 이긴 자는 안수 안찰로 죄를 소멸하며 생수로 많은 사람의 죄악을 씻어 주는 보혈의 역사를 행한다고 주장한다.

18. 가톨릭교회(천주교)

대부분의 한국교회는 가톨릭교회를 이단으로 보지 않고 있다. 아마도 1700여년의 역사를 가진 전통적 교회이기 때문일 것이다. 그러나 전통이 오래되었다고 해서 정통교회로 인정받는 것은 아니다.

교황이 죽었을 때와 새 교황이 즉위했을 때, 그리고 정진석 주교가 추기경으로 추대 받았을 때, 한국교회를 대표한다는 한기총이나 한국기독교교회협의회(KNCC)는 애도의 전문 내지는 축전을 보냈다.

현재 종교 전문 잡지나 소위 종교연구가들, 그리고 각 교단의 이대위는 이제까지 천주교에 대한 교리 연구나 비판을 전혀 하지 않고 있다. 이유는 가톨릭교회를 이단으로 보지 않고 있기 때문일 것이다. 그렇다면 한국교회는 가톨릭교회의 교리를 그대로 정통교리로 인정하고 있다는 말인가?

현재 한국교회는 가톨릭교회에 대하여 너무 무지했을 뿐 아니라 관대했다. 그러나 가톨릭교회의 여러 가지 교리와 주장은 우리 개혁교회 및 정통교리와는 엄청나게 다르다. 현재 한국교회내에서 약간의 견해차이로 무리하게 이단으로 정죄된 대상자들과, 가톨릭교회와의 교리를 비교해 볼 때 가히 비교조차 할 수 없을 정도로 가톨릭교회의 교리는 이단교리이다.

그럼에도 불구하고 한국교회는 천주교를 정통교회로 인정하고 있는 것이다. 이는 천주교라는 거대한 전통과 힘 앞에 가히 대항할 엄두조차 못낸다. 이미 전자(본서 제1부 제4장)에서도 언급했듯이 가톨릭교회에서는 하나님께서 가톨릭교회에 계시하신 대로 믿지 않거나 반대하는 그리스도인은 모두 이단으로 규정하고 있다. 가톨릭 교황 베네딕토16세는 2007년 7월 10일 내린 교서에서 로마 가톨릭만이 **'유일하고 진정한 기독교 교회'라고 공표, 승인함으로 개신교회나 성공회, 정교회 등을 교회로 볼 수 없다고 발표했다.**

가톨릭교회는 지금도 우리 기독교를 모두 이단으로 규정하고 있다. 가톨릭과 기독교는 교리적으로도 분명한 차이를 갖고 있다. 본서에서는 주요 핵심 부분에 대해서만 성경적 검증을 하고자 한다.

(1) 주요 교리 및 비판

천주교에 대하여 우리 한국의 기독교인들은 세 가지 정도의 생각을 가지고 있다. 첫째, 천주교는 이단내지는 기독교가 아니다. 둘째, 천주교는 기독교와 많이 다르기는 하지만, 이단이라고 까지는 할 수 없다. 셋째, 천주교는 이단이 아니며, 기독교와 형제지간이며 가정으로 본다면 큰 집이다.

이에 대한 견해는 아마도 보수적인 정통 기독교 입장에서는 첫 번째 견해일 것이고, 자유주의 신학적 입장이나 WCC적 연합운동을 하는 입장에서는 두 번째와 세 번째 견해일 것이다. 아마 천주교에 대해 잘 모르는 사람의 경우에서는 두 번째나 세 번째 견해를 지지할 것이다. 그러나 보수적인 입장을 견지하는 목사의 입장에서는 천주교를 이단 내지는 이교로 보는 것이 옳을 것이다. 물론 천주교 입장에서는 기독교를 이단 내지는 이교도로 보고 있다.

오늘 날 우리 한국교회는 기독교내에서 비롯되는 약간의 성경해석 차이나 주변적 진리만을 가지고 건전한 목회자나 교회들을 대이단인 것처럼 같은 형제를 매도하여 매장시키는 일에 혈안이 되어 있으면서도 정작 기독교와 너무 다른 천주교에 대해서는 지나치게 관대하고 교리적 비판을 가하지 않는 일은 매우 아이러니칼한 일이다. 비판은 고사하고 천주교와 함께 공동번역성경을 내놓기까지 했다. 천주교에 대한 교리적 문제점을 간략하게 기술코자 한다.

A. 천주교는 다른 신을 믿고 있다.

우리 기독교는 '하나님'을 믿고 있지만 천주교는 '하느님'을 믿고 있다. 국어사전에 의하면 하나님과 하느님은 엄연히 다르며, '하나님'은 우리가 믿는 유일신이신 "여호와 하나님"을 의미하고, '하느님'은 "하늘(天主)님"에서 "늘"의 ㄹ 탈락한 형태로서 범신론적인 신을 의미하기 때문이다.

"하나님 : 기독교에서 신봉하는 유일신. 전지전능하고, 우주만물을 창조, 섭리, 지배하는 유일 절대의 주재자. 의와 사랑이 충만한 인격적 존재로 무소부재하며 삼위일체의 제1위임. 하느님 : (← 하늘님) 종교적 신앙의 대상. 인간을 초월한 절대자로서 우주를 창조하고 주재하며 불가사의한 능력으로서 선악을 판단하고 화복을 내린다고 하는 범신론적인 신"

우리나라에는 기독교가 들어오기 전에도 하느님을 믿고 있었다.

그리고 천주교는 마리아를 여신(女神)으로 숭배하고 있다.

마리아 신격화를 위해 다섯 가지 교리와 세 가지 교리가 있는데 첫째는 마리아는 평생 처녀이었다(마리아 종신 처녀설). 둘째는 마리아는 하나님의 어머니이다.(마리아 모성). 셋째는 마리아는 원죄에 물들지 않고 태어났다(마리아 무죄 잉태설). 넷째는 마리아는 죄없는 삶을 살았다(마리아 평생 무죄설). 다섯째는 마리아는 죽은 후 부활 승천하였다(마리아 부활 승천설).(이상 볼프강 비이너르트, 마리아-오늘을 위한 마리아론 입문, 심상태 역. 총판, 성바오로출판사, 1983. p107)

천주교가 마리아를 신으로 숭배하는 교리들은 이 외에도 첫째, 마리아는 은총의 중재자이다. 둘째, 마리아는 기도의 중보자이다. 셋째, 마리아는 구원의 어머니이다. 등이다. 천주교의 주장을 인용하면 다음과 같다.

"이렇듯 우리를 위하시는 어머님(마리아)께 완전한 봉헌을 올리기 위해서 (가)우리의 몸을 바쳐야 되고, (나)우리의 영혼을 그 외의 모든 능력, 즉 지혜, 자유 의지 등을 바쳐야 되며, (다)세속의 모든 사물을 바치고, (라)우리의 내적 및 영적인 재물 즉 과거, 현재, 미래에 있어서의 모든 공로, 덕행, 선행 등을 바쳐야 한다. 다시 말하면 우리의 모든 것을 마리아에게 바쳐 자신을 완전히 없이 하여야 한다"(가톨릭출판사 편, op. cit, p296).

이 같은 주장은 단순히 공경차원이 아니라 숭배하고 있는 것을 알 수 있다.

B. 성경의 권위를 부인한다.

천주교는 같은 성경을 쓰면서도 성경 66권 이외에도 "가경"과 "유전(전승, 성전)"을 믿으며, 성경의 절대 필요성을 부인하고 있다. 천주교는 주장하기를 "천주교회는 시간적으로나 논리적으로 성경보다 앞서고 있으며, 천주교가 없이는 성경이 존재하지 않지만, 성경이 없이도 천주교는 여전히 존재한다"고 주장한다.(루이스 뻘콥, 조직신학(서론), 고영

민 역.(서울:기독교문사, 1980)

다시 말하면 우리 기독교에서는 성경은 하나님의 영감 된 절대적 말씀으로 믿지만 천주교는 "천주교가 성경을 하나님 말씀으로 결정했기 때문에 하나님 말씀이라"고 주장한다. 다시 역으로 말한다면 지금이라도 천주교가 "성경은 하나님 말씀이 아니다"라고 결정한다면 성경이 하나님의 말씀이 아니라는 결론이다. 이는 천주교가 성경보다 더 높은 권위를 가지고 있다는 주장이다.

기독교는 39권의 구약 성경을 가진 반면, 천주교는 46권의 구약 성경을 가지고 있다. 천주교는 7개의 가경을 성경에 포함시켜 가지고 있는데 곧 「도비아서, 유딧서, 마카비상하, 지서, 집회서, 바룩서」등이다.(중요교리, 전례용어해설, 가톨릭출판사, 1979).

"가경"이란 "아포크루파"로써, "감추어져 있다"는 뜻이며, 이 말을 처음 사용한 사람은 신학자 「오리겐」이었다. 당시에는 이 말이 "위경(가짜 성경)"과 동일시되었었다. 가경이 천주교의 성경에 들어오게 된 경위는 1546년에 "트랜트 회의"에서 정경속에 가경을 포함시켰는데 그 이유는 죽은 자를 위한 기도와 천사들의 중보와 연옥설과 공덕축적설 등의 교리를 성경에서는 찾을 길이 없으나, 가경에서는 이런 그릇된 교리를 얼마든지 정당화 할 수 있었기 때문이었다.

결론적으로 말하면 천주교는 성경의 권위를 부인하고, 성경 외에 가경과 구전을 믿으며 성경보다는 구전을 앞세우고 있고 모든 성경이 그 사본까지 몽땅 없어져도 좋다는 성경무용론을 주장하는 천주교가 과연 정통교회인지 말하지 않을 수 없다.

C. 예수 그리스도의 구속을 부인한다.

천주교는 주장하기를 우리 모든 그리스도인들은 예수께서 십자가에 못 박혀서 우리의 모든 죄악을 대신하여 피를 흘려 죽으심으로 완전하신 구속을 이루었기 때문에 다시는 제사를 지낼 필요가 없다고 믿고 있다.

즉 예수 그리스도의 십자가의 제사는 완전하고도 영원한 제사로 구속을 완성하셨다는 말이다. 그러나 천주교에서는 "미사" 의식을 통해 예수 그리스도의 갈보리의 십자가 제사를 재연하고 있다. 이것은 곧 예수 그리스도의 십자가의 구속을 부인하고 있는 것이다.

"미사"란 기독교의 예배와 같지 않으며 천주교의 미사는 성찬의 요소인 떡과 포도주를 사제가 봉헌기도를 통하여 예수 그리스도의 살과 피로 변화시켜서 신부가 그 예수 그리스도를 하나님께 제물로 바치는 의식인데 이것은 바로 십자가에서 예수 그리스도께서 드린 제 사의 재연이라는 것이다.

그래서 이 미사의 제사는 예수 그리스도의 십자가 제사와 똑같이 흠숭(예배)와 감사, 보속(죄의 대가를 치름)과 구원으로 무한한 효과를 낸다고 주장하고 있다. 이 미사는 성찬식의 떡과 포도주가 실제로 예수의 살과 피로 변화된다는 "화체설"과 이 미사는 예수 그리스도를 희생제물로 하나님께 바친다는 "희생제사설"의 두 가지로 나누어 생각할 수 있다.

D. 인간을 신격화 한다.

천주교는 교황을 신격화하여 숭배하는데 대체로 다음 세 가지 생각을 갖고 있다. 첫째는 교황은 그리스도의 대리자로써 교회의 최고 통치자이다. 둘째는 교황무오설(교황은 오류가 없다). 셋째는 교황의 면제권(사죄권과 비슷하지만 죄에 대한 형벌까지 면제해 줄 수 있는 권리)이다.

"교황(Pope, Papa)"이란 말의 뜻은 아버지란 뜻이다. 따라서 천주교는 성례의식 외에는 하나님의 은혜나 구원을 받을 길이 없으며, 이 성례식은 신부에 의해서만 거행되기 때문에 결국 사죄(죄의 용서)와 그 외의 모든 은총이 오직 신부들의 중보를 통해서만 얻어지게 된다. 따라서 신부들을 떠나서는 구원을 얻을 수 없으며 이는 곧 천주교 밖에서는 구원이 있을 수 없다는 주장이다.

E. 믿음으로 구원 얻는 것을 부인한다.

천주교는 행위(선행)를 의지한다는 점이요, 기독교는 믿음에 의존한다는 부분에서 차이가 있다. 즉 천주교는 자기들의 공로에 의존하고 기독교는 주님의 은혜에 의존하여 구원 얻는다는 점이 다르다.

천주교는 칭의(의롭다고 인정함)에 대하여 '주입된 초자연적인 힘으로 사람을 의롭게 만드는 것'으로 이해하고 있다. 또한 믿음만으로도 의롭다함을 받고 구원받는 것이 가능하다고 말하는 자는 저주를 받아야 된다고 주장한다.

또한 천주교는 구원이 세례(성세성사, 혹은 영세)를 통하여 이뤄지고 (즉 생명은총을 받는다) 하나님의 자녀로서 인침을 받는다(인호를 받는다)고 주장하지만 구원과 세례와는 상관이 없다. 천주교의 구원관을 간단히 요약하면 다음과 같다.

첫째, 믿음만으로는 구원받을 수 없다.
둘째, 구원은 세례(영세)를 통해서 온다.
셋째, 구원받았는지는 죽어봐야 안다.
넷째, 믿지 않는 사람도 구원받는다.

F. 천주교는 연옥설을 주장한다.

연옥이란 천국과 지옥 사이에 연옥이라는 데가 있는데, 곧 사람이 죽은 다음에 죄의 그림자도 없는 깨끗한 영혼은 천국으로 가고, 대죄(큰죄) 중에서 하나님과 영영 등을 진 사람들은 지옥으로 간다. 그런데 그 소죄(작은죄)나 불완전을 가지고 있거나 죄에 대한 적당한 보속을 완료하지 않은 영혼들은 연옥에서 그 나머지를 보속해야 한다고 주장한다. 천주교의 연옥주장은 주로 유전(구전)에서 연옥설의 근거를 찾고 있고 이외에 외경 마카비하 등을 근거로 제시하고 있다. 연옥설은 성경적근거가 없으며 동방과 희랍사상에서 영향을 받은 것으로 처음 오리겐의 영향을 받은 최초 교황인 그레고리 1세가 연옥설을 창시하였다. 그는 "낙원"이라는 말 대신에 "연옥"이란 말로 고쳐 썼다.

G. 천주교는 우상숭배와 미신을 믿는다.

하나님께서는 우상숭배를 가장 미워하신다. 그런데 천주교는 마리아상을 비롯한 많은 성상(화상, 성인들의 우상)을 비롯해서 유골 숭배, 성체 숭배 등 많은 우상숭배 요소를 가지고 있다. 천주교는 십계명 제1, 2계명에 대하여 다음과 같이 반박한다.

"이 성경 내용은 하나님 외에 다른 어떤 물건을 또는 잡신을 하나님처럼 만들어 공경하지 말라는 말입니다. 하나님의 모상을 만들지 못한다는 말이 아닙니다. 성경을 똑바로 봅시다"(천주교와 개신교-하나인 교회. 7판. 가톨릭출판사, 1983). 천주교는 많은 우상숭배를 하고 있다.

• 성상 숭배
소위 "성인"이나 교황의 형상을 만들어 놓고 그 앞에서 절하거나 기도한다.

• 유골 숭배
성인이라고 칭하는 유골(해골, 성해라고 지칭)과 유품 숭배를 한다.

• 성체 숭배
성체 숭배란 미사 지낼때의 떡이 그리스도로 화한다고 믿고, 그 떡에게 절을 하고 복을 달라고 빈다.(성체조배와 성체 강복)

• 천사 숭배
성인 숭배의 일부로써 천사에게 기도하는 등의 숭배이다.

• 십자고상 숭배
"십자고상"이란 예수께서 십자가에 달리신 모양을 만든 것이며 천주교 가정이나 성당, 혹은 경영하는 사업장에서 쉽게 볼 수 있다.

• 성화 숭배
예수님의 일생이나 유명한 신자들의 성화를 숭배한다. 감상과 숭배는 다르다. 천주교는 이외에도 미신적인 의식들이 많다.

• 십자 성호
"십자 성호"란 천주교인들이 기도할 때 흔히 볼수 있는데 손으로 십자가를 긋는 것을 말한다. 저들은 손으로 열십자를 그으면 하나님의 축복을 받고 영육에 대한 위험으로부터 보호될 수 있으며, 그것은 사탄이 두려워한다고 믿는다.

• 성수
"성수"란 보통의 물에다 소금을 넣어서 신부가 특별히 축복한 물인데 천주교의 의식에 사용하고 있다. 이 성수를 뿌리면 질병과 악령들을 추방하는 효과가 있다고 믿는다.

• 묵주 기도
묵주는 불교의 염주와 같은 것으로 15개의 묶음으로 된 사슬로서 이것을 세면서 기도하는 것을 묵주 기도라고 한다. 이 묵주 기도에는 교회와 사회와 개인 영혼을 위협하는 악을 물리치는 힘이 있다고 주장한다.

• 죽은자를 위한 기도
그들은 죽은 자 뿐만 아니라 죽은 조상에게도 제사하는 것을 허락한다.
• 성로 신공과 성월 기도
성로 신공이란 예수님의 수난 중 빌라도의 관저로부터 갈보리십자가까지의 거리를 걸으면서 그리스도의 수난을 묵상하는 것으로서, 대부분의 천주교인들이 그곳에 갈 수 없으므로 성당 좌우벽에 수난 사실 중 중요한 것 14가지의 모습을 만들어 놓고 그 앞을 지나면서 기도하는 것을 의미한다.
참고로 지난 2006년 4월 6일자 조선일보 기사를 인용하였다.

'성당 가시는 부처님' '19일 명동성당서 불교의식 재현'
부처님 오신날(5월 5일)을 앞두고 한국 천주교의 상징인 서울 명동성당에서 불교의식이 재현된다. 평화방송은 19일 오후 7시 명동성당 구내 꼬스트홀(문화관)에서 불교 태고종 봉원사 영산재보존회를 초청, '최호영 신부와 함께 하는 교회음악 콘서트, 프로그램을 녹화한다.
영산재보존회는 이날 석가모니가 대중에게 법화경을 설법하는 모습을 재현한 영산재(중요무형문화재 50호)를 선보일 예정이다. 공연 후에는 불교와 가톨릭 문화의 유사점과 차이점도 설명해 두 종교 간의 화합을 다질 계획이다. (김한수기자)

예배당에서 불교의식을 거행하는 가톨릭 교회를 정통교회로 인정할 수 있는가? 만약 개신교 교회중에서 이런 일이 벌어진다면 당장 이단으로 정죄될 것이다. 그런데 왜 유독 가톨릭 교회만은 이단으로 규정하지 않고 정통교회로 인정하고 있는가. 한국교회가 이단이나 사이비로 규정한(본서 이단시비 대상자들 지칭) 대상(교회)들과 가톨릭 교회와의 교리를 비교해 보라. 필자가 판단하기에는 이들 대상자들보다 가톨릭 교회가 수십 배 이상 이단적, 이교적 신학사상과 교리를 갖고 있다고 확신한다. 그런데도 한국교회가 가톨릭 교회에 대해서는 매우 관대하면서도 이들 이단시비 대상자들에 대하여는 무서운 대이단이라고 매도하고 있다. 본서를 읽는 독자들은 이 점을 신중하게 고민하고 판단해 보아야 할 것이다.

이상과 같이 천주교가 기독교와 다른 핵심적인 부분만 기술해 보았다. 천주교는 우리 기독교와 근본 교리가 전혀 다른데 즉 성경관, 신론, 기독론, 인간론, 구원론, 교회론, 종말론 중에서 기독교와 일치하는 것은 단 하나도 발견할 수 없다.

필자는 2005년 가톨릭 교황이 사망했을 때, 한국기독교교회협의회와 함께 애도를 표한 기총연(한국기독교총연합회) 등에 가톨릭교회가 정통교회인지 아니면 이단교회인지를 밝혀달라는 공개질의서를 신문에 공개 질의했으나 아직까지 답변을 못하는 것인지, 아니면 안하는 것인지 그 이유를 밝히지 않고 있다. 기총연이나 예장합동, 통합등에서 이단으로 규정한 일부 대상자들 중에서 가톨릭교회가 가지고 있는 교리보다 더 비성경적인 교리를 가지고 있는 대상자들이 있다면 밝혀주기를 필자는 공개적으로 요구한다.

상기와 같은 천주교의 주장과 교리가 과연 성경적인 것인지는 이 책을 읽는 독자들이 쉽게 판단하리라 믿어 의심치 않는다. 대형화되었다고, 아니 오랜 전통과 역사가 있다고 해서 정통교회로 인정받는 것은 아니다. 이단 교리를 설파하면 이단인 것이다. 이러함에도 불구하고 기총연이나 대형 교단들, 그리고 소위 종교연구가들이 천주교에 대한 비판은 전혀 하지 않으며 오히려 정통교회로 인정하고 성경을 공동번역까지 했다. 이것이 바로 대형 교단들의 이중 잣대 실상이며, 힘없는 자에 대한 교권의 횡포이기도 하다.

19. 기타 소규모 이단들(국내외)

크리스챤사이언스(기성,고신,합동,한이협/2006/이단), 다위파(데이비스 코레쉬,예수주장), 섹스교(모세 데이빗), 복원예수그리스도의교회(필립,앰,케스웰), 강림휴거교회(김재규,시한부 종말론), 광주삼성제단(이현석,전도관 일파), 대방주교회(오덕임,종말론,불건전 신비주의), 마라나타선교교회(안병오,박용태,시한부 종말론), 생령교회(진진화,통일교 아류), 종말복음연구회(공용복,시한부 종말론),휴건선교회(김여명(만덕),시한부 종말론),기독교청수교회(예언자,김백문), 재림예수교회(최종일) 등

제8부 부 록

한국기독교 100년사에 나타난 이단 사이비 논쟁

이 글은 2007년 5월 7일 한국기독언론협회가 한국교회100주년기념관에서 가진 제3회 기독언론포럼 주제인 "한국 기독교 100년사에 나타난 이단 사이비 논쟁"중 일부 발제자의 글을 게재합니다.-편집자주-

(한국기독교 이단운동의 역사와 그 영향)

주재용박사(전 한신대 총장)

1. 들어가는 말

 기독교 이단 문제는 건전한 기독교 신앙과 교리를 방어하고 유지하며, 교인들이 불건전한 신앙에 현혹되지 않고 건전한 신앙생활을 통하여 건전한 삶을 살도록 하기 위해서 항상 제기 되어 왔었다. 그래서 이단 문제는 한국기독교 역사에서 뿐 아니라 전체 기독교 역사의 초기부터 논란되어 왔었다.
 20세기 이후 한국기독교 역사에서 이단 문제는 점점 심각한 현실의 문제가 되어 왔다. 그리하여 이단에 대한 연구가 활발하게 진행되어 왔고 지금도 진행되고 있다. 특히 이단에 대한 전문적인 탐구 및 연구자가 있을 정도다.1) 『크리스챤 신문』도 창간 44주년(2004년)에 "오늘의 한국교회 무엇이 문제인가?-정통과 이단"이라는 기념 학술 세미나를 개최한 바가 있었다. 그러나 지금도 이단종파는 끊임없이 그 운동을 계속하고 있고, 이 때문에 한국교회가 사회로부터 비판을 받고 있기도 하다.
 종교가 있는 한 이단 종파운동은 계속되겠지만, 그렇기 때문에 우리는 더욱 이단 문제에 대해서 심각하게 논의를 하면서 건전한 종교, 인간 삶에 빛과 소금의 역할을 다하는 종교운동을 지향해야 할 것이다.
 한국 기독교 역사에서 이단 운동은 매우 다양하고 그 수가 많다.2) 그렇기 때문에 오늘의 포럼에서는 모든 이단운동을 다 취급할 수 없고 가장 대표적인 세칭 통일교와 전도관을 중심으로 하고 이단종파의 영향부분에서 다른 이단운동도 언급하기로 한다.

2. 정통과 이단
2-1. 그 구별

결론부터 말해서 '정통'과 '이단'의 구별 또는 식별은 결코 단순하지가 않기 때문에 그 판단구별은 매우 신중해야 한다. 특히 문화와 종교의 다원화 시대인 현대 사회에서 기독교 신앙도 다양한 형태로 나타나는 것이 당연하고 바람직하다면, '정통'과 '이단'을 단순논법으로 구별한다는 것은 매우 어렵다. 때로는 자기 교파의 교리를 정통이라고 하고 타 교파의 주장을 이단으로 판단하는 경우고 있고, 때로는 정통과 이단이 문화적 차이와 교권적 싸움의 결과일 수도 있기 때문이다.

우리가 성서를 정통신앙의 척도로 말하지만, 동방교회와 로마 가톨릭 교회는 66권의 정경이외에 외경도 같은 권위를 인정하고 있고, 성서해석에 있어서도 모든 교회가 일치하는 것도 아니다. 신앙고백의 모델인 '사도신경'을 정통과 이단의 판단 척도로 삼는다고 할 때, 개신교와 로마 가톨릭교회는 '사도신경'을 신앙고백의 모델로 사용하지만, 동방 정교회는 '니케야신조'를 신앙고백으로 사용하고 있다. 지금은 각 교단이 각기 신앙고백을 가지고 있다.

그 뿐만이 아니라 한 때 '이단'으로 정죄 받은 개인 또는 신앙집단이 후에 '정통'으로 판단되기도 한다. 중세기 왈도파, 카타리파, 보헤미아의 종교개혁자 존 후스, 루터 등은 모두 로마 가톨릭으로부터 '이단'으로 정죄되었었다. 한국 기독교 역사에서도 예장은 기장(基長)을 한 때 '이단'으로 정죄한 일이 있었다.3)

그렇다면 기독교 '정통'(Orthodoxy)은 무엇인가? 만일 '정통'에 반대되는 것을 '이단'이라고 한다면, '이단' 규명을 위해서도 '정통' 규명이 우선되어야 한다. '정통' 없이 '이단'도 있을 수 없기 때문이다.

2-2. 정통과 이단의 정의

'정통'이라는 말은 헬라어 '오르도스'(옳음)와 '독사'(의견)의 합성어로서 '옳은 의견'을 주장하거나 고백하는 것을 의미한다. 즉 '정통' 은 옳게 생각하는 인간, 종파, 사상학파를 지칭한다. 신학적 술어로서 '정통'은 신앙개조를 표시하는 말이다. 따라서 '정통' 신앙을 믿는다는 것은 어떤 신앙개조를 신봉하고 거기에 기록된 신앙내용에서 이탈하지 않는다는 것을 의미한다. 이것을 교회사적으로 표현한다면, '정통'은 초대교부들에 의해서 사도전승으로 받아드려지고, 고대 공교회(the Old Catholic Church)가 성서의 말씀에 근거하여 고대교회의 에큐메니칼 회의(특히 325년 니케야회의부터 451년 칼케돈 회의까지)를 통해서 공식적으로 교리로 선포한 것이며, 초대 교부들에 의해서 전승된 것이라고 할 수 있다. 이것은 동서방교회를 비롯하여 지금의 모든 교회가 분열되기 전의 교회 교리다.

이 '정통'에 반대되는 것이 '이단'이 되는데, '이단'이라는 말의 헬라어 '하이레시스'(hairesis)는 본래 '학파', '종파', '당파'를 의미하는 말이었다. 70인역(LXX)은 이 말을 선악간의 선택에 관련되어 사용되고 있다(창.49:5; 레.22:18; 느.12:40). 사도 바울은 사도행전 24:5, 14를 제외하고는 요세푸스의 작품에서와 같이 비난의 뜻을 내포하지 않고 '한 파당', '분파'를 의미하는 것으로 이 말을 사용하고 있다. 그러나 대부분의 신약성서에서 이 용어는 '분파주의'를 뜻하고 비난적인 의미에서 사용되고 있다(고전.11:19; 갈.5:20; 벧후.2:1; 딛.3:10; 고전.1:10; 11:18; 12:25; 롬.16:17 등 참조).4)

그러나 '이단'은 분파주의(schism), 배교(apostasy), 이설(異說, heterodoxy), 이교(paganism)와는 엄격한 의미에서 구별되어야 한다.5)

초대교회에서 '이단'이 거론되기 시작한 것은 교회가 성립된 이후부터다. 교부들 중에서는 이그나티우스의 작품에 최초로 언급이 되고 있는데, 그는 '이단'을 교회 일치를 해치는 것으로 보았다.6) 순교자 저스틴은 "신의 존재를 부인하는 자"를 '이단'이라고 했으며,7) 오리겐, 이레니우스, 터툴리안 등은 그리스도의 이름을 더럽히거나 전통적인 교회의 교훈을 왜곡하는 교의를 '이단'이라고 했다.8) 초대교회는 분파주의자, 배교자, 이설을 주장하는 자 등으로 내외적으로 혼란을 겪고 교회의 일치와 그 정체성에 위협을 느끼게 되자 기독교 신앙의 특성을 형성하고 그것을 보존하기 위해서 긴 투쟁을 하게 되면서 기독교 교의를 점차 강조하게 되었고, 이에 반대되는 것에 강한 거부감을 갖게 되면서 '이단' 문제가 교회의 심각한 문제로 대두되게 되었다.

특히 한국기독교의 '이단 종파'의 일반적인 공통점은 (1) 비성서적이고 비신학적이며, (2) 비 윤리 도덕적이고 반 사회적이며, 그리고 (3) 현실도피주의적(종말사상 강조)이라고 할 것이다.9)

3. 한국기독교 역사에서의 '이단' 운동
3-1. 이단 발생의 원인

이단발생의 배경 또는 원인으로 사회적 원인, 교회내적 원인, 한국인의 종교심의 원인 등에서 찾아 볼 수 있을 것이다. 즉 사회적 원인으로 정치적 사회적 경제적 불안과 혼란, 그리고 파탄, 가치관의 붕괴, 민중의 무지 등을 들 수 있을 것이고, 교회내적 원인으로는 기성교회의 무기력, 분열, 부패, 신학의 빈곤, 그리고 형식적 또는 영적 독단성과 폐쇄성을 그 원인으로 들 수 있을 것이며, 한국인의 종교심으로는 도피, 혼합 기복적 심성, 신비주의적 심성 등을 말할 수 있을 것이다.10) 최영우는 한국 기독교 이단의 발생 배경으로 기독교가 한국 전통적인 종교, 또는 전통적인 무교를 근거로 한 무속신앙과 병합한 결과라고 진단한다.11) 안병무도 "한국의 기독교가 성서의 묵시문학을 잘못 해석하여 샤머니즘화되어가고 있다"고 하였다.12) 성서의 묵시문학은 박해시대의 산물이기 때문에 상징적 서술방법을 사용하고, 종말론적 사건의 예언이 많기 때문에 해석하기가 가장 어려운 문학인데, 한국의 이단성 종파들은 묵시문학의 역사적 배경을 무시하고 탈 역사적인 알레고리칼 해석을 한다.

요약하면, 한국기독교 역사에서 이단적 종파의 발생은 사회가 불안하여 이 세상보다 타계지향적인 경향이 지배적이고, 어떤 초월적인 힘에 의지하고 싶은 심정이 강하게 나타나는데, 기성교회는 교권적이고 제도적이어서 성령의 영적 능력이 쇠진하였으며, 종말론적 신앙의 긴장감이 없어지면서 형식적인 예배의식에서 아무런 영적 위안을 얻을 수 없어 교인들과 일반인들의 여망이나 욕구를 충족시켜주지 못하거나 오히려 실망과 거부감의 대상이 되었을 때라고 할 것이다. 그래서 한국의 이단 종파들은 대부분 일제말기, 8.15 해방의 혼란기, 6.25 한국전쟁의 상황에서 성행하였다.

3-2. 한국기독교 이단의 특징

지원용은 한국기독교 이단종파의 교리적 특성을 세 가지로 구별한다. 즉 혼합주의, 주관주의 또는 독단주의, 그리고 도피주의적 역사의 종말사상이다.13) 김득렬은 한국기독교의 이단성 종파의 공통적인 교리의 특징을 다음 여섯 가지로 열거한다. (1) 역사의 종말이 임박했다는 종말사상, (2) 기성교회의 타락 비판, (3) 새 메시야시대의 중심은 한국, (4) 자기 종파에만 구원이 있다는 독단주의, (5) 영적 특수 체험 강조, (6) 성서의 문자적 해석 등이다.14) 이단 연구가인 탁명환은 한국기독교 이단의 일곱 가지 특성을 말한다. 김득렬의 분석과 중복되는 점도 있다. (1) 세계의 종말이 눈 앞에 다가왔다는 것을 강조하여 절박한 위기의식의를 고조시킴, (2) 하나님과 직접적인 계시강조, (3) 교주의 신격화, (4) 자기 종파에만 구원이 있다는 독단주의, (5) 지상 천국 건설, (6) 외부와의 단절하는 폐쇄성, (7) 비윤리적 비도덕적 행동 등이다.15) 김진은 한국기독교 이단의 종교현상으로 (1) 주물주의(呪物主義)의 회생(回生, (2) 성(聖)스러움의 왜곡, (3) 영의 미혹(迷惑)을 든다.16)

한가지 흥미있는 것은 한국기독교 이단종파의 창시자들은 평안도를 비롯하여 북한 출신들이 대부분이라는 점과 1920년 전후의 인물들이라는 점이다.

(이단 사이비 논쟁에서의 문제점)

강춘오목사(한국복음단체총연합 이단사이비대책위원장)

중세의 종교재판소와 한국교회의 이단대책위원회

중세교회의 저 비인간적 범죄행위인 이단 심문과 재판 과정의 악랄한 고문의 결과가 종교개혁과 계몽주의를 낳았다는 것은 누구나 인정한다. 그러나 오늘날에도 로마 가톨릭교회 내에는 버젓이 중세에 만들어진 로마 종교재판소가 그 이름을 바꿔가며 존재하고 있다.

그것이 검사(檢邪)성성, 또는 신앙교리성이라고 불리우는 기구이다. 이 종교재판소는 근본적으로 여전히 다음과 같은 저 중세적 원칙들을 따라 작동하고 있다.

1. 증인이나 전문가에 대한 반대신문은 행해지지 않는다. 2. 기록열람이 허용되지 않아서 앞선 심리에 관한 정보 취득이 불가능하다. 3. 고발인과 재판관이 동일인이다. 4. 다른 독립 법정에의 항소는 불가능하거나 헛일이다. 5. 재판의 목적은 진실을 찾아내는데 있는 것이 아니라, 그 진실을 진리와 동일시 되는 로마교회의 교리에 굴복시키는 것이다.

중세의 종교재판이 도대체 성경이 말하고 있는 나사렛 예수의 가르침이나 그 행동과 무슨 관계가 있는가? 그 대답은 '전혀 없다'이다. 그러한 종교재판은 하나님의 사랑과 복음적 진리는 말할 것도 없고, 인권과 명예를 중시하는 오늘날의 보편적 법 감정조차도 조롱하고 모독하고 있다. 전혀 사실과 다른 주장일지라도 종교 교리적 보호란 미명하에 허용되고 있기 때문이다. 혹자는 말할 것이다. 그것은 중세에 있었던 일이고 오늘날에는 로마 가톨릭교회나 신교 안에 어디에서도 중세교회의 그것과 같은 이단재판소도 없고, 고문이나 화형따위는 결코 없다고 말이다.

그러나 오늘날 한국교회 안에도 중세교회 이단재판소의 패러다임이 그대로 적용되고 있다는 사실을 안다면 누구나 긴장하지 않을 수 없을 것이다. 다만 고문과 화형 그리고 권력을 통한 강제성만 없을뿐, 오늘날 일부 교단이나 기관의 이단 사이비대책위원회 역시 특정인을 이단으로 규정하면서도 본인의 의견진술조차 일체 허용되지 않으며, 증인이나 전문가에 대한 반대심문은 말할 것도 없고, 왜 이단으로 규정했는지에 대한 기록열람 조차도 허용되지 않는다. 다만 근거도 없고 멋대로 해석된 '연구보고서' 란 이름의 총회보고서 한 장이 전부이다.

게다가 고발인과 총회 이단대책위원회(이대위) 심판관이 동일인인 경우도 많다. 소위 이단 연구가 혹은 이단 연구가가 어느날 자신과 좀 다른 표현을 하는 인물이나 집단에 대해 부정적 관심을 갖기 시작하면, 곧바로 책상 앞에서 한편의 네게티브 아티클을 만들게 된다. 이 아티클을 자신이 발행하는 매체에 올린다. 그리고는 이 글이 어디에 발표되었다면서, 자신이 이단대책위원으로 있는 자파 노회에 정식으로 아무개가 이단인 것 같으니 '조사해 달라'는 청원을 한다. 그러면 그 노회의 이대위는 그의 청원대로 노회 회의를 통과시켜 자파 총회 이대위로 보낸다. 그런데 놀랍게도 그 총회 이대위에도 바로 그 글을 쓴 장본인이 그 자리에 앉아 있다. 총회 이대위의 조사위원이나 연구위원의 활동은 사실상 형식적인 것이고, 그 특정인 이단 연구가 혼자 생각을 그대로 총회까지 통과시켜 "총회에서 아무개를 이단으로 결정했다"고 발표한다. 그러면 그때부턴 책상 앞에서 글을 쓴 그 이단 감별사는 쏙 빠져버리고 '아무개 총회가 이단으로 결의했다'고 하여 전국교회가 그를 이단으로 인정하게 된다. 자신이 고발하고 자신이 연구하고 자신이 심판하고 있다는 말이다. 이후부터는 아무도 책임지는 사람이 없이 그 '아무개'는 이단으로 낙인 찍히고 마는 것이다.

영향력 있는 한 교단에서 이단으로 정좌되면 그때는 너도나도 달려들어 이단으로 매도해 버린다. 왜 이단이냐고 물으면 '아무개 교단이 이단으로 결의했기 때문에 이단이다'는 대답이 전부이다.

그때부터는 그 '아무개 이단'이 속한 교회와 교인 전부가 이단이 된다. 졸지에 동료관계가 단절되는 것은 말할 것도 없고, 교인들의 직장생활과 혼인관계에까지 결정적 영향을 미친다.

그리고 억울해도 호소할 법정이 어디에도 없다는 것이 중세 이단재판소의 경우와 똑같다. 총회의 결의는 최종적인 것이고, 또 종교단체의 결의는 그 부당성을 호소해도 세속법정에서 조차 종교 교리적 문제는 사법대상이 되지 않는다며 모두 기각되고 있기 때문이다. 심지어 이단 연구가의 주장이 증거도 없고 사실이 아님이 밝혀졌다 하더라도 재판부는 교리다툼에는 세속 법정이 개입하지 않는다는 원칙을 내세워 처벌하지 않는다.

한 예로 근래에 한 신학대학 교수가 채플시간에 1200여명의 학생들을 상대로 설교를 하면서 "평강제일교회 박윤식은 이단 중에 이단입니다. 그는 피가름을 실천에 옮겨야 한다고 가르치는 사람, 그것도 비밀리에 가르치고 있습니다"라고 하여 명예훼손으로 고소를 당했다. 1심 재판부에서는 "공연히 허위사실을 적시하여 박목사의 명예를 훼손하였다"고 하여 벌금형을 언도했으나, 항소심에서는 이같은 내용의 설교를 한 사실은 인정되나, 당시 피고인에게 허위사실이라는 인식이 없었고,

그 설교의 내용은 종교적 면에서 본 교리비판의 표현으로서, 종교의 자유라는 헌법의 기본권에 비추어 위법상을 인정할 수 없다"고 판시했다.

그 교수는 평강제일교회 박윤식목사가 피가름을 가르치고 실천에 옮기고 있다는 어떠한 증거도 제시하지 못했다. 그러나 2심 재판부는 종교의 자유와 교리비판이란 이름으로 '무죄'라는 것이다. 거짓말을 꾸며서 이단이라고 비난해도 교리비판은 종교자유에 해당된다는 것이다. 이런 어처구니 없는 재판이 오늘날 한국 사법부가 이단 논쟁을 보는 시각이다.

유아세례를 반대해도 이단

한국교회는 이단의 판단기준을 사도신경의 고백 여부에 두는 이단 연구가도 있다. 사도신경을 고백하지 않으면 이단이라는 것이다. 프로테스탄트 교회 가운데 환원주의 교회는 사도신경을 고백하지 않는다. 세계 신교의 4분의 1이 환원주의인데, 그들이 모두 이단인가? '유아세례를 반대' 해도 이단이 되고, 다른 교회 교인들을 받아들여도 사이비 이단이 되며, 심지어 한번 회개하고 예수 그리스도를 영접함으로써 구원을 받는다고 주장했다 하여 이단이 된 경우도 있다. 세계 신교의 약 절반은 유아세례를 반대한다.

그리고 더 허망한 경우도 있다. 그 사람이 이단적 발언을 하지 않았다 하더라도 이단성이 있다고 지목된 인물과 어떤 연관 관계가 밝혀지면 그 역시 '이단'이나 '이단옹호세력'이 된다. 예를 들면, 같은 교단에 속했거나, 친인척 관계가 있거나, 사제지간이거나, 또는 간혹 만나 차라도 한 잔 나누는 사이도 이에 해당한다. 연좌제도 이토록 가혹한 연좌제는 없을 것이다.

이단 또는 이단옹호세력은 정통과 다른 사상을 가졌거나, 그런 사상을 지지 찬동하는 세력을 일컫는 것이다. 그런데 단순히 이단성이 있다는 비판을 받는 인물과 친분관계가 있다고 이단옹호자가 되고, 언론인이 객관적 정보를 얻기 위해 인터뷰를 한 것까지도 이단옹호라고 하며, 심지어 특정매체가 그들의 광고를 싣는 것만으로도 이단옹호라는 딱지를 붙인다.

패러다임을 바꾸어라

오늘날 세계 기독교는 신교 가운데 최대 교단인 침례교가 한국에서 일어났다면 분명히 이단이 되었을 것이다. 그들은 유아세례를 반대하고, 세례는 잘못된 것이고 침례를 받아야 한다고 주장하기 때문이다.

오늘날 세계교회 가운데 자선과 절제의 상징인 구세군이 한국에서 일어났다면 그들도 두말할 필요없이 이단이 되었을 것이다. 그들은 목사제도, 교회제도도 없을뿐 아니라, 심지어 세례까지도 병사입대식으로 대신하기 때문이다.

미국의 그리스도의교회와 형제교회는 어떠한가? 그리스도의 교회는 목사제도를 부정하고 전도자라 부르며, 또 어떤 파는 악기를 사용하는 것 조차도 부정한다. 그리고 형제교회는 지금도 성도들을 향해 모두 '형제님' '자매님'이라고 부른다. 성경 어디에 상대의 호칭으로 형제님 자매님이라고 부른 데가 있는가?

모르긴 하지만 불과 1세기만에 전세계 신교의 4분의 1을 점유해버린 현대 오순절운동(순복음)이 미국이 아니라, 한국에서 일어났다면 이 또한 이단으로 몰매를 맞고 교계 주변의 소수 종파로 주저앉고 말았을 것이다. 그들은 직통 계시를 말하고 예언을 말하기 때문이다. 이런 구체적인 예를 들자면 끝이 없을 것이다.

기독교는 우주를 관통하는 진리를 포용하고 있어 다이나믹하다. 그만큼 다양성의 종교이다. 하나님의 말씀인 성경과 예수 그리스도의 십자가의 죽으심과 부활 그리고 삼위일체 교리를 고백하고 있다면 이는 기독교이다. 그들은 모두 하나님의 아들 예수 그리스도의 피로 값주고 산 우리의 형제요 자매로 봐도 된다.

오늘날 한국교회가 경직되고 신학이 보수주의화 되고 도그마화 되어 근본주의를 넘어서지 못하고 있는 이유는 바로 다양한 신앙운동을 '이단시' 하고, 끝내는 '사교(邪敎)'로 몰아 처단하는 풍토 때문이다. 이런 풍토에서는 신학의 진보나 새로운 신앙의 각성운동이 발을 붙일 수 없다.

현재 한국의 각 교단 신학교의 교수들 가운데 자신들이 배운 서구 신학의 자유로운 표현을 발표하지 못하는 이유가 자칫 이단으로 몰리지 않을까 두려워해서이다. 그러므로 한국의 신학교육은 대학에서 좋은 기초학문을 전공한 우수한 학생들을 불러모아 16세기 칼빈주의나 17세기 개혁주의 또는 19세기 정통주의나 보수주의 신학을 앵무새처럼 외우게 하는 일 외에는 아무것도 가르치지 못하고 있다. 그리하여 의욕을 가지고 입학한 창의성을 가진 학생일지라도, 졸업 때에는 모두 하나의 교리, 하나의 제도만을 배워서 교문을 나서는 것이다. 교단신학의 약점이 여기에 있다. 자기가 배운 질서가 아니면 다 비진리로 낙인 찍는다.

한국교회가 21세기 새시대를 이끌려면 이처럼 험악한 교계 풍토부터 바꾸어야 한다. 이단 논쟁을 교회의 통일성과 정통성을 확인하는 신학 논쟁으로 승화시키고, 오히려 거기에서 교리와 신학의 발전을 이끌어 내어야 한다. 정통주의와 색다른 신앙운동을 만나면, 그들이 가진 특징이 무엇인지부터 살피고, 나와 다른 것만을 찾으려 하지 말고 나와 같은 것이 무엇인지를 찾는 노력이 우선되어야 한다. 그리하여 형제를 이단시 하는 분열주의를 극복하고 연합과 일치로 하나의 교회를 이루어 가야 한다.

맺는 말

한국기독교총연합회 이단사이비문제상담소장 최삼경목사는(기총연 이단 사이비 종합자료 2004 머리말에서) "우리는 법정에서 죄 없는 자에게 잘못된 판결을 내림으로 당사자에게 큰 손해를 끼치는 경우를 종종 본다. 잘못된 사형이나 종신형을 내려 한 사람의 가능성을 빼앗아 가버린 안타까운 경우도 종종 있다. 이처럼 억울한 누명을 쓰고 죽어간 자들이 많을 것이며, 이 중에는 사후에 조차 진실이 밝혀지지 못했던 경우도 많을 것이다. 그런데 잘못된 이단 규정은 이보다 훨씬 더 악한 일이다. 비록 잘못된 이단 규정이 그의 영혼을 죽이지는 못하겠지만 이 땅에서 영적 가능성을 모두 빼앗아 가버리고 말기 때문이다. 그렇기 때문에 잘못된 동기와 목적으로, 그리고 잘못된 기준으로 이단을 정죄한다면 이단으로 규정된 자보다 이단을 규정한 자가 훨씬 더 악한 자가 될 것이다". 아멘. 맞는 말이다. 이단에 대한 경계는 아무리 강조해도 지나침이 없지만 이단 아닌 형제를 이단으로 정죄한 자의 말로는 아마 형언하기 어려운 비참함에 이를 것이다.

중세교회나 현대교회나 그리스도인의 말씀에 비추어 종교재판은 극히 비기독교적 짓임을 꿰뚫어 볼 수 있어야 한다. 이단문제는 교회사에서 교훈을 얻어야 한다. 교회사가 우리에게 증언하고 있는 이단 논쟁은 교리의 발전과 신학의 발전에 있어 항상 따르는 것이라는 점이다. 이단 논쟁은 어디까지나 신학적 논쟁으로 신학자들의 몫이어야지, 교권이 개입하게 되면 엉뚱한 피해자가 생겨나게 마련이다. 뿐만 아니라, 오늘날의 대교단과 세력이 있는 교계연합기관에서 이단 사이비 시비가 자파 교단의 신앙 유형을 지키기 위한 명분하에 무분별하게 남발되고 있는 것은 현대 한국 기독교인들의 양심의 문제이기도 하다. 왜냐면, 전혀 사실과 다른 내용이 견강부회되어 사실인 것처럼 굳어져 이단으로 몰리는 경우도 있기 때문이다.

심지어 이단 연구가 중에는 이해 관계에 얽힌 사람의 청탁을 받아 특정인을 이단으로 저격하는 사례도 있다.

예를 들면, 어떤 목사가 성경해석에서 특정 내용을 전통적 해석과 달리 「A는 B다」라고 했다하자, 이단 연구가는 이것을 받아 「B는 C와 같다」(C는 전통적인 이단설) 따라서 그는 이단이다 라는 식으로 그 목사가 생각하거나 말하지 않은 C라는 내용을 끌어들여 마치 그 목사가 주장한 것처럼 왜곡하여 이단으로 규정하는 것이다. 그러면 그 목사는 "나는 억울하다"고 백번 소리를 질러도 "우리 총회가 그렇게 결정했다"는 말만 되풀이 될뿐, 그것이 진실인지 여부에 대해서는 알려고 하지도 않고 들으려 하지도 않는다.

앞에서 지적한 바와 같이 교단 이기주의가 발동하면 아무도 막을 수 없다. 1천여명의 총대들이 "그대로 받기로 동의합니다"라는 한 마디에 이단 논쟁에 휘말린 '아무개'는 그리스도를 위해 일생을 바쳐온 삶을 송두리째 '이단의 삶'으로 매도당하고, 그가 목회하는 그 교회는 하루 아침에 '이단집단'으로 전락하고 만다. 이 얼마나 무서운 일을 오늘날 한국교회가 저지르고 있는 것인가?

이단 사이비의 발효를 막는다는 미명하에 이처럼 이단 아닌 형제를 억울하게 정죄하는 것은 형제의 눈 속에 있는 티는 보고 자신의 눈 속에 있는 들보는 깨닫지 못하는 행위요, 형제에게 노하는 자마다 심판을 받게 된다는 주님의 말씀에 그대로 정죄를 받을 수 밖에 없는 것이다.

우리는 건강한 교회를 지키기 위해 노력해야 한다. 그러려면 우리 기성교인들의 신앙생활과 삶의 태도가 건전하고 건강해야 한다. 그러면 이단운동은 그 힘을 잃게 되고 교회는 건강하게 성장할 것이라 믿는다.

"이단 및 이단시비 대상자들에 대한
기관, 교단의 결의 목록"

-한국교회 공기관에서 연구발표한 문제 단체 종합-
(차례 : 가나다순 / 단체명 / 연구 단체 및 교단 / 연도 / 회기 / 결의 내용)
＊한국기독교총연합회는 「기총연」으로 약칭 표기함.

- 기독교복음침례회
 기성(1985/이단사이비집단), 고신(1991/41/이단), 통합(1992/77/이단), 합신, 합동, 예장연(2004/이단아님), 한이협(2006/이단아님)
- 김계화 원장(할렐루야기도원)
 기총연(2000/이단), 통합(1993/78/비성경적, 비기독교적), 합동(1996/81/이단성), 고신, 예장연(2004/이단아님), 한이협(2006/이단교리 없음)
- 김기동 목사(서울성락교회)
 고신(1991/41/이단), 합동(1991/76/이단), 통합(1992/77/이단), 합신, 기성, 기침(1987/이단), 기감, 예장연(2004/이단아님), 한이협(2006/이단아님)
- 기쁜소식선교회(박옥수 목사)
 기성(1985/40/이단사이비집단), 고신(1991/41/이단), 통합(1992/77/이단), 합신, 합동, 예장연(2004/이단아님), 한이협(2006/이단으로 규정될 수 없음)
- 김풍일 목사(새빛중앙교회)
 예장연(2004/중심교리는 이단적 요소 없으나 일부 성경해석 독특함. 자신의 성경해석 절대화 우려), 한이협(2006/이단으로 규정될 수 없음. 약간 성경해석상 견해 다른 부분 있음.
- 가계저주론
 합신(2001/86/위험한 사상)
- 나운몽 목사(대한예수교오순절성결회)
 통합(1955, 1956, 1992, 1998년 이단),기성(1985/40/이단사이비집단), 고신(1991/41/이단), 예장연(2004/이단사상), 한이협(2006/이단

사상,복귀 촉구)
- 대복기도원(황판금)

통합(1993/78/사이비집단), 한이협(2006/사이비집단)
- 동방교(기독교대한개혁장로회. 노광공)

합동(1956/41/이단 : 강단에 세울 수 없고 집회참석도 금지) 한이협(2006/이단)
- 대한예수교침례회(이요한 목사)

기성(1985/이단사이비집단), 고신(1991/41/이단), 통합(1992/77/이단), 합신, 합동, 예장연(2004/이단아님), 한이협(2006/이단으로 규정될 수 없음)
- 뜨레스디아스(TD)

고신(1992/42/불건전), 통합(1994/80,2002/87/목회자 추천받도록), 예장연(2004/이단적 또는 신학적 의미없는 건전 프로그램), 한이협(2006/이단아님)
- 류광수 목사(다락방전도협회)

고신(1995/45, 1997/47/이단), 통합(1995/81/사이비성), 합동(1996/81/이단), 기성(1997/52/사이비운동), 기감(1998/23/이단), 기침(1997/이단성), 고려, 합신, 예장연(2004/이단아님), 한이협(2006/이단아님)
- 말씀보존학회(이송오 목사)

합동(1998/83/이단), 통합(2002/87/반기독교적 주장), 예장연(2004/이단은 아니나 위험한 신학사상), 한이협(2006/이단 규정은 잘못되었음. 기적종료이론은 위험한 신학사상)
- 몰몬교

합신, 고신, 기성, 기장, 예장연(2004/이단), 한이협(2006/이단)
- 박무수 목사(부산제일교회)

기성(1999/54/이단), 통합(1999/84/비성경적, 사이비적), 예장연(2004/위험사상이나 판별 보류), 한이협(2006/경계필요,연구인물로 규정)
- 밤빌리아추수꾼(이선아)

통합(1990/75/이단), 고신, 기성(이단)

- **박철수 목사(아시아교회)**

합동(2000/85/비성경적인 영성사상, 교류금지), 합신(2001/86/위험한 신비주의, 참석금지), 통합(2002/87/연장연구, 2005/예의주시 해제, 문제삼지 않기로 함), 예장연(2004/보수적 건전한 신학사상), 한이협(2006/건전한 신학사상)

- **박윤식 목사(평강제일교회)**

통합(1991/76/이단), 기성(1989/44/연구시작), 예장연(2004/이단아님), 합동(2005/서북노회서 이단해지 했다가 총회서 취소,이단재확인), 한이협(2006/이단아님)

- **박영균 목사(말씀권능복음선교회)**

통합(2002/87/참여금지, 2005/90/참여금지 해제)

- **빈야드운동**

고신(1996/46/참여금지), 기성(1998/53/사이비성), 통합(1995/81/도입금지), 합동(1997/82/참여자 동조자 징계), 한기총(2004/도입자제), 예장연(2004/교리문제 없으나 예배거룩성 혼란 초래), 한이협(2006/이단아님)

- **밝은빛 종말론**

기성(1988/43/사이비성)

- **박태선(전도관)**

합동(1956/41/이단), 기독교 교단전체(이단), 예장연(2004/이단), 한이협(2006/이단)

- **서달석 목사(서울중앙교회)**

통합(1993/78/참석엄금), 한이협(2006/이단성 발견못함)

- **새벽종말론연구회**

기성(1988/43/사이비성 집단)

- **시한부종말론**

고신(1991/41/이단), 통합(1991/76/이단), 합신, 한이협

- **새일파(스룹바벨선교회, 여호와새일재단)**

한기총(2004/비기독교적인 주장), 한이협(2006/이단)

- **예수왕권세계선교회(회장 심재웅목사)**

합동, 통합(2005/90/이단성, 사이비성 농후)

- 예수전도협회(이유빈 장로)

합동(1999/84/참여금지), 기성(1999/54/경계집단), 합신(2000/참여금지), 통합(2001/86/참여금지), 예장연(2004/이단아님), 한이협(2006/이단아님)

- 이재록 목사(만민중앙성결교회)

예성(1990/84/이단), 기총연(1999/이단), 통합(1999/84/이단), 합신(2000
/85/이단), 예장연(2004/이단아님), 한이협(2006/이단아님)

- 이초석 목사(예수중심교회)

고신(1991/41/이단), 통합(1991/76/이단), 기성(1994/49/이단), 합신, 합동, 예장연(2004/이단아님), 한이협(2006/이단으로 규정될 수 없으나 노상 축귀장면 비디오 상영이나 지나친 개교회주의 지양권고)

- 여호와의 증인

모든 교단에서 이단판정, 예장연(2004/이단), 한이협(2006/이단)

- 애천교회

고신(1991/41/이단), 한이협(2006/이단)

- 이용도(백남주 한준명 이호빈)

합동(1933/22/이단)

- 이옥희(태백기도원)

통합(1993/78/비성경적), 한이협(2006/비성경적)

- 엄명숙(명인교회)

통합(2001/86/이단), 한이협(2006/이단)

- 이윤호(가게저주론)

합신(2001/86/비성경적 사상, 참여금지)

- 이명범 목사(레마선교회)

고신(1992/42/불건전한 단체), 통합(1992/77/이단, 통합교리 따르겠다는 청원 통합측서 거부), 합신, 기성, 예장연(2004/판단 보류), 한이협(2006/이단교리 없으나 답변회피로 판정보류)

- 원세호 목사

통합(2002/86/비성경적 이단주장), 기침(무분별 이단 규정 남발, 제명), 한기총(2007/조사중)

- **지방교회(윗치만니)**

고신(1991/41/이단), 통합(1991/76/이단), 합신, 합동, 예장연(2004/이단정죄 곤란), 한이협(2006/이단으로 규정할 수 없음)

- **전태식목사(진주초대교회)**

합동(2005/90/집회 참석 금지) 한이협(2007/이단아님,건전함)

- **제칠일안식일예수재림교(안식일교회)**

예장총회(1915/관련자 면직제명), 통합(1994/80/이단), 합신, 고신, 기성, 합동, 예장연(2004/이단아님), 한이협(2006/이단아님), 대다수 세계교회(정통교회)

- **최삼경씨**

통합(2001/86/C씨 주장 삼신론은 성경을 부정하는 이단적 주장, 이후 문제없다(수정된 사상으로 판단됨)결의, 예장연(2004/삼신론 신학사상 이단적), 한이협(2006/합동측 조사결과 관망키로 함) 한기총(2007/조사진행중)

- **참예수교**

한이협(2006/삼위일체 부인 기독교로 인정할 수 없음)

- **최온유 목사(일산 화정복된교회)**

고신(2004/참여금지) ,한기총(2007/조사진행중)

- **크리스쳔사이언스**

기성, 고신, 합동, 한이협(2006/이단)

- **가톨릭교회(천주교)**

예장연(2004/이단), 한이협(2006/가장 대표적인 이단), 한기총(2007/이단)

참고문헌

1. 김의환. 현대신학과 개혁주의 신학. 총신대학출판부,1999
2. 웨스트민스터 신앙고백서. 도서출판 영문, 1999
3. 박상걸. 장로교인 신앙공부. 말씀과 만남, 2005
4. 이승원. 누가 이단인가?. 도서출판 생명나무,1999
5. 강춘오. 피리를 불어도 너희가 춤추지 않고. 도서출판 풀빛목회,2006
6. 신계훈. 오직 성경만이 판단기준이다. 도서출판 여운사,1995
7. 라은성 교수의 교회사 논문. 크리스챤 투데이(2006-2007)
8. 최덕성. 한국교회 친일파 전통. 본문과 현장사이,2000
9. 교회와 신앙 싸이트.
10. M. Muller, In "Familiar Explanation of Catholic", No IX 1888 ed, 170.
11. 국민일보, 2006. 3. 15
12. 이종성. 현대사회와 신학의 대화(쿰란출판사, 1992)
13. 월간 목회, 1993. 11
14. 한국교회신문, 1992. 3. 22
15. 김명혁. 한국교회 쟁점진단. 서울: 도서출판 규장, 1998.
16. 김영재. 월간목회. 서울: 월간목회사, 1993(11).
17. 대한예수교장로회(통합) 제82회 총회 회의록
18. 박영관. 이단 종파 비판(Ⅰ). 서울: 예수교문서선교회, 1976.
19. 국민일보, 2004. 6. 11(33p)
20. 신성종, 한국교회신문. 1992(3. 22)
21. 기독교연합신문, 2006. 3. 5
22. 오연수. 세계교회사. 서울: 도서출판 한글, 1996.
23. 이용섭, 도서출판 두로. 탁명환, 그는 과연 누구인가?, 서울, 1994.
24. 윤철호. 예수 그리스도 上. 서울: 한국장로교출판사, 1998.
25. 정수영. 새교회사. 서울: 도서출판 규장, 1991.
26. 토요신문, 1993. 8. 14

27. 최삼경. 한국교회선교의 비전과 협력. 서울: 도서출판횃불, 1993.
28. 대한예수교장로회(통합) 헌법
29. Bauer, Walter. Orthodoxy and Heresy in Earliest Christian. Philadelphia: Fortress Press, 1971.
30. Brown, Herold O. J. Heresis and Orthodoxy in the History of the Church. Garden City, N. Y. Baker Books, 1993.
31. Chadwick, Henry. The Circle and the Ellipse: Rival Concept of Authority in the Early Church, Oxford: Clarendon, 1959.
32. Bernhard Lohse. A History of Christian Doctrine, Philadelphia: Fortress Press, 1966.
33. Grenz, Stanley J., Olson, Rodger E. Who needs Theology. Downers Grove, IL: IVP, 1996.
34. McGrath, Alister G. A Passion for Truth: Intellectual Coherence of Evangelicalism, Lceiter LEI; IVP Press, 2001.
35. Christian Theology:An Introduction, Oxford: Blackwell, 1994.
36. Schleiermacher, Friedrich. Christian Faith, trans. & ed. H. R. Mackintosh and J. S. Stewart. Edinburgh: T & T. Clack, 1928.
37. 홈페이지 참고 : (대한예수교장로회총회).
38. Christie-Murrdy, pp.5~6.
39. philip Schaff. The Creed of Christendom, Vol. I (New Yok: Harper & Brothers, 1887), Vol. I, 474.
40. 서철원. 교리사, 총신대학교 출판부. 2003.
41. 전경연. 칼빈의 생애와 신학사상(서울:한국신학대학 출판부, 1984), 복음주의 신학증서 제27권, 48~55. Schaff, 464.
42. L.E. Froom, The Conditionalist Faith of Our Fathers(Washington, D.C; Review and Herald, 1965), 115.
43. Schaff. 464, 465.
44. 기독교 이단연구(탁명환. 국제종교문제연구소간) 2003. 6.

45. 가톨릭이단기준 - M. Murrer, In "Familiar Explanation of Catholic Doctrine" No IX 1888 ed., 170.
46. 김영한. 사이비이단과 정통의 표준, 한국기독교문화연구소 편, 한국기독교와사이비이단등(서울:숭실대학교 출판사, 1995), pp.20~29.
47. 교회연합신문, 제195호 등 다수 참조
48. 정행업. 한국교회사에 나타난 이단논쟁. 한국장로교출판사, 1999. 3. 10.
49. 박영관. 이단종파(Ⅴ), 한국기독교이단종파연구소.
50. 김경선. 각 교단의 교리 · 신앙고백 · 신조들 여운사. 1998.
51. 이흥선. 예태해 목사와 거짓 송사자들, 한국교회문제연구소, 2004.
52. 기총연 이단사이비문제상담소. 이단사이비종합자료집 2004. 2004.
53. 김영무. 김구철. 이단과 사이비, 아가페문화사. 2004.
54. 통일교. 원리강론.
55. 대한예수교장로회총회, 1997.
56. 기독교의 성경적인 이단연구.
57. 진용식, 안식교는 왜 이단인가, 한국교회문화사.
58. 신앙일보 1982. 12. 20일자.
59. 박태선. 예수는 개자식이다 도서출판 선경, 1989. pp.42~46.
60. 심창섭 외 3인. 기독교의 이단들, 대한예수교장로회총회, 1997.
61. 대한예수교장로회총회교육부(이형기), 정통과 이단 한국장로교출판사. 1997.
62. 유선호. 천주교도 기독교인가? 하늘기획. 1984.
63. 유선호. 천주교를 배격하는 7가지 이유 하늘기획. 2003.
64. 김경선. 진리의 등불은 꺼지지 않는다 여운사. 2000.
65. 심상용. 종교 마피아적 목사 최삼경 씨의 한국교회 짓밟기 말씀의 샘터사. 2003.
66. 대한예수교장로회 총회 제87차 예장 통합측 삼신론 보고서.
67. 탁지원. 월간 현대종교 2004년 4월호. 2006년11월호 외

68. 이대복. 월간 교회와 이단 2003년 2월호와 다수.
69. 김아론. 왜 나는 박무수 목사의 사단계 회개를 따르는가!
　　부산제일교회문서선교센터.
70. 김재성. 모든 문제의 해답은 여기에… 부산제일교회문서선교센터.
71. 박형택. 4단계 회개론을 주장하는 박무수 목사는 누구인가?
72. 기독교개혁신보 제170호.
73. 예장연. 정통과 이단 종합연구서, 2004.
74. 베뢰아국제진흥원. 한국교회의 언론으로 본 베뢰아 운동, 1998.
75. 심상용. 칼빈주의자들에 의한 인간사냥의 역사,
　　말씀의 샘터사, 2004.
76. 이대복. 알기쉬운 이단정체, 기독교이단문제연구소. 2003.
77. 전용관. 베뢰아, 16년간 감추어진 실상과 진실,
　　크리스챤신문사, 2004.
78. 심상용. 칼빈주의와 5대교리의 그 완전한 허구, 말씀의 샘터사, 2004.
79. 심상용. 예장통합측 이단목사 최삼경 씨의 해괴한 이단
　　사상들, 말씀의 샘터사, 2004.
80. 이대복. 여의도순복음교회 조용기 목사 이단정체, 큰샘출판사, 1998.
81. Williston Walker. "A History of the Christian Church",
　　대한기독교서회.
82. 황현진. '더좋은 선택', 참예수교회 한국총회.
83. 한국성결신문
84. 장로신보
85. 예영수. 논문, 이단역사의 아이러니
86. 목사님 이단이란 무엇인가요?. 한이협, 2006
87. 이 세대를 무엇으로 비유할꼬?. 풀빛목회, 2004
88. 제3회 기독언론포럼집. 2007
89. 기타 각종 싸이트 및 기타 관련서적 및 첨부자료, 테이프 및
　　인터넷, 기독교계 신문 등을 참조하였음

```
판권소유
한 기 총
한 이 협
```

한국교회
이단논쟁 그 실체를 밝힌다

초판발행일 | 2007년 7월 31일
사단법인 한국기독교총연합 (한기총)
　이단사이비대책위원회
서울 종로구 연지동136-46(한국기독교회관 1009호)
대표전화:02-3672-5285

출판처/한국교회이단사이비대책협의회
등록번호 | 제318-2006-000038호
서울시 영등포구 영등포동4가 135-2 고려빌딩 5층
한국교회이단사이비대책협의회 출판부
(www.heresy.co.kr)
E-mail:1hs0660@hanmail.net
Tel : 02-2676-2297
Fax : 032-422-8022

정가 15,000원

※파본은 바꾸어 드립니다.
※발행처의 허락없이 복사, 전재(인용, 재편집, 인터넷 유포 등)를
　절대 불허합니다. 위반시 저작권법 위반으로 형사 처벌됩니다.